城乡居民教育投资与收入关系实证研究

——以中国中部地区为例

Empirical Study on Relationship Between Urban and Rural Residents' Education Investment and Income

刘　健◎著

社会科学文献出版社
SOCIAL SCIENCES ACADEMIC PRESS (CHINA)

摘　要

20 世纪 60 年代兴起的现代人力资本理论与 80 年代兴起的新增长理论都认为，人力资本是促进国民收入增长和推动社会进步的内生要素之一，而人力资本形成的最重要的一条途径就是接受教育，所以，研究教育投资及其形成的教育人力资本在经济社会发展中的作用显得尤为重要。

本书在综合国内外相关文献的基础上，着重在城乡居民教育投资促进收入增长、城乡居民教育投资差异与收入差异、教育人力资本促进劳动力转移增加农村居民收入三个方面做了理论探讨并对中部六省进行了实证分析。

在城乡居民教育投资促进收入增长方面，本书认为教育投资能够提高劳动力价值，教育在劳动力市场上能传递有利于受教育者求职的某种信号，教育本身推动了社会分层，教育能提升劳动者的综合素质，促进受教育者收入增长。实证分析了我国中部六省 1995 年至 2011 年城乡居民人均教育投资与人均收入增长之间的关系，结果显示人均教育投资变化显著地影响收入变化，增加教育投资是提高居民收入的显著途径。无论是从中部六省的个体效应还是把中部六省作为一个整体看待的整体效应，实证研究结果都表明，城乡居民教育投资量与居民收入增长量之间具有显著的协整关系。而且借用误差修正模型来描述教育收入系统的稳定性（即由于外部因素使得居民收入发生偏离后居民收入回到由教育投资量决定的长期均衡值的反应速度）都非常强，除湖北省外都超过了 50%。通过建立虚拟变量模型的实证分析结论表明，中部居民教育投资对收入递增的作用存在显著的城乡差异，即城镇居民教育投资对收入增长的促进作用与农村居民教育投资对收入增长的促进作用是显著不同的。

在城乡居民教育投资差异与收入差异方面，本书首先分析了教育投资差异影响收入差异的作用机理，引入城镇化系数控制变量的中部六省个体差异模型和面板数据整体效应模型的实证结果都表明，居民教育投资城乡差异与居民收入增长城乡差异呈显著的正相关关系，这表明缩小城乡居民教育投资差异是缩小城乡收入差距的有效途径。

在教育人力资本提升改善劳动力资源配置增加社会福利方面，本书首先从理论上分析了教育人力资本的提升能有效地促进农村劳动力向城镇转移，从事收入较高的行业，从而增加农村居民的非农收入。实证分析结论与规范分析结果相吻合，中部地区就业人员教育人力资本提升能有效地改善劳动力资源的配置，增加农村居民收入，进而缩小城乡居民收入差异。进一步地运用路径分析法区分了教育人力资本提升对促进居民收入增长的直接效应和间接效应，结论表明，除山西省外，中部其他五省教育人力资本通过带动农村劳动力向城镇转移来促进农村居民增收的间接作用都明显大于教育人力资本提升而带来的直接收入增长。

本书在理论分析与实证分析基础之上得出了依靠教育均衡发展是全面建成小康社会、缩小城乡收入差距的有效措施的结论，在大力增加教育财政支出、保障农村教育稳步发展缩小城乡教育差距、科学推动劳动力转移三方面，提出了依靠教育均衡发展促进社会均衡发展的政策建议。

关键词：教育人力资本　教育投资　城乡收入差异　劳动力转移

ABSTRACT

The rise of modern human capital theory in the 1960s and the rise of new growth theory in the 1980s regard human capital as one endogenous factors of the national income growth and social progress promotion, one of the most important way of human capital formation is to accept education, so the education investment and the formation of education human capital in the economic and social development is particularly important.

On the basis of comprehensive domestic and foreign related literature, this paper focuses on the education investment to promote urban and rural residents income growth differences with the income of urban and rural residents, urban and rural education investment, education promote the labor transfer of human capital increases the rural residents income three aspects make the theory discussion and to make an empirical analysis of the six provinces in central.

In thc aspect of education investment to promote urban and rural residents income growth. The paper think that investments in education can improve the workforce's value, education in the labor market can help educatees to apply for a job of some kind of signal, education itself to promote the social stratification and the income gap, education will enhance the comprehensive qualities of workers and so on, promote the educatees revenue growth. Empirical analysis in China and the central six provinces from 1995 to 2011, urban and rural residents per capita education investment on per capita income growth, the relationship between the empirical results show that the per capita education investment changes significantly affect income, increased investment in education is a significant way to improve people's income. Both the individual effect from six provinces in central and the six provinces in central as a whole view of the overall effect, the empirical results show that between education investment to urban and rural residents and the residents' income growth has significant cointegration relationship. And use error correction model to describe the education income stability of the system (i. e. , due to external factors make residents income after the divergence of income back to determined by the education investment to long-term equilibrium values reflect speed) are very strong, in addition to the Hubei province is more than 50% . By establishing a virtual variable model of the empirical results indicate that the central plays a significant role in the role of the residents' increasing education investment and income of urban and rural differences, where urban education investment on education investment and rural residents income growth promoting effect on revenue growth promoting effect of significantly different.

In the aspect of education differences between urban and rural residents and the income disparities. Firstly analyzes the affect the mechanism of income differences, education differences into urbanization coefficient of individual differences in the six provinces in central for control variable model and panel data, the overall effect of the empirical results show that residents of urban and rural differences and education investment income difference between urban and rural areas was significantly positively correlated relationship, indicating that narrowing the difference of education investment in urban and rural residents is an effective way of narrowing the income gap between urban and rural areas.

In the education of human capital improve labor resources configuration to increase social welfare. First theoretical analysis of the education of human capital promotion can effectively promote the rural labor force transferring to towns is engaged in the industry with higher income, which increases non-agricultural income of rural residents. Empirical analysis and normative analysis result is consistent, the central region employment education of human capital promotion can effectively improve the labor resources configuration to increase on the basis of theoretical analysis and empirical analysis concluded on education balanced development is to build a well-off society in an all-round way to narrow the income gap between urban and rural areas of effective measures, in the rural education vigorously to increase education spending, to ensure steady development of narrow the gap between urban and rural education, puts forward the rely on science to promote labor transfer three aspects education balanced development policy Suggestions to promote the balanced development of the society.

Obtained based on the theoretical analysis and empirical analysis on education balanced development is to build a well-off society in an all-round way to narrow the income gap between urban and rural areas of effective measures, in rural education vigorously to increase education spending, to ensure steady development of narrow the gap between urban and rural education, puts forward the rely on science to promote labor transfer three aspects education balanced development policy Suggestions to promote the balanced development of the society.

Keywords: Education Human Capital; Education Investment; Income Disparity Between Urban and Rural Areas; Labor Transfer

目　录

第一章　引言

第一节　选题背景和论题的提出

一　理论背景

现代人力资本理论是由美国著名经济学家西奥多·舒尔茨（Theodore W. Schultz）即1979年诺贝尔经济学奖得主在1960年提出来的。当时任美国经济学会会长的舒尔茨教授在经济学年会上发表了题为"人力资本投资"的演说，他认为体现在劳动者身上的知识、技能、体力（健康状况）等构成了"人力资本"，并且对人力资本观点做了非常系统的论述，全面系统地分析了人力资本的含义、形成途径及人力资本的经济社会功能。他认为人力资本是社会经济增长的重要源泉，人力资本积累的主要途径是接受教育，为我们揭示了人力资本和经济社会发展之间的紧密关系。舒尔茨用以下话语来揭示"现代经济增长之谜"："令人如此迷惑不解的经济增长，主要源于人力资本存量的增加。"[①] 这篇开天辟地的演说震惊了西方整个学术界，自此，人力资本理论成为现代经济学中一个非常年轻的学说。

同一时期，美国著名经济学家加里·贝克尔教授（Gary. S.

① 〔美〕舒尔茨：《人力资本投资》，蒋斌，张蘅译，商务印书馆，1990。

Becker）在20世纪60年代初就对家庭生产理论和时间价值与分配理论等领域做过重要的研究，并发表了《生育率的经济分析》和《时间分配理论》等文章，为舒尔茨理论后期的人力资本的微观研究奠定了坚实基础。《人力资本投资：一种理论分析》和《人力资本：特别关于教育的理论与经验分析》从家庭的生产时间价值及收益分配的角度全面阐述了人力资本的生产、人力资本收益分配的规律和人力资本与不同职业选择等问题。他提出教育和在职培训是人力资本投资的重要方式，在同一年龄组的劳动人口中，一个人的接受教育层次越高，其收入水平也越高。贝克尔的人力资本理论为现代教育经济和增长理论奠定了坚实的微观基础，使其更具有科学研究性和可操作性。而他本人也“因为把微观经济分析的领域推广到包括非市场行为的人类行为和相互作用的广阔领域”，于1992年获得诺贝尔经济学奖。贝克尔的代表作《人力资本》被西方学术界视为“经济思想中人力资本投资革命”的起点。

人力资本对国民收入具有重要作用。舒尔茨应用经济增长余额分析法实证分析得到美国在1929～1957年教育人力资本投资对国民收入增长的贡献率高达33%，这一实证结论引起了世界各国的高度重视。爱德华·丹尼森（Edward Denison）应用增长因素分析法实证分析了1929～1957年美国劳动者质量的提高（即人力资本的提升）对国民收入的贡献率为23%，如加上“知识进展”中人力资本效应的贡献率12%，人力资本对国民收入的总贡献率高达35%。20世纪80年代兴起的“新增长理论”深化了人力资本理论研究。新增长理论的两个代表性研究成果——罗伯特·卢卡斯（Robert Lucas）建立的人力资本溢出模型和保罗·罗默（Paul Romer）建立的知识溢出模型都把人力资本作为内生变量，揭示了人力资本对经济增长的重大作用，认为人力资本的边际报酬递增效应能使现代经济持续增长。新增长理论的贡献在于：它认为国家（地区）经济长期增长的源泉可以归为人力资本和知识的生产与积累。如果一个国家（地区）要追赶先进国家（地区），其中最重要的且具有决定意义的是人力资本积累及学习能力。

人力资本是居民收入的重要来源。人力资本是居民工资性收入和经营性收入的重要来源。美国著名经济学家雅各布·明瑟尔（Jacob Minçer）最早通过函数形式表达了教育与个人收入之间的数量关系，证明了教育对提高个人收入和改善收入分配的重要作用，并从中推导出了著名的明瑟尔收益率。萨卡洛普罗斯（G. Psacharopoulos）在1973年出版的《教育的经济效益》一书中，观察和比较了53个国家的教育收益，并在此基础上从人力资本的角度提出了计量教育收益方法，提出了教育的“费用—效益”分析计算公式，他发现教育私人收益率高于社会收益率，且所有教育阶段投资收益率都远高于10%。

人力资本差异是影响居民收入差异的重要因素。正是因为人力资本是居民收入的重要来源，两者具有较强的正相关关系，所以不同劳动者之间人力资本初始存量不同导致收入有较大差距，这是人力资本差异对收入差异的加强效应。随着人力资本积累的推进和教育公平，人力资本差异逐步缩小，这将使居民收入差异逐步缩小。

人力资本的积累对一个国家经济社会发展的走向起着重要的作用。贝克尔·墨菲和田村（K. Muphy and M. Tamura）认为，人力资本存量作为经济增长的内生要素可能导致经济发展的两种稳态：低人力资本存量、高生育率决定的低水平均衡态，高人力资本存量、低生育率决定的高水平均衡态。人力资本的初始水平及其相应的规模效率，决定着经济社会发展的基本走向。当人力资本存量较低时，父母的收入较低，他们会认为教育人力资本投资的回报率是比较低的，所以其对子女人力资本投资的预期回报率也相对较低，此时对子女的人力资本投资一般比较少，这也表明其养育孩子的成本较低，所以倾向于选择较高的生育率，经济发展由此陷入低人力资本存量、高生育率的“低水平陷阱”。相反，在人均人力资本水平较高的情况下，人力资本投资收益递增效应使家庭认识到增加子女人力资本投资的重要性，从而出现高人力资本投资、低生育率的社会倾向，使经济进入高增长高收入的持续稳定发展轨道。

二 现实背景

自改革开放以来，中国经济持续高增长，国内生产总值从 1978 年的 3645.2 亿元增长到 2011 年的 471563.7 亿元，按可比价计算年均增长 9.89%，跃居全球第二大经济体。美国著名投资银行高盛公司资深顾问乔舒亚·库珀·雷默（Joshua Cooper Ramo）把中国的发展模式称为“北京共识”，即通过艰苦和努力、主动和创新以及大胆的实验，坚决捍卫自己国家主权和各项经济利益；有步骤有计划渐进，积聚全民能量。创新以及实验是该模式的灵魂；既很务实，又具有理想化特点，又能灵活应对解决各种问题，因事而异，不强行要求整齐划一是该模式的准则。该模式不仅关注社会经济的发展，还高度注重社会演变，通过发展社会经济与完善经济管理而不断改善社会整体环境。[①] 还有不少学者从市场化、对外开放、改革创新、制度等多角度分析了中国经济持续高增长的原因。

伴随着经济的持续高增长，城乡居民的收入迅速增长，但是地区差距、城乡差距也逐步拉大。在改革开放之初，如何使中国从缺乏市场因素和普遍贫困中走出来，确实需要高超的政治智慧。“让一部分人先富起来”的非均衡发展战略及其财富效应和示范效应，对于启动中国经济体制改革、助推中国经济起飞发挥了至关重要的作用。但是，非均衡发展战略的实施在中国塑造了不平等的经济与社会发展环境，产生了一系列有悖初衷的负面影响。非均衡发展机制成为区域失衡加剧和城乡差别扩大的重要原因之一。

进入 21 世纪，在经济起飞之后应逐步退出非均衡发展机制，走上相对均衡发展、共同富裕的道路。2002 年 10 月，中共十六大提出全面

① 刘桂山：《“北京共识”：中国经济发展模式的理论与实践》，《参考消息》2004 年 6 月 10 日。

建设小康社会和构建和谐社会的战略目标，正式提出了全面均衡的发展战略。2007 年，中共十七大报告全面阐述了科学发展观，提出要促进国民经济又好又快发展，加快推进以改善民生为重点的社会建设。"十二五"规划也特别强调民生问题，提出要坚持民生优先，完善保障和改善民生的制度安排，把公共教育作为"十二五"基本公共服务的重点，尽快扭转收入差距扩大趋势。特别是党的十八大提出到 2020 年实现全面建成小康社会宏伟目标，"在发展平衡性、协调性、可持续性明显增强的基础上，实现国内生产总值和城乡居民人均收入比 2010 年翻一番"[①]，适时提出"大力促进教育公平，合理配置教育资源，重点向农村、边远、贫困、民族地区倾斜"，[②] 这表明我国经济发展战略将由不均衡发展向均衡发展转变。

三 论题的提出

改革开放以来经济高增长的同时，城乡居民收入也有了大幅增长。我国城镇居民人均可支配收入由 1980 年的 477.6 元增长到 2011 年的 21810 元，按可比价计算 2011 年的人均可支配收入是 1980 年的 8.24 倍，年均增长 7.04%；恩格尔系数也由 1980 年的 56.9% 下降到 2011 年的 36.3%，达到相对富裕水平。我国农村居民人均纯收入由 1980 年的 191 元增长到 2011 年的 6977 元，按可比价计算 2011 年的人均纯收入是 1980 年的 7.65 倍，年均增长 6.78%；恩格尔系数由 1980 年的 61.8% 下降到 40.4%，达到小康水平。但同时城乡收入差距也在逐渐拉大，2000 年公布的基尼系数就已超过警戒线，达到 0.412。根据西南财经大学中国家庭金融调查与研究中心发布的报告，2010 年中国家庭收入的基尼系数为 0.61，城镇家庭内部的基尼系数为 0.56，农村家庭内部的

① 十八大报告。

② 十八大报告。

基尼系数为0.60。《2012中国省级地方政府效率研究报告》指出，收入差距正呈现全范围、多层次的扩大趋势，城乡居民收入比已经达到4.6倍，而国际上最高在2倍左右。[①]

一方面，我国城乡居民享受了经济发展的果实；另一方面，由收入分配不公而带来的社会矛盾、两极分化加剧等危害正在影响我国的社会稳定，我国政府也高度重视这个问题。如何才能使城乡居民收入继续增长、缩小城乡收入差距？只有找到收入增长的长效机制和造成城乡差距拉大的深层次原因，才能从根本上解决问题。根据已有的研究，影响收入与城乡贫富差距的原因有很多，比如制度、政策等因素。本书则是从教育人力资本这个内生变量的角度来分析教育投资对收入增长以及城乡收入差距的作用，以传统农业省份居多的中部地区为研究对象，首先从理论上论述教育人力资本对收入增长与城乡收入差距缩小的重大影响及机制，然后实证分析近15年来教育人力资本对城乡居民收入的影响。

第二节　研究意义和研究方法

一　研究意义

本书的理论意义在于通过建立计量模型和进行实证分析，进一步揭示教育促进社会和谐发展的作用机理及路径，深化人力资本理论与发展理论的研究。

本书的现实意义来源于十八大报告提出全面建成小康社会的要求。全面建成小康社会要求人们生活水平显著提高，就要建立增收长效机

① 北京师范大学管理学院、北京师范大学政府管理研究院：《2012中国省级地方政府效率研究报告——消除社会鸿沟》，北京师范大学出版社，2012。

制，而且要逐步缩小城乡收入差距。本书的定量分析结果可以让经济政策制定者和实施者更加清楚地认识到教育投资不仅是一项公益性社会事业，还是事关提高人民生活水平、促进社会均衡稳定发展的大事，为提高居民收入、缩小城乡贫富差距、缓解社会矛盾等提供了一个努力方向，即加大教育投资、加快教育人力资本形成，对促进社会均衡发展具有重大现实意义和社会价值。

二　研究方法

首先，规范分析与实证分析相结合，侧重于实证分析。在本书第3、4、5章，首先运用规范分析方法从理论上论证教育投资或教育人力资本能够促进居民收入增长、城乡收入差异缩小、农村劳动力转移等，教育投资是提高居民收入和差异缩小的原因。然后以中国及中部地区的经验数据，运用实证分析方法检验教育是否对社会均衡发展具有显著的促进作用。

其次，定性分析与定量分析相结合。在实证分析过程中首先运用定性分析方法从纷繁复杂的现实中概括出经济计量模型，然后运用定量分析方法对经济计量模型中的各个参数进行估计，最后用定性分析方法对各模型的现实意义做出解释。

最后，静态和局部均衡分析。居民收入增长、城乡收入差异缩小和就业结构优化等社会均衡发展变量之间必然存在某种或强或弱的关系，本书采用静态和局部均衡的分析方法逐一分析教育投资与这些变量之间的量化关系。

第三节　基本概念界定与研究范畴

一　人力资本

根据现代人力资本理论，人力资本是国民收入增长的重要源泉。

人力资本不是凭空形成的，而是对人进行投资的结果。人力资本体现为人们后天所获得的健康、知识、技能、能力等素质。人们为获得或增强这种后天的素质所花费的时间、所消耗的资金、所做的“牺牲”等都是人力资本的投入。人力资本投资的过程也是提高人口质量的过程。

舒尔茨指出：“很多被我们称之为消费的东西构成了人力资本投资。用在教育、卫生以及为获得更好的就业机会而进行的国内迁移方面的直接费用就是证明。成年在校生以及通过在职培训的职业劳动者所放弃的就业收入也同样是明显的例子。但是，这些在任何国家都尚未列入国家全局的统计数据。一般而言，利用自有空闲时间去提高专业技术、获取业余知识的现象很普遍，这个数据也没有统计资料在案。利用这些和其他类似的方法，人们的自身质量可以大大改进，生产力可以得到很快的提高。”① 人力资本形成主要有如下五个途径。

第一，医疗及保健，它包括影响一个人的生活寿命、自身力量、身体耐力、身体精力等方面所有的费用、生活保健的活动，既有数量要求又有质量方面的要求，其发展的结果就是必然会不断提高劳动力资源的质量水平。

第二，在职人员培训，也包括传统企业的学徒体制。

第三，普通学校的教育，不仅包括初等教育，还包括中等及高等教育，共三个层次。

第四，企业之外的机构组织为成年劳动者举办的各类学习提高项目，包括农业生产中常见的农业技术推广项目。

第五，个人和家庭往往会为适应社会就业的不同机会变化而进行不断的流动迁移活动。

---

① 〔美〕舒尔茨：《教育的经济价值》，曹延亭译，吉林人民出版社，1982。

二　教育人力资本

形成人力资本的途径主要有五种，由教育投资所形成的人力资本是总人力资本的一个重要构成部分，除此之外还有医疗保健、劳动力迁移等途径所形成的人力资本。教育投资主要是提高劳动力的质，医疗保健投资主要是提高劳动力的量，劳动力迁移投资能提供充分发挥劳动者才能的机会。教育投资是人力资本最重要的投资形式，传统观念认为教育是一种消费，事实上教育是一种生产性投资，能为受教育者带来某种未来收益。因为教育能增长一个人的知识、生产技能以及凝聚在劳动者身上的各种生产能力，所以教育被视为一种生产性活动，是一种隐藏在人体内的能力增长的生产性活动。由于人力资本投资的收益高于物力资本投资的收益，因此增加对教育的投入能获得比增加物质投入更高的收益。

在现有劳动制度和市场经济体制下，教育人力资本差异是个体人力资本差异最主要的部分，我们把教育形成的人力资本称为教育人力资本。如无特别说明，本书中的人力资本一般指教育人力资本。

到目前为止，还没有一个准确客观、简便易行的人力资本存量计量方法，各种计量方法均存在明显的不足和较大的争议。目前研究的具体的计量模式主要有历史成本法、重置成本法、未来收益贴现计量法、机会成本法、受教育年限法。

（一）历史成本法

1968 年，布鲁梅特（R. L. Brummet）、弗兰霍尔茨（E. G. Flamhotlz）和帕利（W. C. Pyle）提出了人力资本计量的历史成本法①，其基本思想是：人力资本价值等于人力资本形成过程中发生的与人力资本形成有关的所有费用之和，运用到教育人力资本的计量就是人从出生到丧失劳动

① R. Lee Brummet, Eric G. Flamholtz, William C. Pyle, "Human Resource Measurement," *The Accounting Review*, 1968, 43 (2), pp. 217 - 224.

能力期间接受教育所花费的费用总和，具体包括：人力资本载体为人力资本形成所投入的教育费用。该方法的优点是以历史数据为依据，根据实际投资支出的记录来记录教育的人力资本投资，所提供的信息一般要求客观、准确、可靠，这样就可以让人力资本数量的信息与其他物质资本的数量信息具有可比性；其缺点是对人力资本的积累过程中非常重要的环节即社会投入的部分未予以考虑，这样就无法表现教育人力资本的真实成本与价值。

（二）重置成本法

重置成本法是1974年由弗兰霍尔茨教授提出的[①]，该方法强调注意人力资本的价值的变化。重置成本法把具有某技能水平的人力资本值等同于在当前条件下重新获得相同技能水平所发生的全部费用，或者在当前条件下取得某特定工作岗位要求的技能所发生的全部费用。重置成本法试图反映人力资本的现实价值，考虑了人力资本形成的综合因素，时效性也较强，有利于合理补偿和重置人力资本；但该方法并不能真实反映人力资本真实价值，对人力资本现实成本的估价具有较强的主观性。

（三）未来收益贴现法

人力资本投资的结果是形成人力资本价值，从未来收益角度看，人力资本货币价值为人力资本投资带来的未来预期收益的现值和。因此，未来收益贴现法是通过估计人力资本载体未来所能创造的价值总和，把这些价值总量贴现来确定人力资本价值。用未来收益贴现法来度量人力资本价值在理论上看似更现实、更可行，但人力资本未来收益很难估计，导致该方法在实际操作上非常困难。

（四）机会成本法

机会成本法是赫奇曼（J. S. Hekimmian）和琼斯（C. H. Jones）[②] 于

---

① Eric Flamholtz, *Human Resource Accounting*, California: Dickinson Publishing Company, 1974, pp. 42 – 57.

② Hekimian, S. James, Jones, H. Curtis, "Put People on Your Balance She et," *Harvard Business Review*, 1967 (1), pp. 107 – 110.

1967 年提出的。机会成本法认为：人力资本既然是被当作一种资本品来看待，人力资本计量就应该和资本品一样考虑机会成本而不是会计成本，即应把人力资本载体选择接受教育而放弃工作的所得纳入到人力资本形成的投资成本当中。从理论上看，该方法推理严密、令人信服，能全面地反映人力资本的投入价值，但在实践中机会成本同样很难确定，大大降低了该方法的可操作性。

（五）受教育年限法

一般来讲，所接受的教育年限越高，其劳动知识和技能就越多。在对总量生产函数进行估计时往往采用劳均受教育年限法来计量人力资本，劳均受教育年限是指从业人员的平均受教育年限。采用受教育年限法所需的数据比较容易获得，但也存在严重缺陷，即假定受教育年限相同的劳动者对经济社会发展的贡献是相同的，而且各级教育所积累的知识技能是相同的。

第四节　本书结构与基本内容

本书共分 8 章。第 1 章引出论题；第 2 章为理论基础；第 3 章对教育投资促进城乡居民收入增长做了理论与实证分析；第 4 章对城乡教育投资差异与城乡居民收入差异的关系做了理论与实证分析；第 5 章对教育人力资本对产业收入的影响进行理论及实证分析，从宏观经济角度对教育人力资本进行分析；第 6 章论述重点放在提高农村居民收入上，教育人力资本一方面可直接促进农村居民收入增长，另一方面可通过促进农村劳动力转移间接促进农村居民收入增长；第 7 章为依靠教育增加居民收入和缩小城乡收入差距的政策建议；第 8 章为研究结论与展望。

第 1 章为引言，主要介绍选题背景及意义、研究方法、基本概念界定、研究内容及创新之处。

第 2 章为人力资本与教育投资收益理论，综述理论基础——现代人力资本理论的创立与发展过程，介绍了现代人力资本理论的内容和核心观点，并介绍了新增长理论对人力资本理论的发展，后面着重介绍了舒尔茨、贝克尔和明瑟尔教育经济理论，对教育投资收益进行了理论剖析。

第 3 章对教育投资促进城乡居民收入增加的作用进行分析，阐述了教育投资是人力资本投资的重要部分，运用规范分析方法论述了教育投资对个人收益的作用机理。采用中国及中部六省 1995 ~ 2011 年城乡居民人均教育投资与人均收入的经验数据，运用经济计量模型分析得出教育投资支出与收入增长两者是协整的结论，并对中部六省教育收入系统的稳定性和教育投资促进收入增长的城乡差异做了定量分析。

第 4 章是教育投资对城乡居民收入差异的影响研究，规范分析了城乡居民人均教育投资差异影响收入差异的作用机理，并通过中部六省的经验数据分别对城乡教育投资差异对收入差异的影响进行了实证分析，并就教育投资促进收入增长进行了城乡之间的比较。

第 5 章分析教育人力资本对产业收入的影响。首先需要对教育人力资本进行核算，收集历次人口普查数据和 1998 年至今的劳动统计年鉴，缺失数据用线性内插与线性外延的方法估计。由于我国该项统计起步较晚，原始数据具有一定的随机性，所以本书在从原始数据得到的结果的基础上，再运用具有线性趋势无季节变化指数平滑法对时间序列进行修正得出中国从业人员劳均人力资本，对教育人力资本促进经济结构升级进行了整体分析，并对教育人力资本促进经济结构升级进行了产业分析。

第 6 章是教育人力资本对促进农村剩余劳动力转移、提高农村居民收入的作用研究，规范分析了教育人力资本促进农村劳动力转移的作用机理，然后在用“受初等教育等效年”核算中部六省教育人力资本时间序列的基础上，实证分析了中部六省教育人力资本对农村劳动力转移的重大作用，并用社会学中的路径分析法说明了教育人力资本通过促进农村劳动力转移而间接提高农村居民收入的作用要明显大于知识、技能水平的提高对农村居民收入的直接作用。

第7章阐述教育均衡发展促进社会均衡，主要通过这几点进行分析：政府应逐步加大教育经费的投资力度；依靠教育均衡缩小城乡收入差距；科学引导农村剩余劳动力转移；建设完善的教育体系，努力建设人力资源强国。

第8章为研究结论与展望。具体框架如图1－1所示。

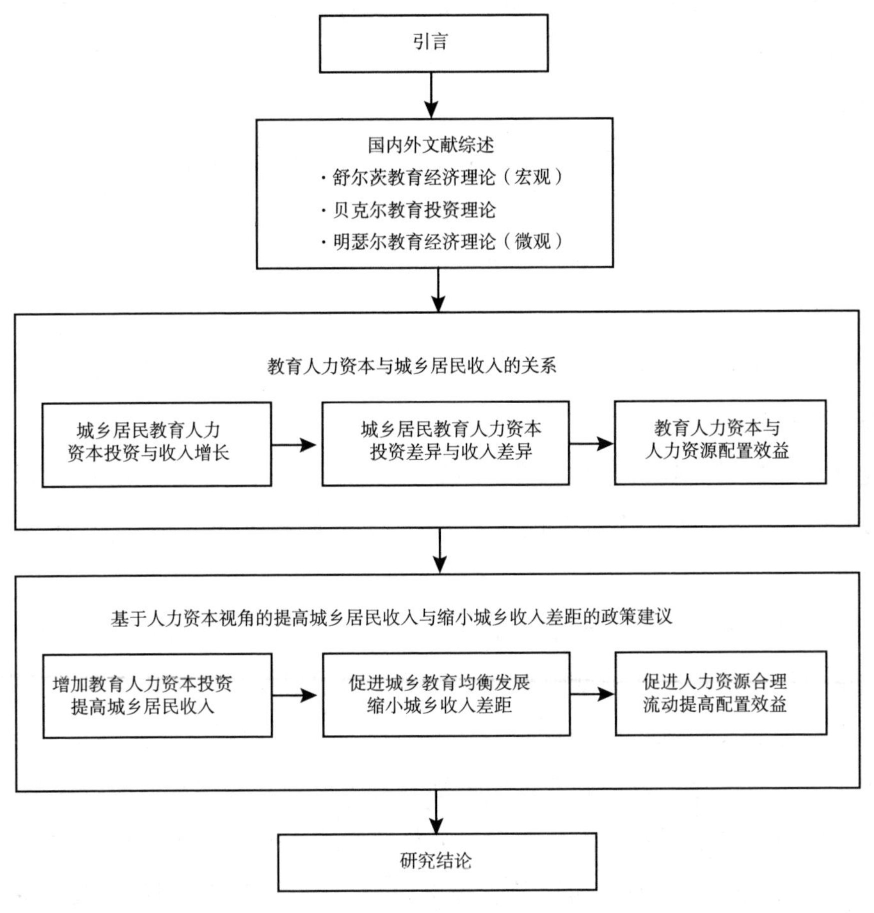

图1－1　本书研究框架

第五节　本书创新之处

本书试图在以下方面有所创新。

一是研究视角上的创新。已有文献在收入分配方面的研究大多是从制度的角度进行分析，本书从内生变量（教育人力资本）的角度分析其对我国居民收入增长及缩小城乡收入差距的重大作用。新增长理论认为人力资本与技术进步是经济增长的两大内生动力，笔者认为人力资本也是居民收入增长的内生动力，从内生变量进行分析，有利于从根本上解决增收问题。

二是研究路径上的创新。从四个方面研究城乡居民教育投资与收益的关系：①分城乡实证分析了居民人均教育投资与人均收入的协整关系；②城乡居民人均教育投资差异的变化对城乡居民人均收入的影响；③要在普遍提高居民收入的基础上缩小城乡居民收入差异，关键是要提高农村居民收入，本书从提升教育人力资本、加快农村劳动力转移进而提高农村居民收入、缩小城乡收入差距的视角，实证分析得出人力资本提升对农村居民收入的间接贡献明显大于直接贡献的结论；④通过城乡教育均衡发展的途径来实现城乡居民收入差距缩小，促进社会均衡发展。

三是研究方法上的创新。本书是以实证分析为主的研究，尽可能用简单的经济计量模型来刻画教育收入系统中主要变量的量化关系。对教育投资与居民收入增长之间进行了长期均衡与短期误差修正计量分析，建立引入城镇化系数控制变量的中部六省个体差异模型和面板数据整体效应模型，以中部六省为样本定量分析了教育—收入系统的稳定性。还进一步实证分析了城乡居民教育投资差异与收入差异之间的量化关系，借用社会学中的路径分析法分析了农村劳动力教育人力资本提升促进农村劳动力转移、提高农村居民收入的间接效应。

第二章　人力资本与教育投资收益理论

每一个新理论的形成，都源于旧理论不能解释事物发展变化中出现的新现象，而新的理论不仅能用新的思想理念去解释新的现象，而且能够涵盖旧的理论。古典经济理论在一段相当长的历史时期内被大家接受之后，经济发展的现实逐渐超越了古典经济理论的解释，出现了所谓“经济增长之谜”。在探索这一现象的过程中，劳动者质量即人力资本对经济增长的影响越发受到人们的重视，从而促成了以舒尔茨为代表人物的对人力资本理论的研究。该理论认为人力资本是经济增长的源泉，而教育是人力资本形成的根本途径，强调通过教育提升人力资本从而促进经济增长。这一理论揭开了现代教育经济增长理论的新篇章，成为现代教育经济社会发展理论的基石。

第一节　古典政治经济学关于人力资本思想的萌芽

一　古典政治经济学的基本思想

英国古典政治经济学创始人威廉·配第（W. Petty）[①] 在其代表作《政治算术》中提出了“土地是财富之母，劳动是财富之父”的著名论

① 〔英〕威廉·配第：《政治算术》，陈冬野译，商务印书馆，1978。

断，并充分肯定了人的经济价值，这种经济价值同时体现在劳动的数量和质量上。而劳动质量在生产中体现为劳动者所具备的“技艺”。他认为“技艺”是土地、资本、劳动之外的第四种生产要素，指出“有的人，由于他有技艺，一个人就能够做许多没有本领的人所不能做的许多工作”。而技艺并不是与生俱来的，劳动者必须经过教育和培训——“长期而又痛苦”的训练才能够获得。可见，人力资本的思想在古典政治经济学创立之初就开始萌芽。

古典政治经济学的鼻祖亚当·斯密[①]（Adam Smith）认为劳动力是经济进步的主要力量，全体国民“后天取得的有用能力”都应被看作资本的一部分，并且人的劳动技能应被视为资本，这种资本的获得“需受教育，需进学校，需做学徒，所费不少”，并按其劳动成果取得足以补偿其所付资本的报酬，这无疑说明了教育和培训的重要作用。在此基础上，他倡议由国家“推动、鼓励，甚至强制全体国民接受最基本的教育”。这些思想对后来的人力资本理论的形成起了决定性的作用。

古典政治经济学的集大成者大卫·李嘉图（D. Ricardo）继承并发展了斯密的劳动价值学说，坚持了商品价值量决定于劳动时间的原理，并把人的劳动分为直接劳动和间接劳动两种。他明确指出，只有人的劳动才是价值的唯一源泉，而劳动分为劳动数量和劳动质量，李嘉图认为劳动质量的提高才是增加社会财富的关键。

德国历史经济学家弗里德里希·李斯特（Friedrich List）[②] 提出了与物质资本相对应的“精神资本”的概念，认为“精神资本”是智力的成果和积累，对生产发展具有重要作用。与精神资本相对应，精神生产工作是一个国家的重要工作，一国的最大部分消耗，是应该用于后一代的教育，应该用于国家未来生产力的促进和培养。

---

① 〔英〕亚当·斯密：《国民财富的性质和原因的研究》，郭大力、王亚南译，商务印书馆，1983。

② 〔德〕李斯特：《政治经济学的国民体系》，陈万煦译，商务印书馆，1961，第123页。

二　古典政治经济学的贡献及其局限性

以斯密为代表的古典政治经济学派在研究经济增长要素方面做出了突破性的贡献，他们认为土地和劳动是经济增长的主要因素，这种劳动是一种不包含任何技术含量的简单劳动。这一思想对于当时生产力水平下的生产运作具有重要的指导作用。而事实上在当时生产力水平极低的情况下，产出量的大小的确取决于土地等物质资本及简单劳动的投入。可见古典政治经济学派对于当时经济增长要素的提炼是十分准确的。但是其在分析生产要素与经济增长关系的过程中仅限于一种静态分析，忽视了时间变量的作用，以至其分析结果呈现为简单的算术关系式，复杂的经济问题被简单化了。

尽管古典政治经济学派将劳动力数量列入经济增长的主要因素，同时也承认了不同质量的劳动力的经济效应是不同的，进而提出了劳动者接受教育和培训的重要性，这已经透露了人力资本的思想。配第提出的“技艺”、斯密谈及的“才能”、李嘉图阐述的“劳动质量”以及李斯特的“精神资本”也都属于人力资本的范畴。同时，他们也表达了人的知识、技能、能力等是除基本生产要素以外的另一要素，对这一要素进行投资能够给社会和个人带来巨大收益，而投资的主要途径就是教育。

由于时代的局限性，古典政治经济学派没有把人力资本看作一种资本，也没有看到教育对经济增长的真实作用。其强调的土地和劳动要素作用下的规模效应递减规律催生了马尔萨斯（T. R. Malthus）的“人口陷阱”理论①，指出人类的发展面临悲观的未来。而人类现实发展证明人类的未来并不悲观，“空间、能源和耕地并不能决定人类的前途，人类的前途将由人类的才智的进化来决定”。②

① 〔英〕马尔萨斯：《人口原理》，黄立波译，商务印书馆，1996。

② 〔美〕舒尔茨：《穷国的经济学》，吴珠华译，《世界经济译丛》1980年第12期。

第二节　现代人力资本理论的形成

一　现代经济发展之谜

20世纪中叶，全球经济发展中出现许多传统理论所不能解释的经济现象，统称为“现代经济之谜”。总的来说，传统理论无法解释下述几种经济之谜。

（一）经济持续增长之谜

根据传统理论，经济增长取决于资本和劳动两个传统要素的投入。在技术水平和其他投入不变的条件下，通过其中一种或两种生产要素投入的增加可以实现总产量的增加，但是如果连续增加一种或两种生产要素的投入量，总产量的增量将越来越小，这就是“收益递减规律”。但在20世纪下半叶，有些西方国家的发展实践却不符合“收益递减规律”，却实现了经济持续增长。例如美国在第二次世界大战以后，国民生产总值的平均增长率为3%左右，美国昔日的周期性经济危机被经济的持续、小幅波动变化的增长所代替。

（二）国民收入之谜

根据传统经济理论，国民收入增长率等于资本和劳动两种生产要素投入增长所带来的国民收入增长率。但统计资料显示，西方发达国家国民收入的增长要远远大于所投入的物质资本和劳动两种传统生产要素增长带来的收入增长之和。美国经济学家丹尼森对美、英及西北欧国家等9国1950～1962年的国民收入增长进行研究，发现产出总量比要素投入总量的增长速度要快，即国民收入增长率大于劳动与资本两要素带来的增长率。

（三）库兹涅茨之谜

美国著名经济学家库兹涅茨（S. S. Kuznets）发现，在美国经济增长的同时，其资本形成的速度却相对下降了。也就是说，相对于国民收入的增长，美国的净资本却在减少。例如，美国资本与产出之比，1869～1888年是3.2∶1，1909～1928年是3.6∶1，而1946～1955年却只是2.5∶1。“换言之，在最近几十年中，更多的产出是用较少的资本生产出来的。”国民收入中由资产所创造出来的份额从大约45%降至25%，而在劳动工时相对降低的情况下，劳动对国民收入的贡献却由55%提高到75%。那么，这部分贡献是怎样产生的呢？

（四）里昂惕夫之谜

瑞典经济学家俄林（B. G. Ohlin）在1933年出版的《区际贸易和国际贸易》一书中发展了他的老师赫克歇尔（E. F. Heckscher）的国际贸易理论，提出著名的赫克歇尔—俄林（H－O）理论。该理论的基本思想是：一个国家应该专业化生产相对便宜或丰裕的要素密集型产品并展开国际贸易，将会有较多的贸易所得。例如，美国是资本丰裕国家，应该专业化生产资本密集型产品，并出口资本密集型产品换回劳动密集型产品。赫克歇尔—俄林理论一经提出，即被西方经济学界广泛接受，成为国际贸易领域的核心理论之一。1951年，美国著名经济学家里昂惕夫（W. W. Leontief）利用美国1947年的经济数据对赫克歇尔—俄林理论进行检验。众所周知，美国是世界上资本最丰裕的国家，里昂惕夫期望能从美国国际贸易数据中得到美国出口资本密集型商品、进口劳动密集型商品的结论。但数据表明，美国进口替代品的资本密集程度比美国出口商品的资本密集程度约高出30%，这意味着美国进口的是资本密集型商品，出口的反而是劳动密集型商品。这与赫克歇尔—俄林理论相悖，这就是里昂惕夫之谜。

（五）个人收入分配平均化趋势之谜

根据传统理论，随着经济的发展，收入差距会越来越大，而事实证明，在很多发达国家，收入差距在不断缩小。特别是原来一直处于低水平的工人工资在第二次世界大战后却有大幅度增长。

（六）战败国崛起之谜

第二次世界大战后近20年中，一些在战争中遭受巨大损失的国家，如德国和日本，奇迹般地迅速恢复和发展起来。特别是日本在战后花了约40年时间赶超经济强国美国，创造了从1820年到1992年人均收入提高28倍的世界纪录。

（七）资源短缺型国家现代化之谜

20世纪中后期，一些自然资源条件很差的国家和地区，如丹麦、瑞士和亚洲“四小龙”在经济方面取得了巨大的成功。

这些经济之谜对传统经济理论提出了严峻的挑战，使得经济学家们对这种经济之谜形成的根源产生了浓厚兴趣，理论界对此展开了广泛而卓有成效的研究，其中最能让人信服的就是人力资本理论。

二　现代人力资本理论的形成

舒尔茨1960年在美国经济学年会上做的《人力资本投资》演讲标志着现代人力资本理论体系的正式创立。舒尔茨指出用人力资本可以解释现代经济发展之谜：①在现代经济发展进程中，人力资本的边际收益递增特性使得现代经济增长呈现收益递增的特点；②投入与产出的增长速度之差，一部分源于规模收益（即随着产量的增加使得单位产品的成本下降），另一部分是由于人力资本提升促进了技术进步；③人力资本的增长速度比物质资本和收入增长速度都快，所以资本—收入比是降低的；④在美国出口的劳动密集型产品中包含更多的人力资本，如把人力资本也看成资本的话，美国出口的这类产品反过来却是资本密集型产品，对于美国来说，出口这些产品具有相对优势，仍然有贸易所得；⑤战后工人工资的增长主要归因于其人力资本的大幅提升；⑥收入差距扩大到一定程度后，随着人力资本的普遍提升呈缩小态势，呈倒“U”形分布；⑦战争几乎全部摧毁了战败国的物质资本，但它们却保留着质量较高的人力资本，人力资本在经济发展中发挥了关键作用；⑧资源短缺国家可以利用人力资本积累实现经济跨越式发展。

舒尔茨从理论上全面分析了人力资本的含义、形成途径及其“知识效应”，为我们揭示了人力资本和经济增长之间的密切关系以及教育本身的经济价值。他还在实证上定量分析了教育对经济增长的重要作用，得出人力资本是社会进步的决定性因素的结论，认为一国（地区）人力资本存量越大，人力资源质量越高，其国内（地区）的人均产出或劳动生产率就越高，经济增长速度也就越快。因此，现代人力资本理论得以在理论分析和实证研究双重基础上建立起来，人力资本形成的主要途径——教育也就越来越受到重视。舒尔茨的现代人力资本理论推动了现代教育经济增长理论的形成，对各国经济发展战略的制定产生了深远影响。

其他一些人力资本理论学家也为现代教育经济增长理论的形成做出了巨大贡献。美国经济学家雅各布·明塞尔（J. Mincer）认为，美国个人收入差别与增长率水平有着密切的关系，他从人的后天质量差别及其变化入手，提出人们的受教育水平的提高，会提高个人收入水平，重新确定收入分配格局。[①] 明塞尔的研究系统地阐述了教育和培训与个人收入及其变化之间的关系，并首次建立了个人收入与其接受培训量之间相互关系的数学模型，设计了教育收益率计算模型，全面揭示了教育的另一重要经济功能即教育对个人收入所起的作用。其著名的研究成果“明塞收益率”成为测算教育收益率的重要标尺，被理论界广泛运用。美国经济学家贝克尔在家庭生产理论和时间价值与分配理论等领域做过重要的研究，其发表的《生育率的经济分析》《时间分配理论》等文章为人力资本微观研究奠定了坚实基础。他从家庭的生产时间的成本价值

---

① J. Mincer, "Investment in Human Capital and Personal Income Distribution," *Journal of Political Economy*, 1958, 66 (4), pp. 281 - 302.

及收入分配的视角非常系统地论述了人力资本的生产、投资收益分配的具体规律以及人力资本与产业和职业选择方向等问题，通过数据实证研究分析得出这样一条具体结论：在同一年龄组劳动人口中，一个人接受教育程度越高，该个体的就业收入水平也会越高。贝克尔的理论为现代教育经济增长理论打下了坚实的微观理论基础，使其更具有科学研究性和社会实践的可操作性。贝克尔的代表作《人力资本》被西方学术界认为是“经济发展思想中人力资本的投资革命”的起点。

三　现代人力资本理论的内容

（一）人力资本的含义

人力资本这个概念最早是由美国经济学家欧文·费雪（I. Fisher）提出的，他认为一切能够带来收入的价值都可以视之为资本。劳动者的遗传及因接受教育获得的能力与自然资源和物质资本一样，投入社会生产后都能够带来经济收入，因此这种因为接受了教育而得到提升的能力也应当作为资本的一种，我们称之为人力资本。[①] 这在经济学的理论基础上为人力资本具体概念的完整定义奠定了基础。舒尔茨明确地提出了人力资本的概念，他把人力资本认为是“国民作为生产者和消费者的自身能力”。[②] 萨洛（L. C. Thurow，1970）认为“人力资本其实是指劳动者个人的生产技术水平、自身才能和文化知识水平”[③]；贝克尔[④]认为“人力资本其实是通过人力资本不断投资而累积形成的资本”，“人力资本不仅包含着自身才能、文化知识水平和专业技能程度，还包含着生命时间、身体健康和生活寿命”；麦塔（M. M. Mehta）从社会人口的群体视角出发，把人力资本界定为“居住在一个国家内的人民的文化知识、

---

① Irving Fisher, *The Nature of Capital and Income*, *Martino Publishing*, 2009.

② 〔美〕舒尔茨：《论人力资本投资》，吴珠华译，商务印书馆，1990。

③ L. C. Thurow, *Poverty and Discrimination*, Washington: The Brookings Institute, 1970.

④ 〔美〕加里·S. 贝克尔：《人力资本》，梁小民译，北京大学出版社，1987。

专业技术及职业能力的总和”，他还把首创精神、社会应变能力、持续就业与工作能力、树立正确的价值观、广泛的兴趣、工作态度及其他可以提高经济产出和促进经济增长的若干因素包括在内。[①]

很明显，随着人力资本理论研究的不断深入，人力资本的概念越来越全面且深刻，综合以上分析我们可以得出人力资本的含义。

第一，人力是一种资本。西方经济学家普遍认为，资本具有两个基本特征，一是需要花费成本，二是能够带来收入。人力的形成需要花费成本，人力形成并投入生产后能够带来收入，因此符合资本的基本特征，应当属于资本范畴。这也是人力资本定义的出发点。

第二，人力资本的内容十分广泛，包括技术、才能、知识、时间、健康、信息、首创精神、应变能力、持续工作能力、正确的价值观、兴趣、态度等，凡是体现在劳动者身上的能够增加产出的因素都能够归于人力资本的范畴。最为根本的内容包括四个方面：健康、能力、知识、技术。

第三，人力资本依附于人，不能与劳动者相分离而独立存在；人力资本体现了劳动的非同质性；人力资本的投入能够带来收益，并通过这种投入参与收益的分配。

第四，人力资本是一种比较高级的素质的综合，它并不是劳动者与生俱来的一种特质，而是要通过后天的投资形成的，包括教育、培训、劳动力迁移、信息流通等。这表明了人力资本的提高可以通过外力的作用来实现。

第五，人力资本能够计量，无论从其价值属性还是其经济功能来看，人力资本作为一种生产投入要素必然能够通过某种方式进行计量，事实上大部分学者在研究人力资本时都将人力资本的测算作为研究的重点。

---

① M. M. Mehta, *Human Resource Developing Planning: With Special Reference to Asia and the Far East*, The Macmillan Company of India Limited, 1976.

因此，人力资本是通过对人的投资而形成的，能够投入生产并带来产出增加，为个人及社会带来收益的健康、知识、能力、技能等素质的综合。

（二）人力资本的特征

一是依附性。人力资本的存在不能脱离其载体——人而独立存在，人力资本（知识、技能等）都必须体现、凝聚和储存在人身上。随着人生命的消亡，人力资本也就消失殆尽。其他任何雇主、组织或政府对人力资本的生产、形成、支配和使用均须得到人力资本依附其上的载体的配合和支持。

二是优异性。与传统经济理论不同，舒尔茨把资本区分为物质资本和人力资本，而人力资本与物质资本相比具有边际收益递增的特性。也正是人力资本与物质资本相比的这一优异性，使得经济能持续高速增长，较少量的人力资本投入能够带来较大的产出。

三是社会性。人力资本不仅能带来较高的经济效益，而且会带来较好的社会效益。凝结在人身上的知识、技术、能力、健康等人力资本要素在生产中的运用能够提高劳动生产率，从而给劳动者带来较多的劳动报酬。最重要的是人力资本具有溢出效应，这会对其他劳动者生产率的提高产生促进作用，从而促进社会劳动生产率的提高。此外，人力资本还能够对环境保护、代际效应等社会其他方面产生正面影响。

四是独立性。所谓独立性是指行为主体可以不依赖于他人或组织的意志而独自作为或不作为。人力资本的独立性表现在人力资本主体在发挥与不发挥、在多大程度上发挥其所承载的人力资本上，他人或组织很难以对其形成有效的约束。只有在人力资本承载者自身愿意或得到激励时，人力资本作用才会得到充分的发挥。

五是排他性。所谓排他性是指某物一经某主体占有、使用就排除了他人同时对该物的占有、使用的可能性，而人力资本排他性是指人力资本一旦被投入某项生产活动时，其他生产活动就无法使用该人力资本。

即使是人力资本在生产劳动时被闲置，也不太可能被用于其他雇主或组织的劳动生产中，除非是受原雇主的指派。

（三）现代人力资本理论的核心观点

1. 人力资源是经济社会发展的第一资源

在《中国百科辞典》中，人力资源的概念是“指总人口在经济上可以提供及被利用的最高的人口总数量，或指那些具有劳动能力的总人口”。[①] 它包括就业的人口、失业的人口、就学的人口、家务的劳动人口和军事的人口等。就业和失业的人口合计为经济活动人口，也就是现实社会中存在的劳动力；就学、家务和军事人口是潜在的人力资源人口，也具有劳动的能力，但是尚未成为现有的社会劳动力。人力资源的重要特点是具有一定的社会时效性、经济能动性和个体智力性。其总数量是指具有劳动能力的劳动人口数量，劳动人口质量就是指经济活动中劳动人口具备的身体体质状况、文化知识水平和专业技能水平。

与自然资源等经济资源相比较，人力资源对于国家经济和社会发展具有明显的比较优势。自然资源是经济发展的必要条件，但自然资源是有限的，具有不可再生性，一般构成经济增长的限制条件或上限，同时自然资源具有边际收益递减性质，也具有负外部性，开采、利用和矫正的外部成本相对较高。而人力资源具有可更新、可增值和正外部性的特点。人力资源开发投资是累进的持续性投资，周期相对较长，在从初级开发到高级开发的过程中投资也将不断增加。人力资源开发得好就会成为有效的经济和社会资源；开发得不好或得不到开发，就会成为人口负担和社会包袱，甚至成为不稳定的主要因素。从这个意义上讲，人力资源开发不仅关系到经济发展、人民福祉，而且关系到国家的长治久安。人力资源开发是促进社会进步、缩小贫富差距的重要手段。

人力资源是经济社会长期持续发展的第一资源。早期西方经济发展

① 《中国百科大辞典》，中国大百科全书出版社，1999。

理论十分强调物质资源在经济发展中的关键作用，而忽视了人力资源的重要性。20 世纪 60 年代中期以来，越来越多的发展经济学家越来越重视人力资源对发展中国家经济社会发展的重大战略意义，甚至有学者把它看作经济社会发展的关键性因素。美国经济学家舒尔茨断言，“改善贫困人口福利的决定性的生产要素不是社会空间、国家能源和现有耕地，决定性的要素是劳动力人口质量的改变以及文化知识水平的不断提高”。[①] 英国经济学家哈比森（F. H. Harbison）在《作为国民财富组成的人力资源》一书中写道：“人力资源是整个国民财富的最终重要基础。资本和自然资源则是被动性的生产要素，劳动者是不断累积资本，主动开发自然资源，能够建立社会、经济和政治，推动各个国家不断向前发展的一种主动力量。很明显地可以这么认为，一个国家如果不能很好地持续发展劳动者的文化知识和专业技能，就不能发展出任何新的东西。”[②]

人力资源在经济社会发展中的重要作用主要表现在以下三方面。

一是人力资源作为可开发的再生性资源能促进经济社会长期持续发展。首先，人力资源具有强烈的历史人文传统和长期累积或继承性特征，可通过不断繁衍继承知识、技能。其次，人力资源质量（即人力资本）的开发利用也具有无限的潜力，正所谓学无止境，人力资本的提升空间和潜能在开发利用上存在巨大的空间。人力资源作为经济社会持续发展最重要的资源正在成为经济社会发展的决定性因素。

二是人力资源作为“活”的、能动性资源是经济社会发展最具效率的战略性资源。与自然资源不同，人力资源是具有主观能动性、社会意识和目的性的劳动者群体，拥有创造性能力，在各生产要素中处于主导地位，是一种最积极、最活跃的生产要素。

三是人力资源作为一种具有收益递增特性的投入要素，能促进经济

① Theodore W. Schultz. , “The Economics of Being Poor,” *Journal of Political Economy*, 1980.

② 〔英〕哈比森：《作为国民财富的人力资源》，李金梅译，上海人民出版社，2000。

持续高速增长。人力资源一旦被投入社会经济活动，即转化为人力资本，人力资本所具有的收益递增特性与专业化知识、技能的加速积累程度呈正相关，专业化的知识和人力资本提升可以通过其外部作用特性产生递增收益，并使其他投入要素如自然资源的作用得到充分发挥，从而使总的规模收益递增。

2. 在经济增长中，人力资本的作用大于物质资本的作用

舒尔茨测定战后美国农业生产的增长，只有 20% 是物质资本投资产生的，其余 80% 主要是教育以及与教育密切相关的科学技术的作用，而这恰恰是人力资本投资的结果。由此舒尔茨肯定，当代世界经济最突出的特征就是人力资本的形成和提升。没有对人的大量投资，就不能享受现代化农业的硕果，也不能拥有现代化工业的富裕。

人力资本理论之所以提出人力投资作用大于物质投资作用，并提出要重视人力资本的投资等主张，是因为现代社会经济发展过程体现了与以前截然不同的新特征。现代科学技术的快速发展，使发展社会生产力的三大要素——劳动力、资金、技术的比重在 20 世纪发生了十分巨大的变化。在 20 世纪初，技术因素的比重只有 5%～20%，而当前发达国家的技术因素所占的比重已高达 60%～80%，甚至在 90% 以上。工厂企业的劳动人员结构也发生了巨大变化，体力劳动者和脑力劳动者消耗的比例在机械化程度较低的状况下大致是9∶1；发展到机械化中等水平时该比例大致为 6∶4；发展到全自动化水平时则发生了颠倒，为1∶9。因此，工业发达国家是非常重视人力资本投资的，这已成为西方发达国家社会经济发展的新动力。

3. 人力资本的核心是提高人口质量，教育投资是形成教育人力资本的途径

舒尔茨认为，人力资源包括数量和质量两个方面，而提高人力资源质量更为重要。由于教育是提高人力资本的最基本手段，所以也可以把人力资本投资视为教育投资。他指出，教育远不是一种消费活动。

相反，政府和私人有意识地投资，为的是获得一种具有生产能力的潜力，它蕴藏在人体内，会在将来做出贡献。舒尔茨还认为，教育投资对提高人力资源的素质来说，不仅仅限于经济方面，它还会带来长期的满足。“教育投资的消费部分之实质是耐用性的，甚至比物质的耐用消费更加耐用，归因于教育投资的持久耐用消费部分是未来满足的源泉，然而这些满足却无法包括在个人收入的衡量和对国民收入的衡量范围中。”①

不应当把人力资本的再生产仅仅视为一种消费，而应视为一种投资，这种投资的经济效益远大于物质投资的经济效益。

4. 摆脱贫困的关键是致力于人力资本投资，提高人口质量

舒尔茨批评了以往的发展经济学家的“自然的土地观”和“社会经济观”，他指出：“土地生产率的差异无法解释为什么世界上某些长期以来便有人类定居的地方人们会十分贫穷。多少年来，居住在降雨稀少、土地生产率不高的德干高原和土地生产率很高的南部印度的农民一直都很贫困。在非洲，无论是生活在撒哈拉大沙漠南部边境不毛之地上的人们，还是住在大峡谷那陡坡上稍稍肥沃一些的土地上的人们，或者是生长在尼罗河口及其冲积平原这类大粮仓上的人们，都有一个共同的特点，那就是：他们全很贫穷。”② 他认为，以往的发展经济学家在对不发达国家进行研究时，过分看重自然资源的作用而过低估计了人口质量因素的作用，而后者恰恰是不发达国家走向发达的最重要的因素。他指出：“通过研究，我们发现了耕地的替代物，这是李嘉图没有预见到的。当家庭收入增加时，父母就可以选择少要一些孩子，用质量代替数量，马尔萨斯也是没有预见到这一点。……人类的未来并不取决于空间、能源和耕地，而将取决于人类智力开发。”③ “改进穷人的

① 〔美〕舒尔茨：《论人力资本投资》，吴珠华等译，北京经济学院出版社，1990。

② 〔美〕舒尔茨：《改造传统农业》，梁小民译，商务印书馆，1987。

③ 〔美〕舒尔茨：《改造传统农业》，梁小民译，商务印书馆，1987。

福利的关键因素不是空间、能源和耕地，而是提高人口质量，提高知识水平。”①

四　现代人力资本理论对经济社会发展的贡献

第一，现代人力资本理论系统科学地论证了劳动力本身的作用。该理论把人力引入资本的范畴，突破了古典经济学派的只认为物质才是资本的思想，提出具备一定生产劳动知识和掌握专业技能的人本身也是一种资本，而且其具备物质资本无法超越的优越特性。也就是说，人力资本是一种具有边际收益递增的新兴资本。现代人力资本理论不仅从理论的角度并且从实践上用数据证明了人的经济资本特性，尤其是具备专业知识和掌握专业技术的高人力资本存量的人才是推动社会经济快速发展的真正的内生动力，清楚地解释了传统的社会经济增长理论所无法解释的特殊经济现象。

第二，现代人力资本理论对人力资本的定义、具体作用、形成路径等各项内容进行了具体论述，完整地形成了现代人力资本理论的框架体系，并加进定量的数据分析模型，已经成为一套独立的、完整的、能够具体解释社会经济发展的理论体系。尤其是现代人力资本理论重新确立了不同的生产要素在社会经济增长中的不同地位和不同作用，认为人力资本在社会经济增长中的推动作用还在逐渐上升，也就是说，人力资本在整个生产要素的配置调整中将逐步取代传统物质资本而处于主导地位。

第三，现代人力资本理论的诞生还引发了传统的资本理论、社会收入与分配的理论、教育经济的理论、经济增长的理论等传统的社会经济理论的变化，因为把人作为生产要素的一种引入这些传统理论的研究分析领域，为传统理论的分析研究提供了新的方向。同时进一步促进了许多新兴领域的分

① 〔美〕舒尔茨：《改造传统农业》，梁小民译，商务印书馆，1987。

析研究和更新的理论的诞生，如现代的教育经济学、现代的人口经济学以及家庭投资经济学、公共卫生经济学、人力资源成本会计学等。

第四，现代人力资本理论加快了社会经济增长理论的研究分析进程。传统社会经济的理论在某种意义上让我们认识到了人作为一种资本的社会经济价值和作用，却没有把其作为一种独立的生产要素来研究。现代人力资本理论在古典经济理论的研究基础上，建立了全新的经济增长理论研究体系，也就是提出人在社会经济增长中作为一种资本的作用。20 世纪 80 年代形成的新增长理论就是汲取了传统人力资本理论的精髓，并且在建立经济计量模型时把人力资本、技术进步等因素内生化，进一步把人力资本理论研究推向了新的高潮。

第五，现代人力资本理论在理论和实践上推动了很多国家的社会经济发展策略转型和改革，使当今世界的许多国家不断改进只重视传统的物质资本发展的战略，开始重视人力资本的经济作用，将人力资源开发纳入国家整体的社会经济发展长期规划，并大大促进了各个国家政府、社会各阶层和家庭个体对教育和科研投入增加的积极性，加大了教育与科学技术的发展力度，并为世界各国的社会经济发展提供了坚实的发展战略基础。

同一时期，也有一些经济学家对现代人力资本理论提出了尖锐的批评，他们认为人力资本在量化上存在一定困难，会忽略社会经济效应问题，导致实证量化研究过程中人力资本的贡献不够精确且存在夸大的成分。

第三节　新增长理论对人力资本理论的发展

一　新增长理论的提出

经济增长问题一直是经济学家们关注的经济理论热点之一，正如唐纳德·J. 哈里斯（Donald. J. Harris）所说："时至今日，资本主义的经济增长理论依然是经济理论中最为迷人，但仍未获得解决的领域之一。"

所谓经济增长，指一个国家在一定时期内生产的产品和劳务总量的增加，或者"给居民提供种类繁多的经济产品的能力长期上升"，一般用国民生产总值（或国内生产总值）的增加或增长率来表示，但考虑到人口增加和价格变动因素的影响，又可用实际人均国民生产总值的增加作为经济增长的衡量标准。

新经济增长理论，又称内生性经济增长理论，是产生于20世纪80年代中期的一个西方宏观经济理论分支，通常以保罗·M. 罗默（P. M. Romer）1986年的论文《递增收益与长期增长》及罗伯特·E. 卢卡斯（R. E. Lucas）1988年的论文《论经济发展机制》的发表作为新经济增长理论产生的标志。

新增长理论力求以一种与传统新古典经济学相当不同的思路来解释各国经济增长率的差异，为经济增长和经济发展开拓新的、具有巨大生命力的研究思路，因而受到人们广泛的关注，引起人们极大的兴趣。

传统的新古典经济增长理论把技术进步假定为不受经济系统内任何变量影响的外生变量，好像技术进步是从天上掉下来的。而新增长理论则建立了一个理论框架，认为支配生产过程的内部体系可以比外部体系对经济的持续增长发挥更重要的作用，试图从经济系统的内部因素解释技术进步，并结合当前世界各国经济发展的现实提出了技术内生化的思路。

经济可以实现内生增长的观点是新增长理论的核心思想。在考察经济增长的源泉时，新增长理论认为，内生的技术进步是经济实现持续增长的决定因素。其研究主要是围绕技术进步内生化展开的。

二　新增长理论的意义

自亚当·斯密以来，经济增长理论经历了一条由"物"到"人"、由外生增长到内生增长的演进过程。从确立劳动在经济增长中的特殊地位到崇尚物质资本积累的资本决定论，从重视技术进步的作用到强调知识、技术和人力资本的积累，清晰地勾勒出一条人类在迈向工业化的进程中对经济增长源泉认识渐趋深化的发展轨迹。

（一）揭示了决定现代经济增长的主要因素，开辟了现代经济学的重要研究方向

自20世纪中叶起，世界各国都在致力于发展经济。一些西方国家并没有明显地出现周期性的经济危机，取而代之的是持续的增长，而且出现了经济增长的“余值”。崇尚物质资本积累的传统经济理论在解释这些经济发展现象时显得苍白无力。特别是20世纪80年代以来的高科技革命，尤其是信息技术的迅速发展，改变了以制造业为基础的工业经济发展模式，经济实践表明世界经济目前正处于由工业经济向知识经济转变的过程。

在这一背景下，一国经济要想保持持续的长期增长日益取决于人的知识化、生产的知识化和经济的知识化。新增长理论认为影响经济增长的因素除了物质资本和劳动力外，还存在两个主要的内生因素：人力资本和技术进步，即影响经济增长主要有四要素（物质资本、劳动力、人力资本和技术进步），而且人力资本和技术进步是影响现代经济增长的重要因素。

新增长理论在新古典经济增长模型基础之上，弥补收益递减和技术进步外生化的缺陷，致力于将人力资本与技术进步内生化的研究，开辟了现代经济学的重要研究方向。新增长理论所建立的技术进步内生化模型能够较好地解释一些经济增长事实，在一定程度上体现了相当高的理论价值。

（二）把人力资本纳入增长模型，证实了人力资源是第一资源，教育是经济发展的基石

卢卡斯区分了人力资本所产生的两种效应，即舒尔茨的通过正规或非正规教育形成的人力资本所产生的“内部效应”与阿罗的“边干边学”形成的人力资本所产生的“外部效应”。罗默认为，知识分为一般知识和专业化知识，一般知识可以产生规模经济，专业化知识可以产生要素的递增收益。专业化知识与一般知识相结合，不仅使知识、技术、人力资本自身产生递增的收益，而且也使其他追加的生产要素如资本、劳动的收益递增。卢卡斯和罗默的研究都将人力资本要素视为生产函数中的重要变量，从经济增长模型中阐发其人力资本理论，把对一般的技术进步和人力资源的强调变成了对特殊的知识即生产某一产品所需要的“专业化的人力资本”的强调，特殊的知识和专业化的人力资本是经济增长的主要因素。

这种认识改变了把人力资本投资看作纯消费的观念。围绕人力资本进行的包括教育、卫生保健、人力资源市场的建设、知识产权的保护在内的各种形式的投入都是生产性的。这些投入收效虽慢，但是一旦发生作用，其经济效应可以超过其他投资。相同的费用，用于提高劳动者的质量比起单纯地增加生产设备和劳动者的数量，更有利于提高劳动生产率。而劳动生产率一旦有新的提高，便可以加倍的速度增加社会财富。

人力资本理论对于人才资源的开发有两方面的突出贡献。一是它明确了人力资本投资是生产性投资，是回报率更高的投资，舒尔茨和贝克尔等对人力资本投资收益率进行测算的结果都表明，对人力资本的投资收益率大大高于对物质资本的投资收益率；二是人力资本投资是多方面的，根本目的是提高人力资本的质量和促使人力资本的合理流动，而教育是众多投资中的核心。舒尔茨用收益率的方法计算出教育对美国经济增长的贡献率达33%，丹尼森进一步定量研究了人力资本对美国经济增长的贡献率为23%。自1994年起，世界银行对一些国家和地区的国家财富进行了初步计算，结果表明除中东和少数资源型国家外，其他国家和地区的人力资源在国家财富中所占的份额都在60%以上。

人力资本理论肯定了人在经济发展中的作用，并提出了提高人力资本的多元渠道。而新增长理论则深化了这个观念，突出了观念和思想创新的重要性，并且拓展了对知识和技能获得手段的认识，把实践和“干中学”也视为重要的手段，从而扩大了人才的培养途径，不仅要重视正规教育还要重视实践培训。

（三）把技术进步内生化，证实科学技术是第一生产力，科技进步和创新是经济发展的内动力

新增长理论的一个重要贡献是打开了“索洛余值”这一“黑箱”，给出了技术变化的内生解释。在新增长理论中，有两种使技术进步内生化的思路：一是先把技术进步具体化为人力资本积累。人力资本积累的外部效应，即全社会平均的人力资本水平提高使生产要素的收益和规模收益递增，从而使经济保持长期增长。人力资本既可以通过脱离生产的学校教育积累，也可以通过不脱离生产岗位的边干边学积累。二是把技术视为一种知识，通过知识积累的外部效应，即全社会总体知识水平的提高所带来的生产要素和规模收益递增来说明经济的长期增长，也可以通过对运用人力资本和已有的知识存量来生产新知识的研究开发部门的投资，不断引入新产品，使劳动分工不断加强所导致的规模收益递增及技术进步自身的溢出效应所带来的收益递增来保证长期经济增长。

新增长理论的意义在于，它认为一国经济长期增长的最终源泉可以归结为人力资本和知识的生产与积累。各国经济增长率的差别和收入水平的差异源自各国对知识和人力资本积累的不同刺激，以及向他人学习的能力。如果一个国家要追赶世界先进水平，最重要的、具有决定意义的是知识、人力资本及向其他国家学习的能力。一个国家要想领先于其他国家，不仅需要向其他先进国家学习，还必须进行科技上的创新。根据新增长理论，各国之间的国际分工不仅是依据传统要素的配置情况实现专业化，而且可以通过对知识、人力资本施加影响来取得比较优势，实现建立在新基础上的专业化。一个国家运用教育和研究开发进行直接激励的政策对经济增长最为有效，所以一国政策重点应当放在支持教育和研究开发上。

新增长理论模型最具有意义的方面是它有助于解释国际资本流动是怎样加剧发达国家和发展中国家财富上的不均衡状况的。发展中国家虽然资本—劳动比率比较低，投资所能提供的回报率可能较高，但是由于在人力资本投资（教育）、研究与开发（R&D）或基础设施上的投资不足，潜在的较高的投资回报率不能得以实现，所以发展中国家投资的收益低于其他资本支出所能带来的收益，由此产生发达国家和发展中国家财富和收入上越来越大的差距。

三　新增长理论对人力资本理论发展的贡献

第一，把人力资本纳入增长模型。20 世纪 60 年代，舒尔茨和贝克尔的现代人力资本理论尽管也涉及经济增长问题，但他们把人力资本和教育作为外生变量，也没有建立定量模型；20 世纪 80 年代后期以来，卢卡斯和罗默的模型不仅把人力资本纳入进去，而且使之内生化。

第二，从经济增长模型中阐发其人力资本理论，把对一般的技术进步和人力资源的强调变成了对特殊的知识即生产某一产品所需要的“专业化的人力资本”的强调，从而使人力资本的研究更深入、更细致，而且具体化、数量化了，这不仅极大地发展了人力资本理论，也给人们在实践中正确认识经济增长中人力资本的作用，并以此为根据来调整经济增长速度、预测经济增长趋势提供了方法和工具。

第三，揭示了人力资本的“内部效应”和“外部效应”。卢卡斯区分了人力资本所产生的两种效应：舒尔茨通过正规或非正规教育形成的人力资本所产生的“内部效应”与阿罗的“边干边学”形成的人力资本所产生的“外部效应”。罗默认为，知识分为一般知识和专业化知识，一般知识可以产生规模经济，专业化知识可以产生要素的递增收益，专业化知识与一般知识相结合，不仅使知识、技术、人力资本自身产生递增的收益，而且也使其他追加的生产要素如资本、劳动的收益递增。特殊的知识和专业化的人力资本是经济增长的主要因素，因为知识不同于普通商品，它不具有完全的排他性，即具有“溢出效应”。

第四节　教育人力资本对国民收入增长贡献分析

一　舒尔茨对教育投资的经济价值及教育贡献率的测算

舒尔茨提出的现代人力资本理论认为，教育投资的目的是为了达到经济层面的收益，不管是代表国家的政府进行教育投资还是代表个体的居民个人进行教育投资，都是期望能得到一定的经济利益的。舒尔茨正是在这种清晰的量化思维模式下，通过对人力资本的投资和物质资本的投资的研究分析结果进行比较，总结出人力资本投资比物质资本投资产生的经济社会效益更高的结论。

舒尔茨提出的现代人力资本理论认为，在所有资本总数量有限的条件下，需要看哪一种投资的资本收益率更高来决定资本投资方向。舒尔茨认为，必须以市场经济中的供求关系为指导，以人力资本的价值的变化为动态计量信号，要发展经济就必须对教育投资计划进行市场性浮动调节。

在投资方向的选择上，舒尔茨认为，不管是人力资本投资，还是物质资本投资，应该增加投资到收益高的那个方向去，应该减少对收益低的方向的投资。因为从整体上我们通过研究分析得知，人力资本投资的收益率高于物质资本投资的收益率，因此必须加强对人力资本的投资。当然，人力资本投资总量到底够不够，是太多了还是太少了，都不能简单定性，必须分别对职业或行业种类加以量化分析。舒尔茨认为，“有市场需求，你就加大供应”是办教育的一个基本原则，也是决定市场投资方向的一个基本策略。就是说，脱离市场需求，脱离资本收益率，就是空谈现代人力资本理论，人力资本的投资和物质资本投资都要受到整体市场供需规律的制约。

舒尔茨认为，教育的进步和知识的发展，成为经济发展的主要源泉。就美国经济发展来看，有大量证据表明，教育机构和大学的科学研究活动是经济发展的主要源泉。教育活动是经济发展的主要源泉的观点，也是构成舒尔茨的教育具有经济性思想的基础，这个内容也成为教育经济主义思潮的基本观点。舒尔茨认为：从分析教育活动是经济发展动力的观点来研究，在过去的 30 年里，教育活动的作用并没有被发现而是被看作具有实际价值的建筑、设施、库存物资等物力的资本产生的作用。

舒尔茨用人力资本投资的作用来确认教育活动的这种作用。他提出，人力资本投资的作用在现代化生产中是大于物质资本投资的作用的。他还提出，当代的劳动生产率在逐步提高，这恰恰是人力资本投资不断增长的结果。欧洲很多国家和亚洲的日本，人口质量的提高，对经济增长起了明显的作用。日本和德国是第二次世界大战的战败国，大战结束时，这两个国家的生产设备几乎完全被破坏了，但是经过非常短的时间，它们就取得了经济的迅速恢复和高速发展，其最主要的原因在于这些国家的人民具有较高的文化知识、专业技能，这些国家在提高文化教育水平方面进行了大量的投资，所以这些国家不仅能够吸收和使用从国外引进的先进科学技术成果，而且自身具备了创造性的科研实力和熟练程度较高的技术水平，从而促进了经济的快速发展。

舒尔茨还提出，教育的投资，从最重要的方面讲，能够提高国民的自身能力，包括文化知识、专业技能、自身素质、管理水平等，教育投资的最终结果，能使社会经济快速增长，并且能够对社会发展提供更多的动力。可以说，教育是一种手段，是可以使人的潜在能力不断增长的一种生产性的经济活动，具有重要的社会经济价值。

舒尔茨认为人力资本的经济价值很大一部分体现在其增加国家居民财富的作用上，国家居民财富的增加表现为经济的增长。人力资本是现代经济增长的重要源泉。和他所认为的一样，许多令人无法解释的没有预料到的经济增长主要是来源于人力资本存量的增加。

舒尔茨对美国经济增长中的各种因素，其中包括教育投资的情况做了数量化的分析和研究，其结论是与物质资本的积累相比，人力资本的形成和积累速度都非常迅速。在《对人的投资：一个经济学家的观点》一文中，他通过对以接受 8 年以上的教育水平为代表的人力资本累积过程的研究，发现 1900 年这种接受 8 年以上的教育水平的人力资本的累积总量只有 18 亿美元，占全部有形物质资本的 4%；而到了 1956 年，接受 8 年以上的教育水平为代表的人力资本累积总量不少于 2270 亿美元，占全部有形物质资本的比重提高到了 28%。如果再加上初等层次的教育，则三级教育水平总成本占物质资本形成总量的比重，从 1900 年的 9% 提高到 1956 年的 34%。1929 ~ 1957 年可再生的有形资本的年增长率是 2%，但是劳动力中教育人力资本的年增长率是 4%。可见，由教育形成的人力资本，不但总量已经增长，而且增长速度也高于传统物质资本的增长速度。

他还使用了经济增长的余额分析法对美国教育投资对国民收入增长的贡献进行了具体计算（主要成果发表于 1961 年的专著《教育和经济增长》)。舒尔茨使用的计量研究方法是建立在经济学中的“生产的三个要素”的理论基础之上，认为构成生产过程的三个基本要素就是劳动、土地和资本，可以用以下的生产函数公式表示：

$$Y = F(K,L,D) \tag{2.1}$$

在公式（2.1）中，Y 表示一定时期的总产出量，是资本要素（K）、劳动要素（L）和土地要素（D）三个基本要素的投入量（变量）的三元函数。

如果我们假设土地的数量恒定不变，且其对社会经济增长的总贡献不发生变化，那么该三元生产函数就可以简写成产出总量 Y 对资本要素

K 和劳动要素 L 的二元函数：

$$Y = F(K,L) \tag{2.2}$$

在这个公式里，舒尔茨把教育的投资作为对人力资本的投资而与物质资本的投资分离，即：

$$K = K_m + K_h \tag{2.3}$$

在公式（2.3）中，K_m 为物质资本投资变量，K_h 为人力资本投资变量。于是，在舒尔茨的余数分析法中，生产函数的表达式是：

$$Y = F(K_m, K_h, L) \tag{2.4}$$

经过适当的数学变换（方程两边对时间求微商），可以得到：

$$dY = \frac{\partial Y}{\partial K_m} \cdot dK_m + \frac{\partial Y}{\partial K_h} \cdot dK_h + \frac{\partial Y}{\partial L} \cdot dL \tag{2.5}$$

两边除以产量 Y，可转换为：

$$\frac{dY}{Y} = \left(\frac{\partial Y}{\partial K_m} / \frac{Y}{K_m}\right) \cdot \frac{dK_m}{K_m} + \left(\frac{\partial Y}{\partial K_h} / \frac{Y}{K_h}\right) \cdot \frac{dK_h}{K_h} + \left(\frac{\partial Y}{\partial L} / \frac{Y}{L}\right) \cdot \frac{dL}{L} \tag{2.6}$$

令

$$\gamma_m = \frac{\partial Y}{\partial K_m} \tag{2.7}$$

$$\gamma_h = \frac{\partial Y}{\partial K_h} \tag{2.8}$$

γ_m 和 γ_h 分别表示物质资本和人力资本的投资回报率。于是，教育对经济增长的贡献就是公式（2.6）右边的第二项，即等于教育人力资本投资的回报率与投资率及其投资增长率的乘积。某段时期教育人力资本投资对经济（国民收入）增长的贡献的公式则为：

$$P_e = (\Delta K_h / \Delta Y) \times \gamma_h = (\Delta K_h \times \gamma_h) / \Delta Y \tag{2.9}$$

其中 P_e 表示某段时期中教育人力投资对社会经济增长的贡献，

($\Delta K_h \times \gamma_h$) 则表示增加教育人力资本投资所带来的产出量。

舒尔茨用公式（2.10）核算了美国各层次的教育收益率。

$$P_{ei} = \frac{inc_i - inc_{i-1}}{e_i} \tag{2.10}$$

P_{ei} 为 i 级教育人力资本投资收益率，inc_i 为 i 级教育毕业生的人均年收入，inc_{i-1} 为 $i-1$ 级教育毕业生的人均年收入，e_i 为用于 i 级教育的人均费用。

舒尔茨计算得出美国的初等教育层次的收益率为35%，中等教育层次的收益率为10%，高等教育层次的收益率为11%，整个教育总收益率为17.3%，即 $\gamma_h = 17.3\%$。

舒尔茨在分析1929～1957年美国的经济增长情况时，对比了1929年与1957年的国民收入、教育投资等情况（见表2－1）。

表2－1　1929年与1957年美国人均国民收入

年份	国民收入（亿美元）	工资（劳动）投入占国民收入3/4（亿美元）	劳动力总数（万人）	人均国民收入（美元/人）
1929	1500	1125（1500×3/4）	4920	2287
1957	3020	2265（3020×3/4）	6800	3331

舒尔茨研究发现，按不变价格计算，美国在1929年的国民总收入为1500亿美元，当时美国社会中劳动者的工资性收入与资本性收入的比值为3∶1，说明其中由人力资本和物质资本各自承担的作用是3∶1。由此认为1929年美国的国民收入中，由人力资本创造的价值部分为1500亿美元×3/4＝1125亿美元，由物质资本创造的价值部分为1500亿美元×1/4＝375亿美元。1929年美国的劳动人口总量是4920万人，通过计算得到1929年美国劳动力人均创造的国民收入为1125亿美元÷4920万人＝2287美元/人。

他同时研究发现，美国1957年的国民收入的总量为3020亿美元，当时美国社会中劳动者的工资性收入与资本性收入的比值还是3∶1。我们计算得出，1957 年的美国国民收入中由人力资本创造的价值部分为 3020 亿美元 ×3/4 = 2265 亿美元，由物质资本创造的价值部分为 3020 亿美元 ×1/4 = 775 亿美元。1957 年美国的劳动人口总量为 6800 万人，如果 1957 年美国劳动力的自身水平与 1929 年没有差别的话，就可以计算得出，美国劳动者创造的国民收入应当是 2287 美元/人 ×6800 万人 = 1555 亿美元。

通过以上研究和计算我们发现，1957 年美国的国民总收入中因为人力资本创造的价值部分实际上比国民收入还高出了一个差额：2265 亿美元 - 1555 亿美元 = 710 亿美元。这个差额的经济来源问题使得经济科学界进行了普遍思考。舒尔茨提出，差额的存在说明，在社会经济增长中还存在一些没有被发现的要素存在。这个差额不是资本 K 带来的，因为这只涉及劳动收入；这个差额也不是由劳动力数量的增长带来的，因为这个结果已经包含了劳动力数量增长带来的经济增长［（6800 万人 - 4920 万人） ×2287 美元/人 = 430 亿美元］。舒尔茨提出，这个差额中的很大一部分可能就是由劳动力人口自身质量的提高所带来的收益性差额。他认为这种劳动力质量水平的大幅提高会导致国民收入总量的提高，并且要归功于教育。

舒尔茨对社会教育投资也进行了研究分析。要了解社会教育投资的状况，首先要掌握在劳动者身上一共积累了多少数量的教育人力资本。舒尔茨认为积累在劳动者身上的这种教育人力的投资量即为教育人力资本，它应从初等教育算起，并且包括社会支付的费用、家庭支付的费用和学生因受教育而损失的收入。

按这个思路，舒尔茨设计了这样的计算公式：

$$\text{教育人力资本积累总额} = \sum(\text{各级别学历劳动者人数} \times \text{各级别学历毕业生人均教育费用})$$

由此公式计算出美国在1929年累积的教育人力资本总量为1800亿美元，按1929年劳动者人数计算，每人平均教育资本为：1800亿美元÷4920万人=3659美元/人。而到了1957年，美国的劳动者总人数已经达到6800万人，如按1929年的教育水平，美国社会应当积累的教育人力资本总额为：3659美元/人×6800万人=2488亿美元。可是我们研究发现，按上述方法利用公式计算得出1957年美国国内实际积累的教育人力资本的总额竟然达到5400亿美元。这表明为提高教育的质量即人力资本的质量，美国社会的追加教育投资高达2912（5400-2488=2912）亿美元。这就很容易得出追加教育投资2912亿美元直接影响了经济增长的结果，因而可以直接由公式2.9算出教育投资对国民收入增长的贡献。

1929~1957年美国为提高教育人力资本而追加教育投资ΔK_h = 2912亿美元，这一期间整个国民收入增长为ΔY = 3020亿美元-1500亿美元=1520亿美元，而教育投资平均收益率γ_h = 17.3%。故这一时期教育投资对经济（国民收入）增长的贡献为$P_e = \frac{\Delta K_h \times \gamma_h}{\Delta Y} = \frac{2912 \times 17.3}{1520}\% = 33\%$。

舒尔茨的上述方法被称为“增长余数分析法”。

舒尔茨通过研究计算出来的教育投资对经济增长的贡献高达33%的结果震惊了国际学术界，这一数据在世界各国被广泛引证。尽管后来不断有人对舒尔茨的计算方法提出质疑，而且有不少科学家、经济学家对教育在经济发展中起作用的条件提出各种补充意见，但是，舒尔茨这项开创性的成就揭示了教育与经济互相依存、互相促进的紧密联系，大大提高了教育的经济地位。各国政府为了提升国家人力资本存量，促进经济增长，纷纷开始不断增加教育投资总量。

二　丹尼森关于教育对国民收入增加贡献分析

丹尼森对于各种经济增长因素进行分析，目的在于估计美国不同时期的经济增长率中，这些因素的重要性及它们相对地位的变化情况，并根据这种变化预测未来经济增长的趋势。

丹尼森和其他经济学家一样，把经济增长因素分为两大类：一类是生产要素投入量，另一类是全要素生产率（TFP）。传统的生产要素包括劳动力、资本和土地三项。他们把经济增长看成是三种生产要素投入增长的集中表现。其中，除了土地（自然资源）这个要素经常可被看作基本不大变动之外，剩下的两个因素即劳动力的增长和资本的增长是经济增长的原因。全要素生产率（TFP）简称生产率，传统的定义认为，全要素生产率就是产量和生产要素投入量的比例，也就是能激活各生产要素以提高生产率的各种因素。丹尼森将全要素生产率进一步分解为知识进展、资源配置、规模效应等因素，并对其分别加以测算。由于丹尼森的改进，经济增长因素的内容对传统理论有了进一步发展。

具体来说，丹尼森所谓的经济增长因素共有五项，其中属于生产要素投入量方面的有两项。

其一，劳动力在数量上的增长和质量上的提高。丹尼森是把劳动力的质量量化，从而校正历史上劳动力的数量的。他把劳动质量的变化分为三点：①由于正常劳动时间的缩短而引起的劳动质量的变化；②成年男工由于正常教育年限的增长而引起的劳动质量的变化；③由于年龄、性别构成的变化和相对于男工来说女工劳动价值的变化而引起的平均劳动质量的变化。

其二，资本在数量上的增加。丹尼森认为美国土地的数量是不变的。他把能够再生产的资本（简称资本）投入分为 5 类，即企业建筑物和设备、非农业的住宅建筑、存货、美国居民在国外的资产、外国人在美国的资产。

属于全生产要素生产率的有三项。

其一，资源配置的改善，主要是指两种人力资源的改善：①配置到农业上的过多劳动力从农业中转移出去；②非农业性的独立经营者和那些本小利微的小企业中参加劳动但不取报酬的业主家属，从该企业中转到大企业，充任工资劳动者。

其二，规模的节约。就是资产阶级经济学中经常涉及的随着生产规模的扩大，报酬是递增、不变还是递减。

其三，知识进展和它在生产上的应用。丹尼森认为，知识进展能使同样的生产要素投入量的产品只需更少的投入量。促进经济增长的新技术的采用，只有在知识有所进展时，才有可能实现。

后来，丹尼森在经济增长因素分析中，合并了个别次要因素，并于1974年增加了“不规则因素”一项，其内涵为农业气候、劳资纠纷、需求强度等子项，但影响程度并不大，只是使分析更为细致。

综上所述，丹尼森不仅细化了经济增长要素，而且对索洛模型中的诸多生产要素进行了改进。在索洛的模型中，劳动要素和古典经济理论一样只作为劳动数量来看待，排除劳动质量的作用。丹尼森则修正了劳动要素，引入了“人力资本”思想，把劳动分解为劳动数量和劳动质量，由此能够单独计算接受教育培训等使劳动质量的提高所带来的国民收入的增加，以证明劳动者的素质的提高对经济增长的贡献。丹尼森把索洛的技术进步分解为优化资源配置、市场经济所带来的规模效应、知识进展和应用，统称为“全要素生产率”。由于知识进步、资源配置、规模效应等因素可称为“软技术”，故全要素生产率亦可称为“广义技术进步”，或直接称为“科技进步”。他指出，索洛的“技术进步”要素表述过于笼统，经济增长“余数”不仅是纯粹的技术进步所带来的结果，还包括很多能够提高生产率的激活因素。丹尼森的分析方法对实际生产来说更为科学和合理。

（一）各增长因素对经济增长的贡献

丹尼森在他的《美国经济增长因素和我们面临的选择》一书中，具体估计了各种增长因素的重要性。通过估计把1909～1929年、1929～1957年美国实际的经济增长率分解并分配到各个增长因素上，来比较在这一时期内，各个增长因素在美国经济增长中相对地位的变化（见表2－2）。

表2－2　美国实际国民总收入增长率在增长因素中的分配

增长因素	增长率(%)		占增长的比例(%)	
	1909～1929年	1929～1957年	1909～1929年	1929～1957年
实际国民收入	2.82	2.93	100	100
生产要素投入量	2.26	2.0	80	68
劳动力，用质量变化校正	1.53	1.57	54	54
就业和工时	1.11	0.80	39	27
就业量增加	1.11	1.00	39	34
缩减工时及引起劳动质量变化	0	－0.20	0	－7
缩减年工时	－0.23	－0.53	－8	－18
缩减工时引起劳动质量提高	0.23	0.33	8	11
教育年限增加	0.35	0.67	12	23
女工经验的增加和更好的使用	0.06	0.11	4	4
劳动力年龄、性别构成的变化	0.01	－0.01	0	0
土地	0	0	0	0
资本	0.73	0.43	26	15
非农业住宅建筑	0.13	0.05	5	2
企业建筑物和设备	0.41	0.28	15	10
存货	0.16	0.08	6	3
美国居民在国外的资产	0.02	0.02	1	1
外国人在美国的资产	0.01	0	0	0
全要素生产率（TFP）	0.56	0.93	20	32
对资源合理利用的限制	—	－0.07	—	－2
农业劳动浪费的减少	—	0.02	—	1

续表

增长因素	增长率(%)		占增长的比例(%)	
	1909～1929 年	1929～1957 年	1909～1929 年	1929～1957 年
独立经营者向工资劳动者转移	—	0.05	—	2
知识进展	—	0.58	—	20
知识应用的迟延时间缩短	—	0.01	—	0
规模的节约，地方市场的独立增长	—	0.07	—	2
规模的节约，国内市场的增长	0.28	0.27	10	9

从1929年到1957年的数字来看，整个增长率中68%归因于生产要素投入量的增加和质的改进，其中54%是劳动在数量上的增加及质量上的提高提供的，由资本的增加所提供的仅占15%。至于土地，丹尼森认为美国过去的国民总收入的增长，没有任何部分是由土地的质或量的变化而引起的。整个增长率中的32%，是由全要素生产率的提高引起的。

（二）丹尼森对教育重要作用的分析

生产要素总投入量占增长的百分比，从1909～1929年的80%降为1929～1957年的68%的同时，增加就业和工时占增长的百分比也相应从39%降为27%。与此相反，教育年限增加因素所占增长的百分比，却从1909～1929年的12%上升到1929～1957年的23%，几乎占国民总收入全部增长率的1/4。一方面，1948年美国工商界雇佣人员44%以上只受过8年或少于8年的教育，1969年这个百分比降低到22%，降低了一半；另一方面，受过4年或4年以上大学教育的人由原来的5.7%增加到11.79%，至少念完高中的人由35%增到60%。他认为，由此看来投资于“物质资本”的重要性减少了，而对“人力资本”的投资，或者说投资于接受更好教育的劳动力，相对来说变得更重要了。

丹尼森还指出，教育方面的变化是巨大的，教育这个增长因素只计算教育年限的延长对于经济增长所做的贡献，而把在校时的知识和业务水平的提高归到“知识进展”之中。“知识进展”增长因素对经济增长也有重要影响，在1929～1957年美国生产率的增长中占了20%。他认为正规教育中只有3/5对经济增长起作用，按照这个比例，教育对经济增长的间接贡献为12%，从而使1929～1957年教育对美国经济增长的总贡献达到35%（23%+12%）。这一比率十分可观，充分显示了教育因素对经济增长所起的巨大作用。

第五节　教育投资收益基础理论

一　教育支出是人力资本投资的重要部分

传统观点认为，教育投资是非生产性投资，与其他消费性投资相似，教育属于消费的一部分。这种观点后来遭到了反驳，理论和实践都证明，教育更应当是一种生产性活动，生产的是具有科学文化知识的人才。但不可否认的是，接受教育就必须支付一定的费用，教育依然是消费的一种方式。正如英国古典经济学创立者亚当·斯密在1766年所指出的，学习费用可以得到补偿，并且可赚取利益。从教育的经济效果来看，教育是有限度的消费，又是扩大了的生产。随着生产力的发展，人们逐渐认识到一定量的教育经费的消费，在以后的生产中所产生的经济效果，较之消耗的费用更多。随着生产率和生产水平的发展，教育消费的比重将不断增加，教育支出是人力资本投资的重要组成部分。

教育通过增加个人人力资本存量提高个人收入水平，这一点已为人力资本理论所证实，特别是贝克尔和明瑟尔的研究为教育个人收益率的测算提供了极为简便的方法。各种测算结果表明，教育个人收益率始终为正数，说明提高个人收入水平的教育功能是毋庸置疑的。在一个家庭中，通过受教育获得高收益的劳动者会出于对教育功能的信任增加对教育的投资，教育消费逐渐转变为一种投资，这种投资能够给个人和家庭带来比物质资本投资更高的回报，家庭就更愿意支付接受教育的费用。同时，教育还是提高生活质量的重要内容和手段。

贝克尔研究指出，用机会成本和直接成本衡量，个人对中等或高等教育私人投资的收益率是 14.8%，如果把不由学生直接承担的成本加上去，其收益仍不少于 11%。[①] 明瑟尔首次建立了个人收入分析与其接受培训量之间关系的经济数学模型，之后根据对劳动者个人收益率差别的研究估算出美国对在职培训的投资总量和在这种投资上获得的个人收益率。明瑟尔认为正规教育的平均收益率在 7% 到 11% 之间变动，而非正规教育的人力资本投资收益率大约是 13%。[②] 而萨卡洛普罗斯等人则通过对数十个国家教育内部收益率的研究和比较发现：第一，初等教育的收益率（无论是社会收益率或是个人收益率）在所有教育层次中最高；第二，个人收益率高于社会收益率；第三，教育投资的收益率高于物质资本投资收益率；第四，发展中国家教育投资收益率高于发达国家相应的收益率。[③]

二　教育收益的含义

关于教育收益的含义学术界众说纷纭，主要分为两大类观点：一类观点侧重于结果分析，认为教育收益主要是考察通过教育活动给个人和社会带来的种种有益效果。[④] 另一类观点侧重于过程分析，认为教育收益不仅要反映通过教育活动获得的好处，还要考虑其成本，教育收益是教育成本与教育利益的对比关系。后者所定义的教育收益实质上反映了教育效益，因此也有很多学者将教育收益等同于教育效益。本书的教育收益指的是前者，即教育活动给个人和社会带来的好处。

---

① 加里·贝克尔：《经济理论》，贾拥民译，华夏出版社，2011。

② 〔美〕雅各布·明瑟尔：《人力资本研究》，张凤林译，中国经济出版社，2001。

③ George Psacharopoulos, "Returns to Education: An Updated International Comparison," Comparative Education, 1981, Vol. 17, pp. 321 - 341.

④ 王玉昆：《教育生产成本函数》，《中小学管理》1998 年第 6 期。

三 教育收益的分类

教育收益按主体可以分为教育个人收益和教育社会收益，按是否用货币计量可以分为教育经济收益和教育非经济收益。本书将两种划分相结合，将教育收益分为以下四类。

（一）教育个人经济收益

1973年，著名的英国教育经济学家马克·布罗格（Mark Blaug）在《发展中国家教育与就业问题》一文中曾指出："在我们开始讨论之前，有必要先强调这样一个在现实生活中很值得注意的事实，即在任何两组相同年龄和相同性别的人当中，受过较多的并且无论是哪一方面教育的一组，其平均工资往往高于教育较少的另一组。即使这两组的人员受雇于同一产业中的同一类职业……这种教育与工资之间（以及年龄与工资之间）存在的正比例关系的普遍性，是现代社会科学领域中的一个重大发现。"① 这表达了教育给个人带来的经济收益正是以工资形式表现的收入。也就是说，教育个人经济收益指的是个人受教育所带来的收入的提高。

（二）教育个人非经济收益

第一，教育具有消费收益，如个人在受教育期间从求知活动中获得乐趣，一生中从阅读、艺术欣赏及其他娱乐活动中享受到快乐等。第二，教育产生消费者选择效率，即在相同的预算约束下（或相同收入水平下），受教育程度较高的人能够选择效率更高的商品组合和服务组合，产生更大程度的效用满足。第三，教育改变储蓄行为。实证研究表明，人们接受的教育越多，通过储蓄行为防范风险的意识越强，因而教育水平与储蓄率之间存在较强的正相关关系。第四，教育提高家庭内部生产力，特别是由于妇女参与家庭活动的时间较多，家庭妇女受教育程

① 林荣日：《教育经济学》，复旦大学出版社，2001。

度的提高将有力地促进家庭事务处理的效率，而这些活动发生在市场之外，其效率的提高很难用货币来衡量。第五，教育改善个人及其家庭成员的健康状况，表现为延长预期寿命、减少患病可能、增进配偶健康等。第六，教育促进婚姻选择效率。通过接受较高层次的教育，年轻人容易找寻到在家庭地位、收入能力和性格品质等方面与自己相符的配偶。也有研究发现教育程度高的人离婚率和再婚率都比较高，对于个人来讲，这是有能力对自己的婚姻状况进行及时调整的表现。第七，教育影响生育行为。在宏观层面上，一个国家的平均受教育程度越高，婴儿出生率越低；在微观层面上，受教育程度越高的人生的孩子越少。①

（三）教育社会经济收益

教育社会经济收益主要表现在三个方面。首先，促进经济增长。教育对经济增长的作用已经为诸多的理论和实践所证明，这一收益主要属于教育经济增长理论的研究范畴，在此不做赘述。其次，改善收入分配。虽然有理论和现实表明教育发展并非一定能够改善收入分配，但这并不能否定教育具有这样一种功能。改善收入分配状况是教育社会经济收益的重要表现，教育能够促进收入平等化，从而推动社会均衡。但是其收益的获得要受到很多因素的制约，因而教育与收入分配的平等程度不是简单的线性关系。最后，提高人民生活水平。教育能够促进家庭的富裕和整个社会收入水平的提高，从而提升人民生活水平，促进整个社会的富裕。

（四）教育社会非经济收益

教育还能够给社会带来很多非经济收益，如政治的民主、文化的繁荣、科学技术的进步、民族文明程度的提升、人口问题的缓解、社会的安全稳定、社会的公平和富裕等，最终的收益表现为社会的均衡协调发展。

---

① 刘泽云、萧今：《教育投资收益分析》，北京师范大学出版社，2004。

第六节　贝克尔教育投资收益理论

一　贝克尔教育投资收益理论的基本内容

20 世纪 60 年代的教育经济增长理论的研究结果表明，教育是一个解释国家经济增长成果的重要因素，特别是舒尔茨的开创性研究结果，从宏观上证明了教育人力资本对一国经济发展的重要性。而教育与经济关系的微观性研究则要归功于贝克尔。贝克尔以教育与个人收益关系为出发点进行研究，认为教育投资能够带来个人收入的增加，可以改变收入低下的贫困者的收入水平，从微观个体角度上弥补了舒尔茨理论的缺陷。贝克尔的相关研究成果成为教育收益相关理论的代表，他关于教育投资分析的主要论点有以下几个方面。

（一）教育投资的成本与收益

贝克尔指出，体现在物质产品上的资本称为物质资本，而体现在人（主要是劳动者）身上的资本，则可以称为人力资本。人力资本不仅意味着才华、知识和专业技能，还蕴含着时间、健康和寿命。人力资本是一种人格化的资本，表现为人的能力与素质，与人本身不可分离。这意味着人力资本具有私有性质，人力资本生产率取决于拥有这种资本的人的努力程度。因此，适当而有效的刺激可以提高人力资本的使用效率，这是人力资本与物质资本最大的区别。

通过增加人的资源影响未来收益的活动，被称为人力资本投资，包括正规学校教育、在职培训、医疗保健、迁移以及价格与收入信息等多种形式。贝克尔主要强调了广义的教育（包括正规教育和职业培训）的投资形式。通过正规教育和职业培训投资，提高了劳动者的技术、知识水平，从而增加个人收益。在贝克尔看来，投资活动大体可以分为两种，一种是主要影响未来福利的投资，另一种是主要影响现在福利的投资。教育投资主要是影响未来福利的投资，未来福利（包括经济收益和非经济收益）的增加就是教育投资所获得的收益。同时他还认为，高等教育既可以影响消费又影响货币收入，而在职培训主要影响货币收入。

投资活动的过程也是耗费成本的过程，教育投资在给个人带来收益之前，必须耗费成本。贝克尔认为，教育投资的成本不仅是可以用货币表示的各项实际费用支出，还必须计算“放弃收入”，即“机会成本”或“影子成本”。机会成本就是把一种资源投入某一特定用途之后，所放弃的在其他用途中所能得到的最大利益。如某人在校学习或在企业接受培训，显然他就没有时间来从事商业或劳务，由此而失去的收入，即所谓的“放弃收入”。并且，贝克尔认为“放弃收入”是教育投资的主要成本，超过了实际费用的支出。因此，教育投资的成本包括直接成本（在校教育费和在职培训费）和间接成本（机会成本），这一提法十分有意义。

（二）教育投资量取决于收益率

贝克尔认为人力资本可以通过后天投资获得，并影响以后的生产率和收益，因此，用于物质资本的投资收益分析方法，也同样适用于人力资本研究。和物质资本相同，人力资本的投资价值可以从两个方面来衡量：一是其人力对自身投资的成本与收益的比较，也就是人力资本的投资收益率，人力资本的投资收益率越高，就越说明该投资具有投资价值；二是人力资本的投资收益率与其他物质资本投资收益率的比较，如果人力资本的投资收益率比其他投资收益率高，就可以认为人力资本投资是合算的。所以说，“惟一能决定人力资本的投资量的最重要因素就只能是这种投资的收益率”。[①]

人们花费在教育和培训上的费用，属于教育投资。人们是否进行正

---

① 〔美〕贝克尔：《人力资本》，梁小民译，北京大学出版社，1987。

规教育和在职培训方面的人力资本投资，是由这些投资的成本和收益的比较以及与其他投资价值的比较来决定的，在数量上表现为教育投资的边际收益等于边际成本的均衡点。换句话说，只有教育收益的贴现值至少等于支出的贴现值，并且教育收益率高于其他投资收益率时，人们才愿意接受教育和培训。在此基础上，贝克尔得出了以下两条结论。

第一，比较人力资本投资的收入现值和成本（包括机会成本）的大小，即可判断一项人力资本投资是否合算。用公式表示如下：

$$d(y) = V_t - C_t \tag{2.11}$$

式中，V_t和 C_t 分别为某一时期人力资本投资的收入现值和投资成本，$d(y)$ 为两者差额，表示人力资本投资的净收益。$d(y)$ 越大，则人力资本投资越合算。

第二，比较人力资本投资与其他各项投资的内部收益率大小可以确定人力资本投资与其他各项投资的优劣。人力资本投资内部收益率 i 的计算公式为：

$$D(Y) = \sum_{t=1}^{n} \frac{Y_t}{(1+i)^t} \tag{2.12}$$

式中，Y 为 t 时期的净收益，$D(Y)$ 为 t 时期的人力资本投资净收益的现值，i 即为人力资本投资内部收益率。i 越大，则人力资本投资越有价值。

（三）家庭的教育投资决策

贝克尔认为每个家庭都要根据有限的资源情况，在增加孩子数量或提高孩子质量，以及提高孩子质量或多消费之间进行选择。也就是说，家庭都要考虑如下的问题：是将资源用于多抚养几个孩子建立大家庭，还是生少量的孩子，将资源投入这些孩子的教育，提高孩子的教育质量？在孩子数量既定的情况下，是将家庭资源用于投资子女的教育，还是用于其他消费？贝克尔认为家庭决策取决于抚养孩子及对孩子进行教育投资的成本与收益。

在工业经济中，人们之所以把孩子比作一种耐用消费品，是因为对孩子进行教育投资的收益率并不明显或是很低，人们依然把抚养孩子看作一种消费而不是投资。一方面，随着经济的发展，特别是知识经济的到来，教育投资的收益率大大提高，抚养孩子已经不再是消费更是一种投资。由于投资收益率的增加，人们就更乐于将家庭资源用于孩子的教育，提高孩子的教育质量。另一方面，人们的时间价值越来越大，生育抚养孩子的机会成本大大增加。因此，家庭决策倾向于一方面减少孩子的数量，另一方面减少家庭的其他消费，而将更多的资源进行教育投资。

这也很好地解释了人类发展为什么没有陷入“马尔萨斯陷阱”的原因。“马尔萨斯的错误不在于他使用了经济学本身的理论，而在于他使用了不适用现代社会的一种经济学理论。他的观点忽视了各国劳动生产率提高后花费在照顾孩子上的时间成本变得昂贵了。时间成本的价值居高不下就提高了照顾子女的成本，因而大大降低了人们对大家庭的需要。他的理论也没有考虑到工业化经济对人自身的教育和训练的更为重要，所以鼓励父母要更多地投资于子女自身的技能技巧的提升，这也增加了大家庭的成本。这样，时间成本的不断增加和更多重视学校教育以及其他人力资本的不断投入，就可以解释伴随着各国经济发展而出现的生育率的普遍下降，及现代经济中出生率不断降低的许多特质。”① 从这个意义上讲，教育投资对降低社会生育率有显著作用。贝克尔认为，发达国家生育率下降，一方面是随着经济增长，已婚妇女的时间价值提高而使孩子数量减少、质量提高；另一方面是随着经济增长，对孩子的投资回收率提高。人力资本投资回收率增加，会鼓励人们对孩子多投

① 〔美〕贝克尔：《观察生活的经济方式》，王宏昌译，载《诺贝尔经济学奖获得者讲演录》，2008。

资。这对发展中国家如何降低过高的人口增长率有较大的借鉴意义。

因此，总的来说，随着教育投资收益率的提高，人们更愿意以小孩的质量代替小孩的数量，以教育投资代替其他投资和消费。

二　贝克尔人力资本投资均衡模型

贝克尔的重要贡献之一是第一次使用传统的微观均衡的分析方法建立了人力资本的投资均衡模型。贝克尔认为人力资本的投资和物质资本的投资一样，和居民个人的未来收入之间存在相当紧密的联系。在假设每个家庭（或个人）都会追求效用最大化的情况下，贝克尔认为在人整个生命周期的某一个阶段，人力资本的投资均衡所需具备的条件为："人力资本投资的边际成本的折现价值等于未来人力资本收益的折现价值。"① 可以这样说，在人力资本投资的边际成本的贴现值与边际收益贴现值正好相等的状态下，人力资本投资会达到均衡状态，就可以计算得出某一时期内的最优人力资本的投资量。

（一）基本假定

第一，人是经济人，追求利益最大化，就人力资本投资而言，则追求人力资本投资收益现值的最大化。

第二，市场是完全竞争市场。

第三，一个人的总时间 T 由工作时间 T_{wt} 和投资时间 T_{ht} 组成，即：$T = T_{wt} + T_{ht}$；人力资本投资量 Q_t 取决于投资时间 T_{ht}，即：$Q_t = F(T_{ht})$。

第四，人力资本是同质的，工资率是由人力资本量决定的，人力资本量与工资率呈正比，即：$W_t = a_{(e)} \times H_t$。W_t 和 H_t 分别代表 t 时间工资率和人力资本量，$a_{(e)}$ 为系数，a 主要取决于工作的努力程度 e，同时也取决于工资制度对这种努力做出反应的灵敏性。

① 贝克尔：《人类行为的经济分析》，王业宇、陈琪译，上海人民出版社，1996。

（二）人力资本投资成本

人力资本投资成本（C）包括显性成本即投资的各项开支费用（f）和影子成本即“放弃收入”（c）。用公式表示为：

$$C = f + c \tag{2.13}$$

MC_j 为在 j 时期对总投资量追加一个单位投资的边际成本。

（三）人力资本投资收益

人力资本投资的收益表现为所获得的收入，计算公式为：

$$PV = \sum_{t=1}^{n} \frac{E_t}{(1+r)^t} \tag{2.14}$$

其中，PV 代表某项人力资本投资的收益现值和，r 为贴现率，E_t 为 t 年的人力资本投资收益。

设 W_t 为 T 时的工资率，即每小时收入，则：

$$E_t = W_t \times T_{wt} = W_t \times (T - T_{ht}) = W_t \times T - W_t \times T_{ht} \tag{2.15}$$

在公式（2.15）中，$W_t \times T$ 为全收入，指全部时间都用来工作可获得的收入；$W_t \times T_{ht}$ 则为人力资本投资的放弃收入。

在 j 时期对总投资量追加一个单位投资的边际收益为：

$$MB_j = \sum_{k=j+1}^{n} \frac{\partial E_k / \partial Q_j}{(1+r)^k}, j = 1,2,3\cdots \tag{2.16}$$

由于人力资本投资量取决于投资时间，人力资本最优投资问题就转化为如何分配时间于工作或投资，即求在任一时期 j 进行人力资本投资的最适时间量 T_{hj}，则公式（2.16）可以转化为：

$$MB_j = \sum_{k=j+1}^{n} \frac{\partial E_k / \partial T_{hj}}{(1+r)^k} \tag{2.17}$$

可得：

$$\frac{\partial E_k}{\partial T_{hj}} = \frac{\partial E_k}{\partial W_k} \times \frac{\partial W_k}{\partial h_k} \times \frac{\partial h_k}{\partial T_{hj}} \tag{2.18}$$

在公式（2.18）中，$\frac{\partial h_k}{\partial T_{hj}}$表示人力资本投资时间的增长对未来人力资本的总量产生的影响；$\frac{\partial W_k}{\partial h_k}$表示未来人力资本的总量变化对未来的工资率的影响变化情况；$\frac{\partial E_k}{\partial W_k}$表示未来工资率变化对未来收益的影响情况。

由 $E_k = W_k \times T_{wk}$ 得到 $\frac{\partial E_k}{\partial W_k} = T_{wk}$（工作时间）；由 $W_k = a_{(e)} \times H_k$ 得到 $\frac{\partial W_k}{\partial h_k} = a_{(e)}$。

又令 $\frac{\partial h_k}{\partial T_{hj}} = \frac{\partial h_k}{\partial h_{j+1}} \times \frac{\partial h_{j+1}}{\partial T_{hj}}$，

其中，$\frac{\partial h_{j+1}}{\partial T_{hj}}$表示 j 时期将花费更多的时间用于人力资本的投资对人力资本投资总量的影响；$\frac{\partial h_{j+1}}{\partial T_{hj}} = \frac{\partial Q_j}{\partial T_{hj}}$（$j$ 时期的单位边际投资生产率）；$\frac{\partial h_k}{\partial h_{j+1}}$表示 $j+1$ 时期的投资总量变化对 k 时期资本总量的变化影响。设人力资本折旧率为 α，如不存在折旧，则 $\frac{\partial h_k}{\partial h_{j+1}} = 1$；如存在折旧，则 $\frac{\partial h_k}{\partial h_{j+1}} = (1-\alpha)^{k-(j+1)}$。

综上所述，可得到公式（2.19）：

$$\frac{\partial E_k}{\partial T_{hj}} = \frac{\partial E_k}{\partial W_k} \times \frac{\partial W_k}{\partial h_k} \times \frac{\partial h_k}{\partial T_{hj}} = T_{wk} \times a_{(e)} \times (1-\alpha)^{k-(j+1)} \times \frac{\partial Q_j}{\partial T_{hj}} \tag{2.19}$$

由此可以得到在 j 时期对总投资量追加一个单位投资的边际收益是：

$$MB_j = \sum_{h=j+1}^{n} \frac{T_{wk} \times a_{(e)} \times (1-\alpha)^{k-(j+1)}}{(1+r)^k} \tag{2.20}$$

（四）人力资本投资均衡条件

要使人力资本最大化，均衡条件是：边际成本 = 边际收益，即：

$$MC_j = \sum_{h=j+1}^{n} \frac{T_{wk} \times a_{(e)} \times (1-\alpha)^{k-(j+1)}}{(1+r)^k} \tag{2.21}$$

这个公式即为求 j 时期最佳投资量的均衡条件，j 依次为 1，2，…，n，可依次求出每一时期的最佳投资量。

三 贝克尔教育投资收益理论的现实意义

尽管贝克尔关于教育投资收益的理论还存在诸多争议，但用经济方法来考察人本身智力与体力变化对收入的影响，无疑是历史性的突破。

第一，贝克尔教育投资收益理论对教育投资的成本与收益问题进行了深入研究，解释了很多复杂的现象。

就业现象。人力资本存量高的人能够比其他人获得更高的收入，也会更乐于教育人力资本的投资，从而受到更多的教育与其他各种培训，形成“投资—收入—投资”的良性循环。年轻人具有更强的教育投资动机，会比老年人得到更多的正规学校教育和在职培训，因而比老年人更频繁地换工作，就业稳定性较弱，这是一方面。另一方面，失业率一般与教育人力资本存量有反方向变动的关系，即个人的教育人力资本存量越低，越容易失业。

收入不平等现象。贝克尔理论认为收入分配存在不平等是由个人的教育人力资本差异造成的收入上的差异导致的。

收入随年龄增长的现象。随着年龄的增长，收入一般都是按递减的比率增长。增长率和减少率都与教育投资量有同方向变动的关系，而教育投资量的选择与其成本收益有关。

第二，贝克尔教育投资收益理论通过探讨人力资本与个人收益的关系及其形成途径，论证了教育投资的收入效应。贝克尔强调，教育（包括正规学校教育和在职培训）是人力资本形成的根本途径。教育能够增加劳动者的人力资本存量，提高劳动生产率，从而增加其收入，因而进行教育投资对投资者而言是有益的。这进一步说明了教育与个人收益的关系，使人们认识到教育是一种生产性投资而非纯粹的消费，并且这种投资能够在未来给自身带来比物质资本投资更为丰厚的回报，从而促使人们转变消费观念，通过教育投资来改变自身的贫困境地。

第三，贝克尔教育投资收益理论通过建立人力资本投资均衡模型和在职培训投资均衡模型，科学解释了教育投资行为，并使教育投资的成本收益核算更加全面。贝克尔不仅考虑了教育投资的收益，还考虑到其成本，特别是机会成本。机会成本相对于直接成本来说更为重要，机会成本的存在将大大降低投资的净收益。这对教育投资的成本收益核算有很大启示，无论是个人教育投资行为或是国家教育投资行为，都必须把机会成本纳入考虑范畴，正确权衡教育投资的成本与收益，从而做出理性决策。贝克尔建立了人力资本投资均衡模型，说明在人力资本投资的边际成本与边际收益相等的均衡点上，人力资本投资收益率与物质资本投资收益率相等，因而人们会做出进行人力资本投资的决定。他还非常强调在职培训的作用，在职培训均衡模型以同样的原理解释了企业进行培训投资行为的原因，说明了教育投资的重要性，提倡人们进行终身学习。

第四，贝克尔教育投资收益理论对发展中国家的战略选择有诸多启示。首先，贝克尔把教育投资收益理论用于人口和家庭经济学领域的分析，把家庭视为一个人类自身的生产单位，把孩子视作“耐用消费品”。认为父母养育孩子，对孩子进行教育投资也是经过成本—效益分析后做出的选择。随着时代的发展，教育投资收益率越来越高，在自己身上增加教育投资能够带来更多的回报，很多家庭中的女性因而更乐于接受教育并从事社会工作，减少养育孩子的机会；在孩子身上增加教育投资，其收益率会提高，父母就更为重视孩子的质量而非数量，家庭逐渐小型化。这说明教育投资能够降低生育率，从深层次解决人口问题。这对人口基数大、增长快的发展中国家来说，无疑是一把解决人口问题的金钥匙。其次，贝克尔的教育投资收益理论是基于微观的研究，主要分析的是个人的教育投资行为以及教育个人收益，这就从根本上提出了提高个人收益的途径：对自身加大教育投资能够提高未来的收入，使个人及家庭逐渐从贫穷走向富裕。在发展中国家，经济发展水平低，人们生活较为贫困，如何提高人民生活水平是关系国家经济社会发展的重大问题。人民生活水平的提高追溯到社会单元则表现为个人收入的提高，而教育投资形成的人力资本是影响个人收入提高的关键因素。教育投资不仅能够通过增加国民财富加快经济增长，而且能够通过提高个人收入促进人民生活富裕。这为发展中国家进行教育投资提供了政策依据。最后，发展中国家由于资源有限，普遍存在学校教育投入不足的状况，这严重制约了国民素质的提升，影响了经济社会发展。贝克尔的理论表明，在正规教育发展问题不能得到及时解决的情况下，加强成本较低的培训是解燃眉之急的重要手段。在职培训同样是人力资本投资的方式，同样能够带来较大的收益。因此，发展中国家要特别注意扭转目前单位与企业普遍存在的重用人而轻培训的短视行为，加强人力资源管理，鼓励人力资本投资。

第七节　明瑟尔教育投资收益理论

雅各布·明瑟尔是美国当代著名经济学家，他对人力资本理论的研究要早于舒尔茨和贝克尔，可以说是现代人力资本理论的最早开拓者。他最早通过函数形式表达了教育与个人收入之间的数量关系，证明了教育对提高个人收入和改善收入分配的重要作用，并从中推导出著名的明瑟尔收益率。

他认为人力资本差异是形成收入差距的重要原因。明瑟尔认为传统的收入分配理论不能够很好地解释收入分配问题，人与人之间的收入差异主要是个人收入的差异，因而必须将研究落脚于影响个人收入因素的分析。他认为影响个人收入的关键因素是人力资本，一般情况下，人力资本存量越高的人的收入越高，反之则越低。并且，人力资本与个人收入之间能够形成相互促进或抑制的循环，前者导致富的更富，后者导致穷的更穷，从而导致收入越来越不平等。因此，从改变人力资本因素入手，打破人力资本与个人收入之间相互制约的恶性循环是提高个人收入、缩小收入差距的根本途径。

一　明瑟尔学校教育投资模型

学校教育投资模型表达了教育人力资本对收入差距的影响，说明了教育投资与收入分配的内在联系。

基本假设如下：①所有单个人具有同样的能力和均等的从事任何职业的机会，即设定能力分布均等和劳动力市场完全竞争；②培训的时间花费延迟个人挣得收入的时间并减少挣得收入期的时间跨度，简单设定一年的培训时间恰好使挣得收入期减少一年；③培训成本主要取决于两大方面，最重要的是在培训期间收入挣得的推迟即机会成本，另一方面是教育服务和设备的成本，但不包括生活费；④假设整个工作期收入挣得流平稳，在竞争均衡中是以市场利率贴现的，并且不同培训投资者终生挣得的收入现值相等，那么，就要假定个人收入差别产生的原因及差别的程度在于培训成本的差别。

模型构建过程如下。

令 l = 工作周期时长加培训周期时长（对于所有个人），或工作周期时长（对于没有培训经历的劳动者）

a_n = 拥有 n 年培训量的个人的年挣得

V_n = 在开始培训的时候他们的终身获取的收入的现值

r = 未来就业获取的收入被贴现时的贴现率

t =0，1，2，…，L 年

d = 培训总量差别的年数

e = 自然对数的底

那么便有离散情况下的贴现方式：

$$V_n = a_n \sum_{t=n+1}^{1} (\frac{1}{1+r})^t \qquad (2.22)$$

当获取收入贴现的过程是连续的时候，就有：

$$V_n = a_n \int_n^1 (e^{-rt}) dt = \frac{a_n}{r}(e^{-rn} - e^{-rl}) \qquad (2.23)$$

同理，拥有（$n-d$）年培训量的人的终身获得的收入总量的现值是：

$$V_{n-d} = \frac{a_{n-d}}{r}(e^{-r(n-d)} - e^{-rl}) \qquad (2.24)$$

根据公式（2.24），令 $V_n = V_{n-d}$ 就可以计算得出培训总量相差 d 年的两个人年获得收入的比率（$K_{n,n-d}$）：

$$K_{n,n-d} = \frac{a_n}{a_{n-d}} = \frac{e^{-r(n-d)} - e^{-rl}}{e^{-rn} - e^{-rl}} = \frac{e^{r(l+d-n)-n} - 1}{e^{r(l-n)} - 1} \qquad (2.25)$$

由公式（2.25）不难看出两个人挣得收入比率的特征及含义：①比值大于1，意义是拥有更多培训的人将拥有更高的年收入；②是 r 的递增函数，即培训量相差 d 年的不同人的收入差距越大，其将未来收入贴现为现值的贴现率就越高；③是 l 的减函数，也即这种收入差别越大，工作寿命期的一般时间跨度就越短，因为培训成本要在相对短的时期中补偿回来；④当 d 给定不变时，$K_{n,n-d}$ 是 n 的一个增函数，即两个培训量大的人的相对收入差别大于两个培训量小的人的相对收入差别，至少要等于培训量为 d 与没培训者两人相对收入比率。

这一模型说明通过教育形成的人力资本存量的差异越大，个人收入之间的差别就越大，从而证明教育投资的增加能够缩小收入差距、改善收入分配。

二　明瑟尔人力资本收入模型

1970 年，明瑟尔在原有的学校教育模型的基础上，考量除了学校正规教育外，尚有学校教育后的在职培训的人力投资，并指出收入所得与工作经验呈现二次函数关系，发展出一套完整的“人力资本收入函数”，透过该函数中的人力资本变数，如教育、工作经验来解释收入水平如何变化。

明瑟尔的人力资本收入函数的标准式：

$$\ln Y = \beta_0 + \beta_1 s + \beta_2 t + \beta_3 (t)^2 + u \tag{2.26}$$

式中 Y 为净收入，s 为受教育年限，t 为工作经验年数，t^2 为工作经验年数的平方，u 代表误差项，β_1 表示正规教育投资的报酬率，β_2、β_3 为工作经验的系数。

明瑟尔在研究 1949 ~ 1969 年教育、工作经验的差异对收入所得的影响时，将工作经验平方项予以删除，即不考虑工作经验对收入所得影响逐渐递减的现象，能使模型能力提高，因此人力资本收入函数的标准式被简化为：

$$\ln Y = \beta_0 + \beta_1 s + \beta_2 t + u \tag{2.27}$$

β_1 即为明瑟尔教育投资收益率，β_2 为工作经验收益率。

明瑟尔关于教育收益率的推导为教育投资收益理论做出了巨大贡献，具有以下几个优点。

第一，明瑟尔的人力资本收入函数将学校教育与学校后投资之间的关系加以分离，说明了分别通过学校教育和在职培训形成的人力资本对个人收入的重要作用，从而能够单独推算出教育的个人收益率。

第二，收入函数中的各个变量的数据都较易获得，计算方法也较为简单，因而这种方法成为最为常用的计算教育收益率的方法。它已被用于数百篇的实证研究，研究对象涵盖了每一个时期和国家。

第三，该方法不仅可以计算教育投资收益率，还可以作为其他人力资本投资，如迁徙、保健、培训等因素的分析方法，说明各变量的作用。

第四，该方法还揭示了年龄在挣得剖面中的作用，即年龄可以代表一个折旧因素，而且学校教育和工作经历都可视为时间或年龄的函数①。

同时，它也存在局限性。

第一，模型的假设前提与现实不符，因而在很大程度上仅限于理论上的研究和探讨，政策性意义不大。首先，它隐含“所有个体在进行人力资本投资之前都是同质的”的假设。但是在社会中，个体自身与生俱来的智力水平、能力高低及工作选择动机等无法观察到的某些因素往往造成个体差异性（特别是在横截面统计数据中）。这些因素往往会通过影响人力资本的投资从而间接地影响收入。举例来说，居民个人的智力水平越高，其能力水平也会越强，可能就会更多地接受教育，并积累更丰富的经验，因此未来收益也相应越高。如果研究忽略这些无法观察到的潜在因素就会导致对人力资本的收益率的估算向上偏移（Upward Bias）②。其次，它隐含“劳动力市场充分竞争”的假设，即工资富有弹性，且等于劳动的边际生产力，认为教育是决定生产力的主要因素之一，工资代表了教育利益的价值。而现实中的劳动力市场并不是一个完全竞争的市场，背离工资等于其边际生产力的现象随处可见，如工会力量的存在、生产上的垄断、最低工资的规定以及反“通胀”的

① 朱必祥：《人力资本理论与方法》，中国经济出版社，2005。

② 郑洁、武向荣、赖德胜：《欧洲人力资本收益率：文献综述》，《比较教育研究》2003 年第 12 期。

工资指数法等，因此，用工资很难度量教育的真实贡献。[①] 最后，它隐含着“每个人具有均等的教育和进入劳动力市场的机会”的假设。在世界各国特别是发展中国家，人们很少有均等的受教育和工作机会，估算结果将是不准确的。

第二，函数变量的计算方法存在缺陷，难以真实反映人力资本的贡献。如其收入函数中工作经验的计算方法为“t = 年龄 - 学校教育年限 - 入学年龄”，这种方法不能够准确度量个人的实际工作时间。由此，在同一年龄上，教育程度低的就业者的工作经验剖面比教育程度高的就业者更高，会低估年轻就业者学校教育收益对挣得差别的影响。教育投资使用教育年限表示，其成本投入就是就学放弃的收入，即机会成本，而忽视了其他成本，同时没有考虑教育质量问题。

第三，数据选取的是横截面数据，而不是纵向时间序列数据。因此，教育收益率是通过对一个给定的时间年份的具有不同教育水平的不同年龄组的劳动者的收入估算出来的，代表的是过去的教育回报率，有可能不代表未来的回报的精确估算。

三　明瑟尔教育投资收益理论的评价

明瑟尔教育投资收益理论研究具有重要意义，对教育收益理论的发展做出了巨大贡献。

第一，明瑟尔教育投资收益理论率先运用人力资本投资的方法研究收入分配，合理解释了个人收入差异的原因。之前的理论研究，关于个人收益的差别的原因有多种解释，比较典型的有强调“阶级”的社会学模型和强调“机会”的概率论模型。明瑟尔关于教育投资对个人收入作用的分析强有力地解释了收入分配的差别：在自由选择的条件下，

---

① 李祥云、范丽萍：《西方教育收益率计算方法及其政策意义述评》，《教育与经济》2001 年第 4 期。

每个人基于收入最大化而进行的不同教育投资决策，决定了他们之间收入分配的格局，从而开辟了收入分配理论的另一片天地，使人们认识到教育水平的差别将导致未来收入的差别，贫困阶层与富裕阶层收入差距的缩小需要通过教育来实现。这一研究的政策含义是，加大教育投资、提高国民素质是改善国家（地区）收入不平衡状况的重要途径。

第二，明瑟尔教育投资收益理论最先提出了人力资本收入函数，并在此基础上推导出明瑟尔收益率，为个人收入影响因素分析以及教育收益率的测算提供了科学而简便的方法。明瑟尔的挣得函数明确地将人力投资区分为学校教育投资与学校教育以后的投资诸如在职培训两个方面，并分别用教育年数与工作经验年限来表示这两种变量。这样，通过建立一种多元函数，便可以分别对教育投资收益率、职业培训收益率以及净投资期等进行求解和估计，这对于更全面系统地考察人力投资与收入分配之间的内在联系具有重要理论与经验分析意义，它随后成为这一领域广泛使用的一般方法。很多学者在此基础上加入了其他多种影响个人收益的变量，全方位地分析了各种因素对个人收益的影响，推导出的明瑟尔收益率能够用于评价教育的生产力，反映教育对一个国家（地区）经济发展的作用，为资本投资战略提供参考；二是能够反映出教育人力资本投资对社会收入分配的具体作用，以及劳动力资源配置水平和效率的高低；三是能够通过对不同的社会群体、不同的教育层次水平收益率的研究，判断教育内部资源分配的合理性；四是能够反映劳动力市场对教育的需求状况，对非义务教育阶段学费水平的确定也具有重要的参考作用。大量关于教育收益率的后续研究都运用了明瑟尔收益率的方法，至今这一方法依然具有很强的说服力。

第三，明瑟尔在考察在职培训对终生收入模式的影响时，提出了“追赶”时期的概念。这一分析模型对于具有同样学校教育程度但是在职培训量不同的个人同期组显示了良好的经验预测能力，它表明单个人之间的挣得方差在达到“追赶点”以前将递减，随后将转而上升，从而扩展了挣得函数的解释力。

第四，将人力资本理论与分析方法应用于劳动市场行为与家庭决策，提出许多新的理论洞见。例如，他最先把非市场的家庭经济行为与市场行为结合起来，从这两种活动的替代关系分析了家庭中特别是已婚妇女的劳动供给问题。他还用工作经历的间断性所导致的经验年限减少来解释妇女工资相对于男性偏低的现象，矫正了通常关于这个问题的歧视性观点。他以家庭行为中的机会成本因素来解释家庭规模以及人口统计转变等。他根据企业职业培训的差别解释了美日两国劳动力流动的差异性。此外，他还对实施最低工资及其后果问题给予了新的经济学分析。[①]

① 〔美〕明瑟尔：《人力资本研究》，张凤林译，中国经济出版社，2001。

第三章　城乡居民教育投资促进收入增加的作用分析

在微观层面，无论是贝克尔，还是明瑟尔、萨普洛普罗斯等著名经济学家，都从理论和实证两方面证明西方发达国家教育投资对居民收入增加具有重大促进作用。

作为发展中国家的中国，教育投资对居民收入增加的促进作用如何呢？由于历史、体制等综合因素，我国城乡二元经济结构明显，城乡居民人均收入差异较大。

所谓城乡二元经济结构，一般是指以社会化生产为主要特点的城市经济和以小农生产为主要特点的农村经济并存的经济结构。我国城乡二元经济结构主要表现为：城市经济以现代化的大工业生产为主，而农村经济以典型的小农经济为主；城市的道路、通信、卫生和教育等基础设施发达，而农村的基础设施落后；城市的人均消费水平远远高于农村；相对于城市，农村人口众多等。这种状态既是发展中国家的经济结构存在的突出矛盾，也是这些国家相对贫困和落后的重要原因。发展中国家的现代化进程，可以说在很大程度上是要实现城乡二元经济结构向现代经济结构的转换。解决和突破这一矛盾的根本出路应是在发展农村经济的基础上走农村城市化道路，实现城乡良性互动，逐步减少农村人口，转移农村剩余劳动力，增加城镇人口，转变生产增长方式，提高劳动生产率，优化第一产业结构，促进第二、第三产业的发展，从而提高农村整体的经济效益和社会效益。

历史经验表明，凡是一个问题不是一地一县存在，而是普遍存在；不是一时存在，而是长期存在，且久而不决，一定不是简单问题，是体制性、结构性问题。这类问题靠改进工作、加强领导是解决不了的，必须通过改革体制、调整结构才能解决。

"三农"问题之所以难解决，是因为我国农村从土改以后就按照计划经济体制的要求，把农民组织到高级农业合作社、人民公社的体系里，逐步形成了城乡二元经济结构体制的结果。这种城乡二元经济结构体制，是为计划经济服务的，限制、束缚了农业、农村、农民的发展。改革开放以后，经过探索实践，中国在中共十四大后开始实行社会主义市场经济，经过三十多年的努力，城市，第二、第三产业已经破除了计划经济体制的束缚，基本建立了社会主义市场经济体制，但因为各种原因，城乡分治的户籍制度和集体所有的土地制度等重要体制还没有改革，所以城乡二元经济结构还继续存在，这就是我国"三农"问题久拖不决的根本原因。

党的十八大报告指出，"城乡发展一体化是解决'三农'问题的根本途径。加快完善城乡一体化体制机制，促进城乡生产要素平等交换和公共资源均衡配置"。在完善的社会主义市场经济体制条件下，这应是题中之义。城乡的体制机制理应是一体的，城乡要素理应平等（等价）交换，公共资源理应在城乡均衡配置。因此，要实现城乡发展一体化，就一定要破除城乡二元经济结构，这是解决"三农"问题的根本途径。

农业是国民经济的基础，没有8亿农民的小康，就不可能实现全面的小康；没有农村的现代化，就不可能有全国的现代化。全面建设小康社会，重点在农村，难点也在农村。我们党历来重视"三农"问题，但是由于种种原因，城乡差距、工农差距仍呈不断扩大的趋势。农业基础薄弱，农村发展滞后，农民收入增长缓慢，已成为我国经济社会发展中亟待解决的突出问题。我们必须统筹城乡发展，站在经济社会发展全局的高度研究和解决“三农”问题，实行以城带乡、以工促农、城乡互动、协调发展。统筹城乡发展，必须更加注重加快农村发展。统筹城乡经济社会发展，逐步改变城乡二元经济结构，是我们党从全面建设小康社会全局出发做出的重大决策。

第一，要从中国经济发展的战略高度去认识改革和完善那些导致二元经济结构产生并存在的有关制度措施，并建立和完善相关制度供给机制，进行制度创新。

彻底取消现有的导致二元经济结构产生的各项规章制度，如户籍制度、劳动就业制度、分割的教育体系、医疗制度、社会保障制度等。清除了这些导致二元经济结构存在的障碍，就为城乡社会结构的一体化奠定了坚实的基础。

从制度上改变工农产品定价的“剪刀差”倾向，加大财政支农、金融支农的力度，扩大国家和各级财政对农村水利、道路、信息工程等基础设施建设的投入，强化农村有形市场的建设，并将之纳入国家统一大市场之中，支持农村各种要素市场发育、建设和发展，尤其要加强资金、技术、人才等农村发展所紧缺的生产要素市场的快速发展，以尽快将农村的要素和产品市场都纳入国家统一的大市场之中。

要充分发挥地方政府对农业剩余的转移载体作用。西方二元理论没有考虑农业剩余转移到现代部门的机制，这对于同时包含制度变迁的中国经济的结构转变来说，显然是不能充分成立的。市场机制本身处于不断完善之中也是一个基本的前提。因此，农业剩余在中国不仅要靠市场，还要依靠其他手段分配和再分配，转移到现代部门。其中，政府特别是地方政府对农业剩余的转移起到重要的作用。

创建适应农村市场经济发展需要的土地流转制度，从制度上为农村的规模经营和产业化经营奠定基础。现行的农村土地制度，既是农村劳动力转移的重要约束因素之一，也是农地抛荒、农业劳动生产率不高的原因之一，其改革势在必行。

农村税费改革必须标本兼治，坚决贯彻执行并从制度上保证，进一步巩固农村税费改革成果，进一步减轻农民负担，完善相关配套改革。一是要精简机构，裁减超编人员，压缩经费，从根本上控制“经费需求”。同时要规范政府行为，做到权力与部门利益彻底分离。二是要完善农村公共物品供给机制。否则，我们推广实行的农村税费改革最终也难以走出“黄宗羲定律”。

第二，要调整农业产业结构，挖掘农业内部增收潜力，弥补城乡市场差异，增强农民的购买力。

我国农业发展新阶段的农产品产量、质量以及农村非农产业等对农民增收均构成了制约，因此，要进行以下六个方面的农业结构调整，切实促进农民增收。一要调整农产品供给结构，实现农产品由低质多量到高质适量的转化。二要调整农产品区域种植结构，实现农产品区域种植从无分工到有分工的转化。三要调整农业种植业结构，使农业的产前、产中、产后等环节从种植业中分离出来，成为独立的行业。四要调整初级产品和加工产品比例结构，改变农业初级产品占多数、占主导的局面，实现农业初级产品到加工产品的飞跃，提高农产品附加值。五要调整农产品市场结构，实现农民不参与流通、农商分离、由政府主导农产品流通到由农民自己主导并参与市场流通的转化；并积极进行组织创新，创建新型的农村合作经济组织和中介组织，推动农村市场体系建设和产业结构的战略性调整，减少市场风险，构建连接小生产与大市场的桥梁和中介，保护农民的利益。六要调整农村第一产业与第二、第三产业比例结构以及第二产业内部比例结构，改变农产品加工、运销等落后的局面，通过内涵和外延性的结构扩张，使农业形成结构层次多样、具有一定规模特点的现代农业结构；进而，通过产业扩张带动农村劳动力就业结构的调整，使农民从有限的土地上，从单纯的生产环节中分离出去。

第三，积极转变思想观念，大力培育农民的现代意识，从意识形态上消除二元结构，帮助农民完成从传统向现代的转化。

“教育是一个人获得现代性的最重要的决定因素。”通过教育灌输社会要求，提高个人认知水平，使农民认识、理解和掌握社会的规范，并内化为个人意识，这是培育农民现代意识的最直接的途径。要消除意识形态的二元结构，教育重点应放在以下几方面。

（1）加强农村基础教育，培育求知意识。学校教育是形成现代性的主要力量。教育与人的意识水平密切相关，一般而言，受教育程度高的人比较能够接受新的东西，包括新的观念、新的行为模式。愚昧从来都是与保守、惰性联系在一起的，而知识常与进取、求变的心理相互促动。

（2）加强 WTO 知识教育，培育开放意识、竞争意识和规则意识。作为一个国际经贸组织，WTO 本身就是一个规则体系，它的权威就是通过一系列的规则体现出来的，它的宗旨、原则、规则无不贯穿着开放竞争的观念。作为 WTO 的新成员，中国大多数人对 WTO 都比较陌生，文化素质相对低下的农民更是如此。因此，在农民中进行 WTO 知识的宣传教育，也就成了培育农民现代意识的重要途径。通过教育帮助农民了解 WTO 对中国的要求，帮助农民正确分析形势，正视自己的优劣，扬长避短，沉着应对，树立开放、竞争、规则意识，消除城乡二元经济结构，积极参与市场竞争，促进农村经济的发展。

（3）加强市场经济知识的教育，培育市场意识。农民的市场意识很大程度上取决于农民对市场经济运行规律的了解程度和参与能力，特别是一家一户分散经营的封闭性与大市场开放性的矛盾，常使没有市场意识的农民在市场竞争中处于不利地位。培育农民的市场意识，就是让他们了解市场经济对农民的要求。

第四，城市化是世界上所有国家和地区实现现代化的必由之路。科学合理地推进城市化进程，是我国消除城乡二元经济结构，促进城乡协调发展的基本途径。

我国承受着数量越来越多而素质较低的农村剩余劳动力的巨大压力，而城市吸纳能力有限，因此，必须重新审定我国城市化的发展方针与发展道路。我们认为，我国城市化模式应采取城乡结合、上下结合、大中小结合的多途径综合模式。

要消除城乡差别，纠正城乡失衡，不仅要消除不合理的制度，解决制度不公和失当的问题，也要进行制度创新，解决制度无力和失效问题。只有公正而有效的制度才能为城乡协调发展提供根本性的保障。从目前来看，首要的任务就是消除城乡之间在居住、就业、社保、教育、医疗、税收、财政、金融等方面的不平等和二元化的政策及制度，实现政策的统一和制度的平等。必须进一步深化户籍制度改革，完善流动人口管理，引导农村富余劳动力平稳有序转移；逐步统一城乡劳动力市场，加强引导和管理，形成城乡劳动者平等就业的制度；加快城镇化进程，在城市有稳定职业和住所的农业人口，可按当地规定在就业地或居住地登记户籍，并依法享有当地居民应有的权利，承担应尽的义务；推行城乡一体化的社会保障制度，加快农村最低生活保障制度的建设；实施税收制度改革，取消一切不应由农民负担的各种税费，在取消农业特产税的基础上取消农牧业税；改进个人所得税，实行综合和分类相结合的个人所得税制，创造条件逐步实现城乡税制统一，农民与城市居民一样只依法缴纳个人所得税，不再负担其他任何税费；实施城镇建设税费改革，条件具备时对不动产开征统一规范的物业税，相应取消有关收费；改革农地征用制度，完善征地程序，严格界定公益性和经营性建设用地，及时给予农民合理补偿；推进财政管理体制改革，建立和健全公共财政体制，实现城乡公共财政投入的公平分配。通过改革，消除造成城乡隔离、阻碍城乡融合的制度性障碍，实现城乡之间资金、技术、物资、人才、信息、劳动力等生产要素的自由流动，更大程度地发挥市场在资源配置中的基础性作用，为统一、开放、竞争、有序的现代市场体系的形成奠定基础。必须致力于政策调整和制度创新，加大对农业、农村和农民的支持与保护的力度，实现社会的公正。当前尤其应增加各级财政对农业和农村的投入，特别是增加国家对农村教育、卫生、文化等公共事业的支出，要实现城乡协调发展，就必须振兴农村，对农民“少取、多予”。

制度建设不仅要有助于实现城乡经济上的融合，也要实现和保障农民政治上的平等。只有建立在平等的公民权的基础之上的政策和制度才具有合法性的基础，也只有公正的且具有合法性的制度才能为城乡协调发展提供可靠和持久的保障。

为解决我国农业发展新阶段出现的新问题，即现有的供给结构不能适应需求结构的变化，客观上要求必须对农业结构进行战略性调整，要全面提升农产品品质、优化区域和城乡结构，实现农业的可持续发展。不仅要解决当前农产品销售难和农民增收难的问题，而且要立足于农业的长远发展。与食品消费结构多元化、高级化趋势相适应，我国农业产业结构也必须由以种粮为主和以种植业为主的传统农业产业结构，向多元化、高级化的现代农业产业结构转变。农业产业化，通过一体化的利益机制，把贸工农连为一体，可以形成“龙头”在城镇、“龙身”在农村的“龙形”经济，这无疑有利于促进城市化的发展。要使农民收入继续有较快的增长，必须加快农村剩余劳动力向城市的转移，打破传统的城乡二元经济结构，扩大农产品市场容量及农业经营规模，拓展农业发展空间，增加农民收入。应逐步深化户籍制度改革，促进城乡居民在教育、医疗等方面的机会平等。

改变城乡二元经济结构的一个重要途径是繁荣农村经济。要架起农户和市场之间的桥梁，提高农产品质量，增强我国农产品的竞争力。农村家庭联产承包责任制的实施极大地调动了农民的生产积极性，但也带来了农民如何和大市场对接的问题。农业产业化经营将农产品生产、加工和销售连接起来，因而是将农民和市场对接起来的有效途径。加入世贸组织后，我国农民面对的是国际和国内两个市场。我国果品、蔬菜等园艺产品和畜产品在价格上是有竞争优势的，但在出口上也遇到了卫生检疫等绿色壁垒。提高农产品质量是我国农产品走向国际市场的前提。改变城乡二元经济结构还必须加快我国城镇化进程。小城镇和大中小城市是一个体系，必须协调发展，并要促进小城镇和乡镇企业的结合，加快小城镇第三产业的发展。

在具体实现路径上，在微观层面上要通过农民市民化、农业工业化、农村城市（镇）化这“三化”来完成城乡生产方式一体化、生活方式一体化、市场体系一体化，“三化”中农民市民化是根本；在宏观层面上，要通过国家逐步改变对城乡的二元宏观政策，实现城乡平等的一体化宏观管理。只有这样，才能使市场经济体制的“组成要件”走向城乡一体化，一个统一的社会主义市场经济体制才能最终建立和完善。

所谓“城乡结合”，即我国农村人口的城市化过程，既不能仅仅是职业非农化的乡村就地转移，也不能是全部依赖城市吸收的异地转移，而应从城乡两方面共同努力，把“离土不离乡”与“离土又离乡”结合起来，在条件成熟时，将“离土不离乡”的人口转化为“离土又离乡”“进厂又进城”。“上下结合”是指在城市建设投资和发展动力上，把自上而下的国家投资与自下而上的地方投资、集体投资、外资和个人投资等结合起来。“大中小结合”是指在城市规模等级上，要发挥各级城市对产业和人口的集聚作用，不能把发展大中城市和发展小城镇对立起来。

城市化的基本动力和作用机制是市场化机制，即通过市场的引导，通过产业的集聚和扩散功能来实现。在上述各项制度改革的基础上，各级政府要进行科学规划和加强引导，把城市化的立足点定在国民经济结构和农业产业结构的调整与升级、农村剩余劳动力的有效转移上。

第五，随着城市化进程的推进，政府管理面临着挑战，转变管理模式成为城市化能否得以顺利推进的关键。在推进城市化进程中，要建立和完善政府对城市化进程的管理模式。

在大力推进城市化进程中，伴随农民迁徙而来的“城市人”行为的二元性，也是现阶段城市本身的二元性，它使城市事务具有工业社会和农业社会的混合特征。社会出现分化，新的矛盾和冲突随之产生。面对城市化进程中政府事务的新内容和新特点，既不能简单沿用农业社会的传统管理手段，也不能搬用以现代城市为特征的工业社会管理模式。

为适应城市化进程中社会关系的新格局，有序推进城市化建设，政府需要探索一种适合转型期特点的管理模式，不仅需要转变政府行政职能，调整行政决策、管理方式及各项规章制度，同时需要形成非科学的“伦理管理”模式，即以伦理关系为基础，注重对“非正式组织”的管理，用伦理的价值管理手段协调城市化过程中的特殊事务，进而形成“科学管理”和非科学的“伦理管理”的二元模式。

一方面，城市化是传统与现代的纽带，在这个过程中，首先必须用科学管理模式解决城市化进程中的城乡二元冲突；另一方面，城市化是逐步从传统向现代的转换，城市事务中大量的问题是与农业社会共生的问题，对此，政府管理存在着“控制盲区”。因此，有必要用非科学的伦理管理模式协调和处理“非正式组织”中的矛盾，理顺转型期城市内部的利益结构和关系。

逐步改变城乡二元经济结构是关系到提高农民收入、协调社会发展、实现人的全面发展和社会全面进步的重大举措，具有深远的历史意义。

逐步改变城乡二元经济结构是提高农民收入的根本性措施，只有逐步改变城乡二元经济结构，才能实现社会的协调发展。今后，只有根据城乡经济社会发展的要求进行统筹，才能明确财政体制和投融资体制的改革方向，使较多的资金投向农村教育、卫生、生态环境保护等领域，使城乡居民的教育和医疗保健条件更为平等，经济社会发展的基础更为牢固。逐步改变城乡二元经济结构有利于人民物质文化生活的不断改善，有利于社会主义物质文明、政治文明和精神文明的协调发展，有利于社会经济与生态环境之间的协调发展以及人与自然之间的和谐发展，实现人的全面发展和社会的全面进步。城乡分割消除后，生产要素的流动顺畅了，也有利于城乡企业的资产重组，从而可以按照可持续发展的要求来关闭、合并对环境造成严重污染的企业。建立有利于逐步改变城乡二元经济结构的体制，是完善社会主义市场经济体制的任务之一。只有统筹城乡经济发展，改变二元经济结构，才能实现全面建设小康社会的目标。

从上可知，改变我国二元经济结构涉及多方面因素，是一个综合性课题，因此本书将从我国二元经济结构的特点出发，以教育投资与收入为视角，较为准确地从经济学角度反映教育投资对个人收入的影响，将分别对城镇和农村教育投资对个人收益进行实证分析。

第一节　教育投资对个人收益影响的机理分析

一　教育提高劳动力价值

马克思认为劳动力商品和普通商品一样具有价值。劳动力价值由生产和再生产劳动力所需的社会必要劳动时间决定，可还原为生产和再生产劳动力所必需的生活资料价值。这些生活资料价值主要包含三部分：一是劳动者维持自身生存所必需的生活资料价值，二是养活后代所必需的生活资料价值，三是提高劳动者智力的教育培训费用。

可见教育投资是构成劳动力价值的重要组成部分。在市场经济体制下，劳动力价值的货币表现即为工资。也就是说，教育通过提高劳动力价值使劳动者的收入增加。

二 教育具有筛选功能

斯潘斯（Spence）1973年在《工作市场信号》一文中论述了文凭具有信号功能，认为在信息不对称的条件下，除了个人能认识自身的劳动能力外，雇主观察不到求职者的劳动能力，但雇主可以借助文凭来观察求职者的教育资历，并以此作为他们决定雇用与否和工资高低的标准。[①] 1975年，斯蒂格利茨（Stiglitz）把教育的筛选功能划分为三项：一是教育机构通过入学要求和入学评价来对学生进行专业化分类；二是在教育过程中通过标准化考试对学生进行学习成绩比较；三是个人在教育过程中对自身的才能有了更深入全面的了解而进行合理的自我选择。[②]

劳动力市场信号理论对教育所做的筛选假设的经济学解释是：教育具有甄别求职者的才能、确定求职者的生产性特征等劳动力市场信号功能，它可以筛选出象征不同才能的文凭，进而为劳动力的市场配置提供劳动力市场信号，使劳动力配置效率得以提高，并参与国内总产出的分配，通过市场机制和分配机制，将劳动力配置效率转化为社会和个人的劳动力配置收益，以补偿教育成本，从而实现教育投资与收益的均衡（见图3－1）。

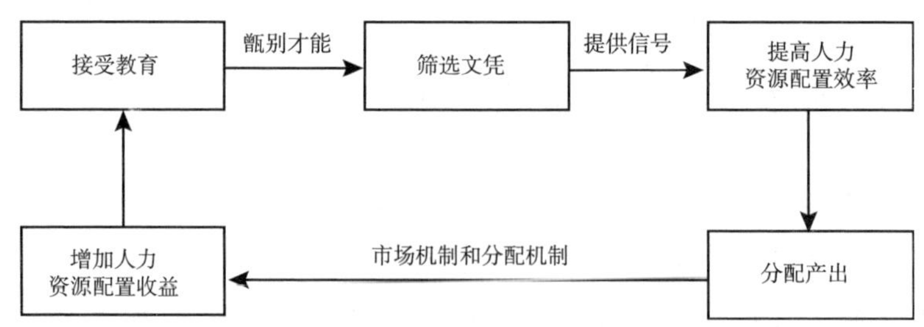

图3－1 筛选理论的教育投资与收益模型

① A. M. Spence, "Job Market Signaling," *Quartely Journal of Econnomics*, 1973, 87, pp. 355－374.

② J. E. Stiglitz, " The Theory of "Screening," *Education, and the Distribution of Income*, 1975, pp. 283－300.

三　教育提升人力资本

教育是形成人力资本的主要途径，接受教育可提升教育人力资本，而教育人力资本是人力资本中非常重要的一部分。教育作为一项投资能增加受教育者的未来收益。一个人学习到的知识和技能越多，他的生产力就越强，收入也就较多。

表3－1给出了接受教育的数量与平均年收入之间关系的证据，它揭示了拥有较低文凭的人，不管是男是女，不管是白人还是黑人，都比接受较多教育的人的收入要少。这是因为：第一，接受教育能提高受教育者的能力，这些能力可直接影响收入水平。第二，受教育所获得的各项能力（智力、动力、精力、毅力等）可相互补充，也将大大提高劳动者的生产能力。第三，能力较高的人可以通过影响人力资本投资的决定来影响收入，较强能力的人可以使人力资本投资转化为更高的劳动力市场生产率和收入。这些人将愿意接受更多的教育，而他们的雇主也更愿意给他们提供在职培训，这样，拥有更高能力的人将获得更多的人力资本和收入。

表3－1　根据受教育程度划分的全日制工人的平均收入（年龄在25岁及以上）

单位：美元

	白人男性	白人女性	黑人男性	黑人女性
高中以下	29302	20238	25838	19702
高中	40668	28337	31389	26766
专科	50747	34996	43325	32084
学士	73300	49831	52636	44509
硕士	81478	56375	67093	52789
博士	114518	74024	—	—
专业水平	153827	68825	—	—

资料来源：U. S. Bureau of Census, Educational Attainment in the United States, March 2002.

四　教育推动社会分层

在美国，对个人职业地位影响最大的，首推其受教育程度。处于社会底层的人，可以通过接受教育，进入社会中层甚至社会高层。每个人都可以通过自己的努力，逐步改变自己的社会地位。

在国内，劳动力市场对学历的要求越来越严格，没有学历和职业资格的求职者往往过不了求职门槛，学历越高越可能获得较好的职业。对于社会地位较低的人来说，教育是改变自身命运的最根本和最有效的手段，教育和因教育而获得的技能是现代社会主导社会流动的最重要的机制。

第二节　城镇居民教育投资促进收入增长的协整分析

一　变量选择

选取城镇居民人均可支配收入作为因变量反映城镇居民收入水平，选取城镇居民人均教育消费支出反映城镇居民教育投资量。

二　变量取值

（一）中部地区城镇居民可支配收入

中部六省城镇居民年人均可支配收入在 1995～2011 年实现了近两位数的稳定增长。就中部六省看，年均增长率最大的是河南省，为 11.26%，其次是山西省，为 11.22%，然后是江西省 10.83%，后三位依次是安徽 10.45%，湖北 9.95%，湖南 9.07%。

中部地区城镇居民可支配收入 1995～2011 年年均增长率的算术平均值为 10.5%，略低于全国同期年均增长率。从绝对值来看，截至

2011 年，中部六省中还没有一个省份的城镇居民年人均可支配收入达到 2 万元。最高的湖南省为 18844 元，比全国平均低 2966 元，仅为全国水平的 86.4%；最少的江西省为 17495 元，比全国平均低 4315 元，仅为全国平均水平的 80.22%（见表 3－2 和图 3－2）。

表 3－2　中国及中部六省城镇居民人均可支配收入（1995～2011 年）

单位：元，%

年份	山西	安徽	江西	河南	湖北	湖南	全国
1995	3305.98	3795.38	3376.51	3299.46	4028.63	4699.23	4283
1996	3702.69	4512.77	3780.2	3755.44	4364.04	5052.12	4839
1997	3989.92	4599.27	4071.32	4093.62	4673.15	5209.74	5160
1998	4098.7	4770.5	4251.4	4219.4	4826.4	5434.3	5425
1999	4342.6	5064.6	4720.6	4532.4	5212.8	5815.4	5854
2000	4724.11	5293.55	5103.58	4766.26	5524.54	6218.73	6280
2001	5391.05	5668.8	5506.02	5267.42	5855.98	6780.56	6860
2002	6234.36	6032.4	6335.64	6245.4	6788.52	6958.56	7703
2003	7005.03	6778.03	6901.42	6926.12	7321.98	7674.2	8472
2004	7902.86	7511.43	7559.64	7704.9	8022.75	8617.48	9422
2005	8913.9	8470.7	8619.7	8668	8785.9	9524	10493
2006	10027.7	9771.05	9551.12	9810.26	9802.65	10504.67	11759
2007	11564.95	11473.58	11451.69	11477.05	11485.8	12293.54	13786
2008	13119.05	12990.35	12866.44	13231.11	13152.86	13821.16	15781
2009	13996.55	14085.74	14021.54	14371.56	14367.48	15084.31	17175
2010	15647.66	15788.17	15481.12	15930.26	16058.37	16565.7	19109
2011	18123.87	18606.13	17494.87	18194.80	18373.87	18844.05	21810
年均增长率	11.22	10.45	10.83	11.26	9.95	9.07	10.71

资料来源：根据历年《中国统计年鉴》整理，增长率采用水平法计算。

（二）中部地区城镇居民人均教育支出

中部六省城镇居民人均教育支出在 1995～2011 年整体上是逐年增长，但增长率呈下滑趋势，低于人均可支配收入增长率，甚至有的省份在某些年份出现负增长。增长速度位居第一的是河南省，由 1995 年的 105.81 元增长到 544.6 元，年均增长 10.78%；位居第二的是安徽省，由 153.01 元增长到 776.9 元，年均增长 10.69%；位居第三的是江西省，由 137.46 元增长到 610.69 元，年均增长 9.77%；位居第四的是山

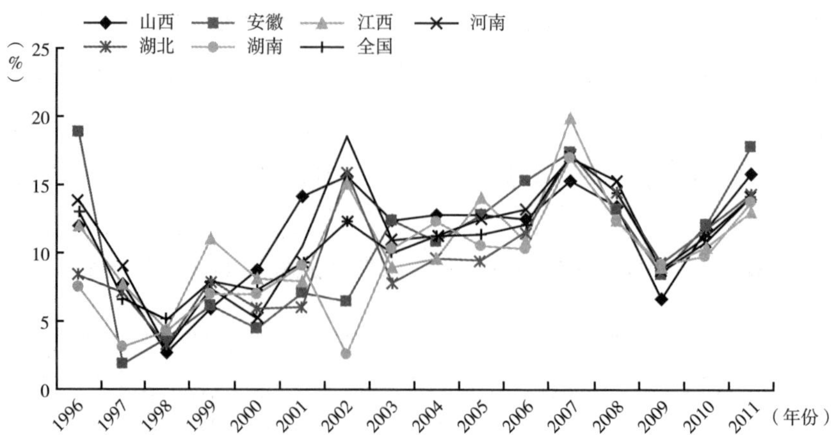

图 3－2　中国及中部六省城镇居民人均可支配收入增长率（1996～2011 年）

西省，由 163.01 元增长到 722.92 元，年均增长 9.76%；位居第五的是湖北省，由 204.12 元增长到 690.86 元，年均增长 7.92%；位居第六的是湖南省，由 249.96 元增长到 626.86 元，年均增长 5.91%。整个中部地区城镇居民人均教育支出在 1995～2011 年算术平均增长率为 9.25%，低于全国平均年均增长率 0.65 个百分点。

从绝对值来看，中部地区城镇居民人均教育支出相对较低，至 2011 年只有安徽省略高于全国平均水平 26.9 元。其他五省均低于全国平均水平，其中最低的河南省低于全国平均水平 205.4 元，仅为全国平均水平的 72.61%（见表 3－3 和图 3－3）。

表 3－3　中国及中部六省城镇居民人均教育支出（1995～2011 年）

单位：元，%

年份	山西	安徽	江西	河南	湖北	湖南	全国
1995	163.01	153.01	137.46	105.81	204.12	249.96	165.7
1996	223.94	201.46	142.99	118.89	283.95	314.5	204
1997	193.85	238.93	215.59	164.3	266.18	342.95	237.61
1998	187.94	327.81	203.81	183.57	328.73	387.84	275.01
1999	245.43	340.57	254.4	190.87	407.06	433.56	323.33
2000	309.53	316.58	265.3	234.2	417.24	473.47	363.75

续表

年份	山西	安徽	江西	河南	湖北	湖南	全国
2001	382.24	414.08	329.38	253.86	480.43	567.47	428.28
2002	490.92	273.84	399.48	279.48	521.88	471.24	495.24
2003	467.46	300.98	371.16	332.79	524.78	545.95	514
2004	541.44	363.05	428.3	370.3	559.72	608.33	558.95
2005	548.83	352.79	392.81	421.72	517.28	582.16	571.33
2006	539.9	543.11	420.53	423.26	557.05	573.25	611.99
2007	582.34	667.93	473.6	455.28	591.5	622.45	638.4
2008	570.79	633.45	388.48	464.35	570.99	543.5	622.16
2009	548.13	637.88	424	477.64	628.43	576.9	645.89
2010	607.82	696.88	473.81	396.34	607.3	605.47	661.34
2011	722.92	776.9	610.69	544.6	690.86	626.86	749.99
年均增长率	9.76	10.69	9.77	10.78	7.92	5.91	9.90

资料来源：根据历年《中国统计年鉴》整理，增长率采用水平法计算。

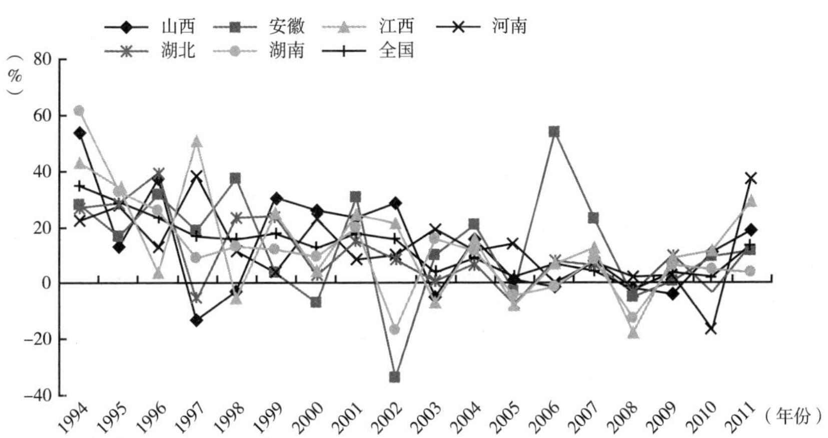

图 3-3　中国及中部六省城镇居民人均教育支出增长率（1994～2011 年）

三　实证分析

（一）单位根检验

在经典计量经济学模型回归分析中，假设残差序列是平稳序列。非平稳序列的回归被称为伪回归，这样的一种回归有可能拟合优度、显著性水平等指标都很好，但是由于残差序列是一个非平稳序列①，这种回归关系不能够真实地反映因变量和解释变量之间存在的均衡关系，而仅仅是一种数字上的巧合而已。检查序列平稳性的标准方法是单位根检验。

根据人均可支配收入与教育支出两组时间序列，我们可以发现两时间序列均为有截距和带时间趋势序列，所以在做单位根检验时分别用（c，0，1）② 和（c，1，0）③ 模型进行单位根检验。根据 Eviews 软件输出的结果显示，城镇居民人均可支配收入变量取对数后均为一阶单整序列④，人均教育支出取对数后也为一阶单整序列（见表 3－4）。

表 3－4　城镇居民人均教育投资与可支配收入时间序列单位根检验

变量	统计值	相伴概率	变量	统计值	相伴概率
Uhc_SX	－1.8194	0.6475	Δ *Uhc_SX*	－3.2027	0.0402 **
Uhc_AH	－1.8808	0.6175	Δ *Uhc_AH*	－4.0939	0.0078 ***
Uhc_JX	－2.3792	0.3745	Δ *Uhc_JX*	－4.2508	0.0058 ***
Uhc_HE	－3.0753	0.1444	Δ *Uhc_HE*	－5.6862	0.0004 ***
Uhc_HB	－1.3228	0.8404	Δ *Uhc_HB*	－0.2100	0.0002 ***
Uhc_HN	－2.4197	0.3570	Δ *Uhc_HN*	－5.4244	0.0007 ***
Uhc_N	－1.4675	0.7975	Δ *Uhc_N*	－2.8105	0.0803 *
Δ *Uinc_SX*	0.2994	0.9680	Δ^2 *Uinc_SX*	－5.4782	0.0015 ***
Δ *Uinc_AH*	1.068	0.9943	Δ^2 *Uinc_AH*	－1.8861	0.0587 *
Δ *Uinc_JX*	－0.6164	0.8391	Δ^2 *Uinc_JX*	－4.5456	0.0002 ***
Δ *Uinc_HE*	0.2333	0.9634	Δ^2 *Uinc_HE*	－3.2260	0.0037 ***
Δ *Uinc_HB*	0.6206	0.9840	Δ^2 *Uinc_HB*	－3.3795	0.0025 ***
Δ *Uinc_HN*	0.8853	0.9908	Δ^2 *Uinc_HN*	－3.9184	0.0140 **
Δ *Uinc_N*	0.8880	0.9913	Δ^2 *Uinc_N*	－5.2265	0.0014 ***

注：*SX* 表示山西省；*AH* 表示安徽省；*JX* 表示江西省；*HE* 表示河南省；*HB* 表示湖北省；*HN* 表示湖南省；*N* 表示全国；*Uinc* 表示城镇居民人均可支配收入；*Uhc* 表示城镇居民人均教育支出；Δ 为一阶差分算子；Δ^2 为二阶差分算子；*** 表示 1% 显著性水平；** 表示 5% 显著性水平；* 表示 10% 显著性水平。

---

① 如时间序列 $\{u_t\}$ 的均值、方差和协方差都不取决于时刻 t，则时间序列 $\{u_t\}$ 是平稳序列，即平稳序列满足 $E(u_t)=\mu$；$\mathrm{var}(u_t)=\sigma^2$；$\mathrm{cov}(u_t, u_{t-s})=\gamma_s$ 三个条件。

② 水平变量有截距和趋势项。

③ 一阶差分有截距无趋势项。

④ 如果序列 y_t 通过 d 次差分成为一个平稳序列，而这个序列差分 $d-1$ 次时却不平稳，那么称序列 y_t 为 d 阶单整序列。

（二）协整检验

假定一些经济指标被某经济系统联系在一起，那么从长远看来这些变量应该具有均衡关系，这是建立和检验模型的基本出发点。在短期内，因为季节影响或随机干扰，这些变量可能偏离均值。如果这种偏离是暂时的，那么随着时间推移将会回到均衡状态；如果这种偏离是持久的，就不能说明这些变量之间存在均衡关系。协整可被看作这种均衡关系性质的统计表示。

本实证分析就是要检验城镇居民人均可支配收入与人均教育支出两个变量之间是否存在协整关系。如果两者存在协整关系，说明人均教育支出与可支配收入存在稳定的比例关系，也就是说人均教育支出的变化对收入变化的影响是长期的。

根据表 3－4，城镇居民人均可支配收入为二阶单整序列，而城镇居民人均教育支出为一阶单整序列，所以我们建立如下长期均衡模型。

$$\Delta Uinc = aUhc + c + u \tag{3.1}$$

在公式（3.1）中，u 为残差序列，a 和 c 为待估参数。

模型估计的残差为

$$\hat{u} = \Delta Uinc - \hat{a}Uhc - \hat{c} \tag{3.2}$$

若 $\hat{u}$ 为平稳序列，则城镇居民人均可支配收入与城镇居民家庭人均教育支出之间具有协整关系。

模型 1：山西省城镇居民人均教育投资与人均可支配收入长期均衡模型。

$$\begin{gathered} \triangle Uinc\_SX = 3.42Uhc\_SX\_602.98 + U\hat{u}\_SX \\ (8.09^{***}) \quad (-3.00^{***}) \\ R^2 = 0.8237 \qquad F = 65.43^{***} \end{gathered} \tag{3.3}$$

公式（3.3）中，$\hat{u}$ 为残差序列，括号内为 t 统计量，*** 表示 1%

显著性水平，下同。

用（0，0，0）模型对残差序列做单位根检验，结果表明残差序列 $U\hat{u}\_SX$ 在10%显著性水平下为平稳序列，即认为山西省城镇居民人均教育投资与人均可支配收入之间存在长期均衡关系，其长期均衡关系为山西省城镇居民人均教育投资增加1元，人均可支配收入将增加3.42元。

模型2：安徽省城镇居民人均教育投资与人均可支配收入长期均衡模型。

$$\begin{gathered} \Delta Uinc\_AH = 3.49Uhc\_AH - 620.72 + U\hat{u}\_AH \\ (6.76^{***}) \qquad (-2.52^{**}) \\ R^2 = 0.7655 \qquad F = 45.70^{***} \end{gathered} \tag{3.4}$$

同样的，残差序列 $U\hat{u}\_AH$ 在1%显著性水平下为平稳序列，即认为安徽省城镇居民人均教育投资与人均可支配收入之间存在长期均衡关系，其长期均衡关系为安徽省城镇居民人均教育投资增加1元，人均可支配收入将增加3.49元。

模型3：江西省城镇居民人均教育投资与人均可支配收入长期均衡模型。

$$\begin{gathered} \Delta Uinc\_JX = 4.08Uhc\_JX - 595.99 + U\hat{u}\_JX \\ (6.29^{***}) \quad (-2.42^{**}) \\ R^2 = 0.7389 \quad F = 39.62^{***} \end{gathered} \tag{3.5}$$

残差序列 $U\hat{u}\_JX$ 在1%显著性水平下为平稳序列，即认为江西省城镇居民人均教育投资与人均可支配收入之间存在长期均衡关系，其长期均衡关系为江西省城镇居民人均教育投资增加1元，人均可支配收入将增加4.08元。

模型4：河南省城镇居民人均教育投资与人均可支配收入长期均衡模型。

$$\Delta Uinc\_HE = 4.22Uhc\_HE - 470.78 + U\hat{u}\_HE \quad (3.6)$$
$$(7.00^{***}) \quad (-2.20^{**})$$
$$R^2 = 0.7777 \quad F = 48.98^{***}$$

残差序列 $U\hat{u}\_HE$ 在1%显著性水平下为平稳序列，即认为河南省城镇居民人均教育投资与人均可支配收入之间存在长期均衡关系，其长期均衡关系为河南省城镇居民人均教育投资增加1元，人均可支配收入将增加4.22元。

模型5：湖北省城镇居民人均教育投资与人均可支配收入长期均衡模型。

$$\Delta Uinc\_HB = 4.31Uhc\_HB - 1243.77 + U\hat{u}\_HB \quad (3.7)$$
$$(5.51^{***}) \quad (-3.11^{***})$$
$$R^2 = 0.6846 \quad F = 30.39^{***}$$

残差序列 $U\hat{u}\_HB$ 在5%显著性水平下为平稳序列，即认为湖北省城镇居民人均教育投资与人均可支配收入之间存在长期均衡关系，其长期均衡关系为湖北省城镇居民人均教育投资增加1元，人均可支配收入将增加4.31元。

模型6：湖南省城镇居民人均教育投资与人均可支配收入长期均衡模型。

$$\Delta Uinc\_HN = 0.6498\Delta Uinc\_HN(-1) + 3.31Uhc\_HN - 1352.80 + U\hat{u}\_HN \quad (3.8)$$
$$(3.35^{***}) \quad (2.84^{**})$$
$$R^2 = 0.8111 \quad F = 25.77^{***}$$

残差序列 $U\hat{u}\_HN$ 在5%显著性水平下为平稳序列，即认为湖南省城镇居民人均教育投资与人均可支配收入之间存在长期均衡关系，其长期均衡关系为湖南省城镇居民人均教育投资增加1元，人均可支配收入将增加3.31元。

模型7：中部六省城镇居民人均教育投资与人均可支配收入长期均衡模型。

本模型估计采用面板数据模型进行估计。面板数据是同时在时间和截面空间上取得的二维数据，从横截面看，是若干个体在某一时间的观测值；从纵剖面看，是某个横截面成员的时间序列。

一般的面板数据模型形式为：

$$y_{it} = \alpha_{it} + \beta'_{it}x'_{it} + u_{it} \qquad (i = 1,\cdots,N;t = 1,\cdots,T) \tag{3.9}$$

在公式（3.9）中，α_{it} 为常数项；$x'_{it} = (x_{1it},x_{2it},\cdots,x_{Kit})$ 为外生变量向量；$\beta'_{it} = (\beta_{1it},\beta_{2it},\cdots,\beta_{Kit})$ 为参数向量；N 为截面单位总数；T 为时期总数。随机扰动项 u_{it} 相互独立，且满足零均值、同方差。α_{it} 可进一步再分成总体效应与个体效应之和，即：

$$\alpha_{it} = \alpha + \delta_i + \eta_t \tag{3.10}$$

在公式（3.10）中，α 表示总体效应；δ_i 表示截面效应；η_t 表示时期效应，一起构成个体效应。

面板数据的协整理论的研究始于1995年，Pedroni、Kao 和 Chen、Kao 和 Chiang 以及 Westerlund 等学者分别研究了面板数据的伪回归和协整检验。协整检验方法大致有两类，一类是基于面板数据协整回归检验残差数据单位根检验的面板协整检验，即 Engle – Granger 二步法的推广，另一类是从推广 Johansen 迹检验方法的方向发展的面板数据协整检验。本书采用第一种方法检验，把中部六省作为一个整体来看城镇居民人均教育投资与人均可支配收入之间是否存在协整关系。

同样，先对城镇居民人均教育投资和人均可支配收入面板数据进行单位根检验。面板数据单位根检验同普通时间序列单位根检验方法虽然类似，但又不完全相同。考虑面板数据模型的 AR（1）过程：

$$y_{it} = \rho_i y_{it-1} + x_{it}\delta_i + u_{it} \qquad (i = 1,\cdots,N;t = 1,\cdots,T) \tag{3.11}$$

在公式（3.11）中，x_{it} 为外生变量向量，δ_i 为参数向量，ρ_i 为自回归系数，随机扰动项 u_{it} 相互独立，且满足零均值、同方差。

如果 $|\rho_i| < 1$，则序列 y_{it} 为平稳序列；如果 $|\rho_i| = 1$，则序列 y_{it} 为非平稳序列。

根据公式（3.11）中参数 ρ_i 的不同限制，可将面板数据单位根检验方法分为两大类，一类是假设 $\rho_i = \rho\ (i = 1, \cdots, N)$，即假设各截面具有相同的单位根过程，常用的有 LLC（Levin – Lin – Chu）检验；另一类是假设各截面数据具有不同的单位根过程，即允许参数 ρ_i 跨截面变化，常用的有 Im – Pesaran – Skin 检验、Fisher – ADF 检验和 Fisher – PP 检验。

从表 3 – 5 来看，四种面板数据单位根检验方法的检验结果都显示，中部六省人均教育投资和人均可支配收入的一阶差分（即收入增量）为非平稳序列，LLC 检验、Fisher – ADF 检验和 Fisher – PP 检验结果都表明，中部六省人均教育投资的一阶差分（即教育投资增加量）和人均可支配收入的二阶差分均为平稳序列。所以，可以认

表 3 – 5 中部六省城镇居民人均教育投资与可支配收入面板数据单位根检验

	LLC 检验	Im – Pesaran – Skin 检验	Fisher – ADF 检验	Fisher – PP 检验
Uhc_ZB	-1.0161 (0.1548)	0.0473 (0.5188)	10.0757 (0.6093)	11.8529 (0.4576)
Δ*Uhc_ZB*	-9.2187 (0.0000)	-8.4069 (0.0000)	73.6515 (0.0000)	73.2704 (0.0000)
Δ*Uinc_ZB*	3.9415 (1.0000)	3.9842 (1.0000)	0.5528 (1.0000)	0.1144 (1.0000)
Δ^2*Uinc_ZB*	-6.3478 (0.0000)	—	49.9989 (0.0000)	65.1600 (0.0000)

注：*Uhc* 表示城镇居民人均教育支出；*Uinc* 表示城镇居民人均可支配收入；_ *ZB* 表示中部六省；Δ 为一阶差分算子；Δ^2 为二阶差分算子；括号内数字为相伴概率。

为城镇居民人均教育投资为一阶单整序列，而城镇居民人均可支配收入为二阶单整序列。

所以，和前面中部六省的个体效应模型一样，建立如下长期均衡面板数据模型。

$$\Delta Uinc\_ZB_{it} = \alpha_{it} + \beta'_{it} Uhc\_ZB'_{it} + u_{it} \tag{3.12}$$

因本模型是把中部六省作为一个整体来研究城镇居民人均教育投资与人均可支配收入之间的总体效应，故选取变截距模型对公式（3.12）进行参数估计，即认为$\beta_i = \beta$，β即表示中部六省城镇居民人均教育投资与人均可支配收入增量之间的长期均衡关系。

采用截面加权的广义最小二乘法（GLS）回归得到：

$$\begin{pmatrix} \Delta Uinc\_SX \\ \Delta Uinc\_AH \\ \Delta Uinc\_JX \\ \Delta Uinc\_HE \\ \Delta Uinc\_HB \\ \Delta Uinc\_HN \end{pmatrix} = \underset{(15.88^{***})}{3.82} \times \begin{pmatrix} Uhc\_SX \\ Uhc\_AH \\ Uhc\_JX \\ Uhc\_HE \\ Uhc\_HB \\ Uhc\_HN \end{pmatrix} \underset{(-6.84^{***})}{- 749.11} \times \begin{pmatrix} 1 \\ 1 \\ 1 \\ 1 \\ 1 \\ 1 \end{pmatrix} + \begin{pmatrix} -37.13 \\ -19.11 \\ 246.43 \\ 410.42 \\ -255.49 \\ -345.11 \end{pmatrix} + \begin{pmatrix} U\hat{u}'\_SX \\ U\hat{u}'\_AH \\ U\hat{u}'\_JX \\ U\hat{u}'\_HE \\ U\hat{u}'\_HB \\ U\hat{u}'\_HN \end{pmatrix}$$

$$R^2 = 0.7395 \qquad F = 42.10^{***} \tag{3.13}$$

在公式（3.13）中，括号内为参数t统计量，*** 表示显著性水平为1%。

对残差序列$U\hat{u}'$进行单位根检验，结果见表3-6。

表3-6　中部六省城镇居民人均教育投资与可支配收入面板模型残差单位根检验

	LLC 检验	Fisher - ADF 检验	Fisher - PP 检验
$U\hat{u}'$	-4.9691 (0.0000)	41.7736 (0.0000)	41.0740 (0.0000)

注：括号内数字为相伴概率。

由表3－6可知，残差序列 $U\hat{u}'$ 为平稳序列，这说明中部地区城镇居民人均教育投资与人均可支配收入增收额之间具有协整关系。从长期来看，中部地区城镇居民人均教育投资增加1元可使中部地区城镇居民人均可支配收入增加3.82元。

模型8：中国城镇居民人均教育投资与人均可支配收入长期均衡模型。

$$\Delta Uinc\_N = 3.80Uhc\_N - 779.95 + U\hat{u}\_N$$
$$(6.82^{***}) \quad (-2.69^{**})$$
$$R^2 = 0.7684 \quad F = 46.46^{***} \tag{3.14}$$

残差序列 $U\hat{u}\_N$ 在10%显著性水平下为平稳序列（见表3－7），即认为中国城镇居民人均教育投资与人均可支配收入之间存在长期均衡关系，其长期均衡关系为中国城镇居民人均教育投资增加1元，人均可支配收入将增加3.80元。

表3－7　城镇居民人均可支配收入与教育支出长期均衡模型残差单位根检验

变量	统计值	相伴概率	变量	统计值	相伴概率
$U\hat{u}\_SX$	-1.8378	0.0644 *	$U\hat{u}\_HE$	-3.2699	0.0030 ***
$U\hat{u}\_AH$	-2.8254	0.0081 ***	$U\hat{u}\_HB$	-1.9795	0.0487 **
$U\hat{u}\_JX$	-2.7342	0.0099 ***	$U\hat{u}\_HN$	-3.2529	0.0473 ***
$U\hat{u}\_N$	-1.8453	0.0639 *			

注：检验模型为无趋势无截距模型，* 表示10%显著性水平，** 表示5%显著性水平，*** 表示1%显著性水平。

（三）误差修正模型

长期均衡模型表述的是变量之间的一种“长期均衡”关系，但实际经济数据却是由“非均衡过程”产生的，因此需要用数据的动态非均衡过程来逼近经济理论的长期均衡过程。从短期看，被解释变量的变动是由较稳定的长期趋势和短期波动所决定，短期内系统对于均衡状态的偏离程度的大小直接导致波动振幅的大小。误差修正模型就是要说明被解释变量偏离了均衡值，系统将以多大的力度调整到均衡值，说明了教育支出变化对收入变化作用的稳定程度，即误差修正系数在某种程度上能反映出城镇居民教育收入系统的稳定性。

若有如公式（3.1）的长期均衡关系，则误差修正模型形式为：

$$\Delta^2 Uinc_t = \beta_0 \Delta Uhc_t + \beta_1(\Delta Uinc_{t-1} - aUhc_{t-1} - b) + \beta_2 + \varepsilon_t \quad (3.15)$$

其中，β_1 为短期误差修正系数，反映了城镇居民可支配收入增加值的实际值偏离了由长期均衡模型决定的均衡后经济系统以多大的力度拉回到均衡状态。

模型 9：山西省城镇居民教育投资与人均可支配收入误差修正模型。

$$\Delta^2 Uinc\_SX = 4.89\Delta Uhc\_SX - 0.51U\hat{u}\_SX(-1) - 44.59$$
$$(3.50^{***}) \qquad (-1.59) \qquad (3.16)$$
$$R^2 = 0.5786 \quad F = 8.24^{***} \quad D.W. = 1.66$$

在短期内，山西省城镇居民人均教育投资变化可以解释人均收入变化的 57.86%，误差修正项系数在 14%①显著性水平下通过检验。当山西省人均收入偏离公式（3.3）给出的均衡值时，系统将以 51% 的比例逐步拉回到均衡值。

模型 10：安徽省城镇居民教育投资与人均可支配收入误差修正模型。

$$\Delta^2 Uinc\_AH = 3.23\Delta Uhc\_AH - 0.76U\hat{u}\_AH(-1) - 20.53$$
$$(2.52^{**}) \qquad (-2.37^{**})$$
$$R^2 = 0.4191 \quad F = 4.33^{**} \quad D.W. = 1.12 \qquad (3.17)$$

在短期内，安徽省城镇居民人均教育投资变化可以解释人均收入变化的 41.91%，误差修正项系数在 5% 显著性水平下通过检验。当安徽省人均收入偏离公式（3.4）给出的均衡值时，系统将以 76% 的比例逐

① 可能和本书样本数据较小有关。

步拉回到均衡值。

模型11：江西省城镇居民教育投资与人均可支配收入误差修正模型。

$$\Delta^2 Uinc\_JX = 3.51\Delta Uhc\_JX - 0.64U\hat{u}\_JX(-1) - 6.95$$
$$(2.57^{**}) \quad (-2.60^{**})$$
$$R^2 = 0.5501 \quad F = 7.34^{**} \quad D.W. = 1.95 \tag{3.18}$$

在短期内，江西省城镇居民人均教育投资变化可以解释人均收入变化的55.01%，误差修正项系数在5%显著性水平下通过检验。当江西省人均收入偏离公式（3.5）给出的均衡值时，系统将以64%的比例逐步拉回到均衡值。

模型12：河南省城镇居民教育投资与人均可支配收入误差修正模型。

$$\Delta^2 Uinc\_HE = 3.79\Delta Uhc\_HE - 0.84U\hat{u}\_HE(-1) - 11.53$$
$$(1.85^{*}) \quad (-2.48^{**})$$
$$R^2 = 0.3517 \quad F = 3.25^{*} \quad D.W. = 1.82 \tag{3.19}$$

在短期内，河南省城镇居民人均教育投资变化可以解释人均收入变化的35.17%，误差修正项系数在5%显著性水平下通过检验。当河南省人均收入偏离公式（3.6）给出的均衡值时，系统将以84%的比例逐步拉回到均衡值。

模型13：湖北省城镇居民教育投资与人均可支配收入误差修正模型。

$$\Delta^2 Uinc\_HB = 2.19\Delta Uhc\_HB - 0.45U\hat{u}\_HB(-1) + 55.08$$
$$(0.51) \quad (-1.68) \tag{3.20}$$
$$R^2 = 0.3601 \quad F = 3.09^{*} \quad D.W. = 1.76$$

由于样本数据较小，湖北省城镇居民教育投资与人均可支配收入误差修正模型显著性不强，短期内城镇居民人均教育投资变化可以解释人均收入变化的36.01%，误差修正项系数在12%显著性水平下通过检验。当湖北省人均收入偏离公式（3.7）给出的均衡值时，系统将以45%的比例逐步拉回到均衡值。

模型14：湖南省城镇居民教育投资与人均可支配收入误差修正模型。

$$\Delta^2 Uinc\_HN = \underset{(1.37)}{0.58\Delta Uinc\_HN(-1)} + \underset{(2.76^{**})}{5.06\Delta Uhc\_HN} - \underset{(-1.52)}{0.79U\hat{u}\_HN(-1)} - 31.37$$

$$R^2 = 0.4648 \quad F = 2.90^{*} \quad D.W. = 1.41 \tag{3.21}$$

在短期内，由于样本数据较小，湖南省城镇居民人均教育投资与可支配收入之间的误差修正模型显著性不强，误差修正项系数仅在16%显著性水平下通过检验，决定系数也只有0.4648。当湖南省人均收入偏离公式（3.8）给出的均衡值时，系统将以79%的比例逐步拉回到均衡值。

模型15：中部六省城镇居民教育投资与人均可支配收入误差修正模型。

运用截面加权最小二乘法（GLS）方法对变截距面板误差修正模型估计得到：

$$\begin{pmatrix} \Delta^2 Uinc\_SX \\ \Delta^2 Uinc\_AH \\ \Delta^2 Uinc\_JX \\ \Delta^2 Uinc\_HE \\ \Delta^2 Uinc\_HB \\ \Delta^2 Uinc\_HN \end{pmatrix} = \underset{(5.69^{***})}{3.38} \times \begin{pmatrix} \Delta Uhc\_SX \\ \Delta Uhc\_AH \\ \Delta Uhc\_JX \\ \Delta Uhc\_HE \\ \Delta Uhc\_HB \\ \Delta Uhc\_HN \end{pmatrix} - \underset{(-4.92^{***})}{0.53} \times \begin{pmatrix} U\hat{u}'\_SX \\ U\hat{u}'\_AH \\ U\hat{u}'\_JX \\ U\hat{u}'\_HE \\ U\hat{u}'\_HB \\ U\hat{u}'\_HN \end{pmatrix} + 6.59 \times \begin{pmatrix} 1 \\ 1 \\ 1 \\ 1 \\ 1 \\ 1 \end{pmatrix} + \begin{pmatrix} 2.14 \\ -17.82 \\ -10.92 \\ -0.24 \\ 9.86 \\ 16.98 \end{pmatrix} + U\hat{v}$$

$$R^2 = 0.3841 \quad F = 7.31^{***} \quad D.W. = 1.66 \tag{3.22}$$

从短期来看，中部地区城镇居民人均教育投资显著地影响人均收入的变化，误差修正项在1%显著性水平下是显著的。误差修正项系数为

0.53，意味着当中部地区城镇居民人均可支配收入偏离公式（3.13）所给出的均衡值时，教育经济系统将以53%的偏离比例逐步拉回到均衡值。

模型16：中国城镇居民教育投资与人均可支配收入误差修正模型。

$$\Delta^2 Uinc\_N = 4.44\Delta Uhc\_N - 0.51U\hat{u}\_N(-1) - 40.15$$
$$(1.34) \qquad (-1.94^*)$$
$$R^2 = 0.3383 \quad F = 3.07^* \quad D.W. = 1.51 \tag{3.23}$$

在短期内，由于样本数据较小，中国城镇居民人均教育投资与可支配收入之间的误差修正模型决定系数只有0.3383，误差修正项系数在10%显著性水平下通过检验。当中国城镇居民人均可支配收入偏离公式（3.14）给出的均衡值时，系统将以51%的比例逐步拉回到均衡值。

四　实证结论

从中部地区整体来看，城镇居民人均教育支出与人均可支配收入之间存在协整关系，即城镇居民人均教育支出的变化能稳定地引起人均可支配收入的变化，两变量之间具有较强的耦合关系。

从近15年样本数据的实证分析结果来看，山西、安徽、河南、江西、湖北、湖南六省城镇居民人均教育投资与人均可支配收入的长期均衡系数分别为3.42、3.49、4.22、4.08、4.31和3.31。在此期间湖北省城镇居民人均教育投资的变化对人均可支配收入的增加具有较大的促进作用，其作用程度较弱的是湖南省。从中部六省整体来看，城镇居民人均教育投资增加1元可使人均可支配收入增收量以3.82元递增，略高于全国平均3.8元的水平，基本持平（见图3-4）。

从教育收入系统的稳定性程度看，中部六省的稳定性程度都较高，除湖北为45%以外，其他五省均超过了50%，最高的是河南省达到84%。中部地区城镇教育收入系统的稳定性为53%，略高于全国51%的平均水平（见图3-5）。

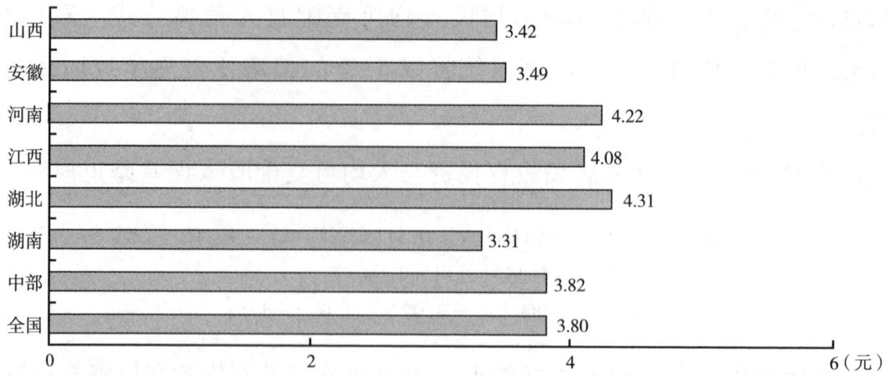

图 3－4　中部地区城镇居民教育支出与可支配收入长期均衡关系

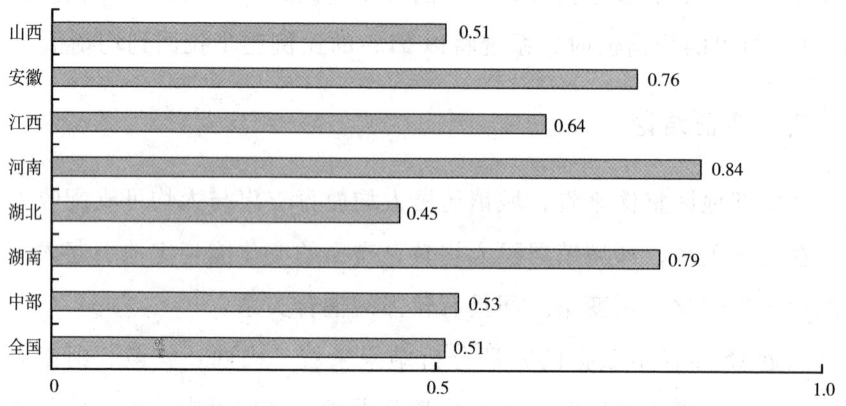

图 3－5　中部地区城镇居民教育支出与可支配收入短期调整力度

从各省份来看，湖北省城镇居民人均教育投资的变化对人均可支配收入的增加之所以具有较大的促进作用，和湖北省是中部教育重镇有很大关系。而河南省之所以教育收入稳定性最高，与河南省重视教育投入不无关系。2001～2010 年，河南省公共财政教育投入从 96 亿元（含中央补助资金，下同）增加到 609 亿元，年均增长 22.8%；教育支出占财政支出的比重达到 17.8%，已成为该省公共财政的第一大支出。财政教育投入的大幅增加，为教育改革发展提供了强有力的支撑。2011 年，河南省全年收入总计 4502.72 亿元，全年支出 4248.82 亿元，其中用在教育上的支出最多，高达

857.14 亿元，约占总支出的 20%，其次就是社会保障和就业、农林水事务，分别支出 547.96 亿元、480.48 亿元，排在教育支出之后。

第三节　农村居民教育投资促进收入增长的协整分析

一　变量选择

本节选取农村居民人均纯收入作为因变量反映农村居民收入水平，选取农村居民人均教育消费支出[①]反映农村教育投资量，对农村居民教育投资促进收入增长进行实证分析。

二　变量取值

（一）中部地区农村居民可支配收入

中部六省农村居民年人均纯收入 1995～2011 年实现了近两位数的稳定增长。就中部六省内部看，年均增长率最大的是河南省，为 11.06%，其次是安徽省为 10.28%，再次是山西省，为 10.06%，后三位依次是湖南 10.02%、湖北 9.95% 和江西 9.83%。

中部地区农村居民人均纯收入 1995～2011 年年均增长率的算术平均值为 10.13%，中部地区是典型农业省份，农村居民人均纯收入年均增长率略高于全国同期年均增长率。但从绝对值来看，截至 2011 年，中部六省还没有一个省份的农村居民年人均纯收入超过全国平均水平。最高的湖北省为 6897.92 元，比全国平均低 79.08 元，接近全国平均水平；最少的山西省为 5601.4 元，比全国平均低 1375.6 元，仅为全国平均水平的 80.28%（见表 3－8 和图 3－6）。

① 在农村居民消费支出中只有“教育文娱”消费性支出，没有细分出教育支出项，故本书以教育文娱消费支出近似代替教育支出。

表 3-8 中国及中部六省农村居民人均纯收入（1995～2011 年）

单位：元，%

年份	山西	安徽	江西	河南	湖北	湖南	全国
1995	1208.3	1302.82	1537.36	1231.97	1511.22	1425.16	1578
1996	1557.19	1607.72	1869.63	1579.19	1863.62	1792.25	1926
1997	1738.26	1808.75	2107.28	1733.89	2102.23	2037.06	2090
1998	1858.6	1862.9	2048	1864.1	2172.2	2064.9	2162
1999	1772.6	1900.3	2129.5	1948.4	2217.1	2127.5	2210
2000	1905.61	1934.57	2135.3	1985.82	2268.59	2197.16	2253
2001	1956.05	2020.04	2231.6	2097.86	2352.16	2299.46	2366
2002	2149.82	2117.56	2306.45	2215.74	2444.06	2397.92	2476
2003	2299.17	2127.48	2457.53	2235.68	2566.76	2532.87	2622
2004	2589.6	2499.33	2786.78	2553.15	2890.01	2837.76	2936
2005	2890.66	2640.96	3128.89	2870.58	3099.2	3117.74	3255
2006	3180.92	2969.08	3459.53	3261.03	3419.35	3389.62	3587
2007	3665.66	3556.27	4044.7	3851.6	3997.48	3904.2	4140
2008	4097.24	4202.49	4697.19	4454.24	4656.38	4512.46	4761
2009	4244.1	4504.32	5075.01	4806.95	5035.26	4909.04	5153
2010	4736.25	5285.17	5788.56	5523.73	5832.27	5621.96	5919
2011	5601.40	6232.21	6891.63	6604.03	6897.92	6567.06	6977
年均增长率	10.06	10.28	9.83	11.06	9.95	10.02	9.74

资料来源：根据历年《中国统计年鉴》整理，增长率采用水平法计算。

（二）中部地区农村居民人均教育支出

中部六省农村居民人均教育支出在 1995～2011 年整体上是逐年增长，但增长率呈下滑趋势，有的省份在某些年份甚至出现负增长。增长速度位居第一的是山西省，由 1995 年的 62.8 元增长到 448.44 元，年均增长 13.07%；位居第二的是安徽省，由 79.45 元增长到 376.18 元，年均增长 10.21%；位居第三的是河南省，由 63.53 元增长到 278.2 元，

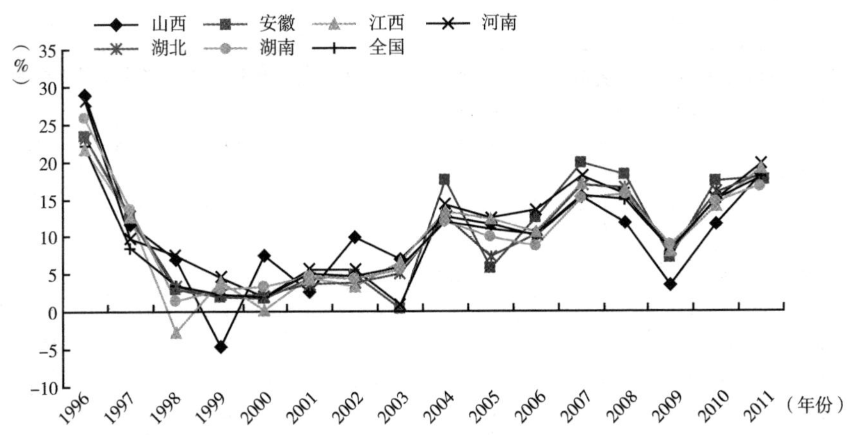

图 3－6　中国及中部六省农村居民人均纯收入增长率（1996～2011）

年均增长 9.67%；位居第四的是江西省，由 93.48 元增长到 319.39 元，年均增长 7.98%；位居第五的是湖南省，由 128.84 元增长到 346.62 元，年均增长 6.38%；位居第六的是湖北省，由 128.28 元增长到 341.87 元，年均增长 6.32%。整个中部地区农村居民人均教育支出在 1995～2011 年算术平均增长率为 8.92%，略高于全国平均年均增长率。

但从绝对值来看，中部地区农村居民人均教育支出总体上相对较低，至 2011 年只有山西省高出全国平均水平 52 元。其他五省均低于全国平均水平，其中最低的河南省低于全国平均水平 118 元，仅为全国平均水平的 70.18%（见表 3－9 和图 3－7）。

表 3－9　中国及中部六省农村居民人均教育支出（1995～2011 年）

单位：元，%

年份	山西	安徽	江西	河南	湖北	湖南	全国
1995	62.8	79.45	93.48	63.53	128.28	128.84	102.4
1996	93.88	109.45	120.52	91.32	168.54	176.96	132.5
1997	93.65	128.53	140.31	103.27	195.21	187.61	148.2
1998	100.73	139.92	160.88	113.79	205.91	206.6	159.4
1999	120.6	146.33	171.7	105.61	212.88	204.66	168.3

续表

年份	山西	安徽	江西	河南	湖北	湖南	全国
2000	135.39	145.46	184.24	133.08	209.89	222.5	186.7
2001	142.39	150.44	196.03	132.7	213.61	234.4	192.6
2002	176.64	159.16	215.58	133.51	232.84	248.6	210.3
2003	213.15	184.64	223.8	160.94	223.92	270.54	235.7
2004	235.01	199.95	237.28	168.04	245.68	279.96	247.6
2005	279.54	256.8	276.26	177.66	271.86	329.28	295.5
2006	339.75	290.74	287.51	198.58	292.34	341.7	305.1
2007	370.97	283.17	252.78	212.36	284.13	293.89	305.7
2008	380.7	294.84	236.01	214.38	267.13	278.67	314.5
2009	416.94	312.05	254.77	234.01	281.68	291.01	340.6
2010	420.21	363.92	285.23	250.47	288.12	315.93	366.7
2011	448.44	376.18	319.39	278.2	341.87	346.62	396.4
年均增长率	13.07	10.21	7.98	9.67	6.32	6.38	8.83

资料来源：根据历年《中国统计年鉴》整理，增长率采用水平法计算。

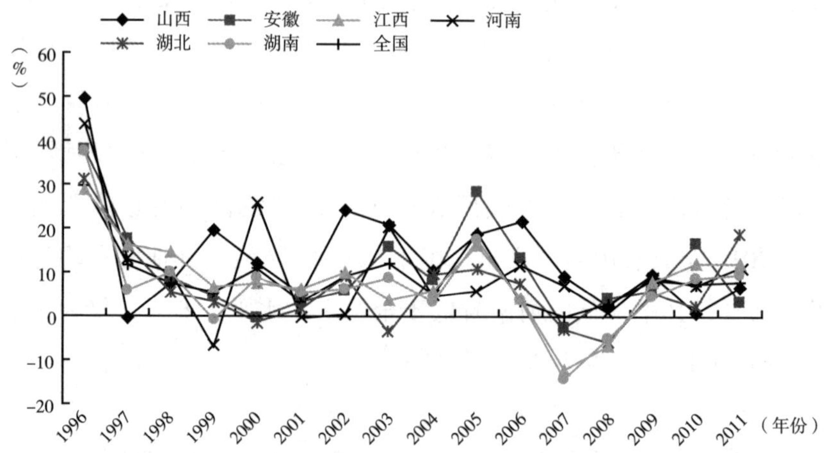

图 3-7 中国及中部六省农村居民人均教育支出增长率（1996~2011 年）

三 实证分析

（一）单位根检验

检验方法同 3.2.3，结果见表 3-10。

表 3-10　农村居民人均教育支出与纯收入时间序列单位根检验

变量	统计值	相伴概率	变量	统计值	相伴概率
Rhc_SX	-1.7061	0.7006	ΔRhc_SX	-3.0002	0.0577*
Rhc_AH	-1.4300	0.8102	ΔRhc_AH	-3.1721	0.0425**
Rhc_JX	-3.3943	0.0899	ΔRhc_JX	-3.7762	0.0151**
Rhc_HE	-0.3404	0.9784	ΔRhc_HE	-5.1147	0.0012***
Rhc_HB	-1.0369	0.7130	ΔRhc_HB	-2.8238	0.0819*
Rhc_HN	-2.4983	0.3238	ΔRhc_HN	-2.8240	0.0800*
Rhc_N	-2.0100	0.5526	ΔRhc_N	-3.6991	0.0162**
$\Delta Rinc\_SX$	-0.6929	0.8196	$\Delta^2 Rinc\_SX$	-3.4445	0.0022***
$\Delta Rinc\_AH$	0.8687	0.9909	$\Delta^2 Rinc\_AH$	-5.1186	0.0001***
$\Delta Rinc\_JX$	1.3027	0.9967	$\Delta^2 Rinc\_JX$	-3.0111	0.0056***
$\Delta Rinc\_HE$	1.0785	0.9944	$\Delta^2 Rinc\_HE$	-4.3792	0.0216**
$\Delta Rinc\_HB$	1.3261	0.9969	$\Delta^2 Rinc\_HB$	-4.1872	0.0102**
$\Delta Rinc\_HN$	0.3725	0.9716	$\Delta^2 Rinc\_HN$	-5.3782	0.0018***
$\Delta Rinc\_N$	-0.0877	0.9301	$\Delta^2 Rinc\_N$	-5.8744	0.0009***

注：*SX* 表示山西省；*AH* 表示安徽省；*JX* 表示江西省；*HE* 表示河南省；*HB* 表示湖北省；*HN* 表示湖南省；*N* 表示全国；*Rinc* 表示农村居民人均纯收入；*Rhc* 表示农村居民人均教育支出；Δ 为一阶差分算子；Δ^2 为二阶差分算子；*** 表示 1% 显著性水平；** 表示 5% 显著性水平；* 表示 10% 显著性水平。

从表 3-10 可知，农村居民人均纯收入为二阶单整序列，农村居民人均教育支出为一阶单整序列。

（二）协整检验

本实证分析检验农村居民人均纯收入与人均教育支出两个变量之间是否存在协整关系。如果两者存在协整关系，说明农村居民人均教育支出与纯收入存在稳定的比例关系，也就是说人均教育支出的变化对收入变化的影响是稳定的。

根据表 3-10，农村居民人均纯收入为二阶单整序列，而农村居民人均教育支出为一阶单整序列，所以我们建立如下长期均衡模型：

$$\Delta Rinc = aRhc + c + u \tag{3.24}$$

在公式（3.24）中，u 为残差序列，a 和 c 为待估参数。

模型估计的残差为：

$$\hat{u} = \Delta Rinc - \hat{a}Rhc - \hat{c} \tag{3.25}$$

若 $\hat{u}$ 为平稳序列，则农村居民人均纯收入与农村居民家庭人均教育支出之间具有协整关系。

模型 17：山西省农村居民人均教育投资与人均纯收入长期均衡模型。

$$\begin{gathered} \Delta Rinc\_SX = 1.24Rhc\_SX - 23.87 + R\hat{u}\_SX \\ (2.70^{**}) \quad (-0.18) \\ R^2 = 0.5148 \qquad F = 6.90^{***} \end{gathered} \tag{3.26}$$

在公式（3.26）中，$\hat{u}$ 为残差序列，括号内为 t 统计量，$***$ 表示 1% 显著性水平，下同。

用（0，0，0）模型对残差序列做单位根检验，结果表明残差序列 $R\hat{u}\_SX$ 在 1% 显著性水平下为平稳序列（见表 3－13），即认为山西省农村居民人均教育投资与人均纯收入之间存在长期均衡关系，其长期均衡关系为山西省农村居民人均教育投资增加 1 元，人均纯收入将增加 1.24 元。

模型 18：安徽省农村居民人均教育投资与人均纯收入长期均衡模型。

$$\begin{gathered} \Delta Rinc\_AH = 2.81Rhc\_AH(-1) - 262.26 + R\hat{u}\_AH \\ (5.43^{***}) \qquad (-2.34^{**}) \\ R^2 = 0.6783 \qquad F = 29.52^{***} \end{gathered} \tag{3.27}$$

同样，残差序列 $R\hat{u}\_AH$ 在 1% 显著性水平下为平稳序列（见表 3－13），即认为安徽省农村居民人均教育投资与人均纯收入之间存在长期均衡关系，其长期均衡关系为安徽省农村居民人均教育投资增加 1 元，人均纯收入将增加 2.81 元。

模型 19：江西省农村居民人均教育投资与人均纯收入长期均衡模型。

$$\begin{gathered} \Delta Rinc\_JX = 3.65Rhc\_JX - 478.76 + R\hat{u}\_JX \\ (3.49^{***}) \quad (-1.99^{*}) \\ R^2 = 0.4646 \qquad F = 12.15^{***} \end{gathered} \tag{3.28}$$

残差序列 $R\hat{u}\_JX$ 在5%显著性水平下为平稳序列（见表3－13），即认为江西省农村居民人均教育投资与人均纯收入之间存在长期均衡关系，其长期均衡关系为江西省农村居民人均教育投资增加1元，人均纯收入将增加3.65元。

模型20：河南省农村居民人均教育投资与人均纯收入长期均衡模型。

$$\begin{gathered}\Delta Rinc\_HE = 4.19Rhc\_HE - 373.58 + R\hat{u}\_HE \\ (5.47^{***}) \quad (-2.74^{**}) \\ R^2 = 0.6812 \quad F = 29.92^{***}\end{gathered} \tag{3.29}$$

残差序列 $R\hat{u}\_HE$ 在1%显著性水平下为平稳序列（见表3－13），即认为河南省农村居民人均教育投资与人均纯收入之间存在长期均衡关系，其长期均衡关系为河南省农村居民人均教育投资增加1元，人均纯收入将增加4.19元。

模型21：湖北省农村居民人均教育投资与人均纯收入长期均衡模型。

$$\begin{gathered}\Delta Rinc\_HB = 4.91Rhc\_HB - 869.89 + R\hat{u}\_HB \\ (4.23^{***}) \quad (-3.00^{***}) \\ R^2 = 0.5607 \quad F = 17.87^{***}\end{gathered} \tag{3.30}$$

残差序列 $R\hat{u}\_HB$ 在1%显著性水平下为平稳序列（见表3－13），即认为湖北省农村居民人均教育投资与人均纯收入之间存在长期均衡关系，其长期均衡关系为湖北省农村居民人均教育投资增加1元，人均纯收入将增加4.91元。

模型22：湖南省农村居民人均教育投资与人均纯收入长期均衡模型。

$$\begin{gathered}\Delta Rinc\_HN = 1.87Rhc\_HN + 0.81\Delta Rinc\_HN(-1) - 415.77 + R\hat{u}\_HN \\ (2.13^{*}) \quad (3.78^{***}) \quad (-1.94^{*}) \\ R^2 = 0.7617 \quad F = 19.18^{***}\end{gathered} \tag{3.31}$$

残差序列 $R\hat{u}\_HN$ 在1%显著性水平下为平稳序列（见表3－13），即认为湖南省农村居民人均教育投资与人均纯收入之间存在长期均衡关系，其长期均衡关系为湖南省农村居民人均教育投资增加1元，当期人均纯收入将增加 1.87 元。

模型 23：中部地区农村居民人均教育投资与人均纯收入长期均衡模型。

从中部地区农村居民人均教育投资与人均纯收入两个面板数据的单位根检验结果来看（见表 3-11），农村居民人均教育投资为一阶单整序列，而人均纯收入为二阶单整序列，故建立如下长期均衡模型。

表 3-11　中部六省农村居民人均教育投资与纯收入面板数据单位根检验

	LLC 检验	Im-Pesaran-Skin 检验	Fisher-ADF 检验	Fisher-PP 检验
Rhc_ZB	0.1597 (0.5634)	-0.1844 (0.4269)	14.0066 (0.3003)	10.3108 (0.5887)
ΔRhc_ZB	-5.7497 (0.0000)	-4.7799 (0.0000)	43.8924 (0.0000)	39.3966 (0.0001)
$\Delta Rinc\_ZB$	7.5702 (1.0000)	4.6371 (1.0000)	0.4978 (1.0000)	0.5797 (1.0000)
$\Delta^2 Rinc\_ZB$	-4.7579 (0.0000)		31.6292 (0.0016)	71.9862 (0.0000)

注：Rhc 表示城镇居民人均教育支出；$Rinc$ 表示城镇居民人均纯收入；$\_ZB$ 表示中部六省；Δ 为一阶差分算子；Δ^2 为二阶差分算子；括号内数字为相伴概率。

$$\Delta Rinc = \beta Rhc + c + R\hat{u} \tag{3.32}$$

由于本模型是要估计中部地区农村居民人均教育投资对人均纯收入作用的总体效应，所以采用变截距模型，即假设向量 β 中的各元素 $\beta_i = \beta$。采用截面加权的广义最小二乘法（GLS）回归得到：

$$\begin{pmatrix} \Delta Rinc\_SX \\ \Delta Rinc\_AH \\ \Delta Rinc\_JX \\ \Delta Rinc\_HE \\ \Delta Rinc\_HB \\ \Delta Rinc\_HN \end{pmatrix} = 2.40 \times \begin{pmatrix} Rhc\_SX \\ Rhc\_AH \\ Rhc\_JX \\ Rhc\_HE \\ Rhc\_HB \\ Rhc\_HN \end{pmatrix} - 230.74 \times \begin{pmatrix} 1 \\ 1 \\ 1 \\ 1 \\ 1 \\ 1 \end{pmatrix} + \begin{pmatrix} -90.59 \\ 6.96 \\ 30.41 \\ 159.83 \\ -23.63 \\ -82.98 \end{pmatrix} + \begin{pmatrix} R\hat{u}'\_SX \\ R\hat{u}'\_AH \\ R\hat{u}'\_JX \\ R\hat{u}'\_HE \\ R\hat{u}'\_HB \\ R\hat{u}'\_HN \end{pmatrix}$$

$$(8.65^{***}) \qquad (-3.45^{***})$$

$$R^2 = 0.4601 \qquad F = 12.64^{***} \tag{3.33}$$

在公式（3.33）中，括号内为参数 t 统计量，*** 表示显著性水平为1%。

对残差序列 $R\hat{u}'$ 进行单位根检验，结果见表3－12。

由表3－12可知，残差序列 $R\hat{u}'$ 为平稳序列。这说明中部地区农村居民人均教育投资与人均纯收入增收额之间具有协整关系。从长期来看，中部地区农村居民人均教育投资增加1元，可使中部地区农村居民人均纯收入的增加量以2.40元的速度递增。

表3－12　中部六省城镇居民人均教育投资与可支配收入面板模型残差单位根检验

	LLC 检验	Fisher－ADF 检验	Fisher－PP 检验
$U\hat{u}'$	－4.6175 （0.0000）	35.8098 （0.0003）	36.3116 （0.0003）

注：括号内数字为相伴概率。

模型24：中国农村居民人均教育投资与人均纯收入长期均衡模型。

$$\Delta Rinc\_N = 2.86Rhc\_N - 379.28 + R\hat{u}\_N$$
$$(5.50^{***}) \quad (-2.77^{**})$$
$$R^2 = 0.6839 \qquad F = 30.29^{***} \tag{3.34}$$

残差序列 $R\hat{u}\_N$ 在5%显著性水平下为平稳序列（见表3－13），即认为中国农村居民人均教育投资与人均纯收入之间存在长期均衡关系，其长期均衡关系为中国农村居民人均教育投资增加1元，人均纯收入将增加2.86元。

表3－13　农村居民人均纯收入与教育支出长期均衡模型残差单位根检验

变量	统计值	相伴概率	变量	统计值	相伴概率
$R\hat{u}\_SX$	－4.4156	0.0002***	$R\hat{u}\_HE$	－3.2899	0.0029***
$R\hat{u}\_AH$	－4.0013	0.0006***	$R\hat{u}\_HB$	－2.8743	0.0072***
$R\hat{u}\_JX$	－4.6288	0.0002***	$R\hat{u}\_HN$	－5.5219	0.0000***
$R\hat{u}\_N$	－4.1591	0.0303**			

注：检验模型为无趋势无截距模型，** 表示5%显著性水平，*** 表示1%显著性水平。

（三）误差修正模型

模型 25：山西省农村居民教育投资与人均纯收入误差修正模型。

$$\begin{aligned} \Delta^2 Rinc\_SX &= -0.67R\hat{u}\_SX(-1) + 19.64 \\ &\quad (-2.00^{*}) \qquad\qquad (0.42) \\ R^2 = 0.2352 \quad & F = 4.00^{*} \quad D.W. = 1.46 \end{aligned} \tag{3.35}$$

在短期内，山西省农村居民人均教育投资变化可以解释人均收入变化的 23.52%，误差修正项系数在 10% 显著性水平下通过检验。当山西省人均收入偏离公式（3.26）给出的均衡值时，系统将以 67% 的比例逐步拉回到均衡值。

模型 26：安徽省农村居民教育投资与人均纯收入误差修正模型。

$$\begin{aligned} \Delta^2 Rinc\_AH &= 4.83\Delta Rhc\_AH(-1) - 0.97R\hat{u}\_AH(-1) - 60.77 \\ &\quad (2.21^{**}) \qquad\qquad (-3.99^{***}) \qquad (-1.07) \\ R^2 = 0.6166 \quad & F = 9.65^{***} \quad D.W. = 2.38 \end{aligned} \tag{3.36}$$

在短期内，安徽省农村居民人均教育投资变化可以解释人均收入变化的 61.66%，误差修正项系数在 1% 显著性水平下通过检验。当安徽省人均收入偏离公式（3.27）给出的均衡值时，系统将以 97% 的比例逐步拉回到均衡值。

模型 27：江西省农村居民教育投资与人均纯收入误差修正模型。

$$\begin{aligned} \Delta^2 Rinc\_JX &= -0.64U\hat{u}\_JX(-1) + 55.65 \\ &\quad (-2.09^{*}) \qquad\qquad (2.6^{**}) \\ R^2 = 0.6262 \quad & F = 9.21^{***} \quad D.W. = 1.33 \end{aligned} \tag{3.37}$$

在短期内，江西省农村居民人均教育投资变化可以解释人均收入变化的 62.62%，误差修正项系数在 10% 显著性水平下通过检验。当江西省人均收入偏离公式（3.28）给出的均衡值时，系统将以 64% 的比例逐步拉回到均衡值。

模型 28：河南省农村居民教育投资与人均纯收入误差修正模型。

$$\Delta^2 Rinc\_HE = 6.40\Delta Rhc\_HE(-1) - 0.76R\hat{u}\_HE(-1) - 45.55$$
$$(2.02^{*}) \qquad (-3.28^{***}) \qquad (-0.88) \tag{3.38}$$
$$R^2 = 0.5796 \quad F = 8.27^{***} \quad D.W. = 1.38$$

在短期内，河南省农村居民人均教育投资变化可以解释人均收入变化的57.96%，误差修正项系数在1%显著性水平下通过检验。当河南省人均收入偏离公式（3.29）给出的均衡值时，系统将以76%的比例逐步拉回到均衡值。

模型29：湖北省农村居民教育投资与人均纯收入误差修正模型。

$$\Delta^2 Rinc\_HB = -0.43R\hat{u}\_HB(-1) + 40.15$$
$$(-1.81^{*}) \qquad (0.91) \tag{3.39}$$
$$R^2 = 0.2013 \quad F = 3.28^{*} \quad D.W. = 1.50$$

在短期内，湖北省农村居民人均教育投资变化仅可以解释人均收入变化的20.13%，误差修正项系数在10%显著性水平下通过检验，模型统计性质较弱。当湖北省人均收入偏离公式（3.30）给出的均衡值时，系统将以43%的比例逐步拉回到均衡值。

模型30：湖南省农村居民教育投资与人均纯收入误差修正模型。

$$\Delta^2 Rinc\_HN = 0.59\Delta^2 Rinc\_HN(-1) - 0.60R\hat{u}\_HN(-1) + 25.25$$
$$(2.02^{*}) \qquad (-2.53^{**}) \qquad (1.12) \tag{3.40}$$
$$R^2 = 0.5244 \quad F = 3.68^{*} \quad D.W. = 1.59$$

在短期内，湖南省农村居民人均教育投资变化可以解释人均收入变化的52.44%，误差修正项系数在10%显著性水平下通过检验。当湖南省人均收入偏离公式（3.31）给出的均衡值时，系统将以60%的比例逐步拉回到均衡值。

模型31：中部地区农村居民教育投资与人均纯收入误差修正模型。

运用截面加权最小二乘法（GLS）对变截距面板误差修正模型估计得到：

$$\begin{pmatrix} \Delta^2 Rinc\_SX \\ \Delta^2 Rinc\_AH \\ \Delta^2 Rinc\_JX \\ \Delta^2 Rinc\_HE \\ \Delta^2 Rinc\_HB \\ \Delta^2 Rinc\_HN \end{pmatrix} = -0.43 \times \begin{pmatrix} R\hat{u}'\_SX \\ R\hat{u}'\_AH \\ R\hat{u}'\_JX \\ R\hat{u}'\_HE \\ R\hat{u}'\_HB \\ R\hat{u}'\_HN \end{pmatrix} + 32.87 \times \begin{pmatrix} 1 \\ 1 \\ 1 \\ 1 \\ 1 \\ 1 \end{pmatrix} + \begin{pmatrix} -1.57 \\ 2.30 \\ 3.18 \\ 2.19 \\ 0.42 \\ -6.52 \end{pmatrix} + R\hat{v} \tag{3.41}$$

$$(-4.32^{***}) \qquad\qquad (1.80^{*})$$

$$R^2 = 0.1848 \qquad F = 3.14^{***} \qquad D.W. = 1.63$$

从估计结果看，误差修正项系数通过1%显著性水平检验。当中部地区农村居民人均纯收入偏离公式（3.33）给出的均衡值时，教育收入系统将以43%的比例逐步拉回到均衡值。

模型32：中国农村居民教育投资与人均纯收入误差修正模型。

$$\Delta^2 Rinc\_N = -0.68 R\hat{u}\_N(-1) + 33.53 \tag{3.42}$$

$$(-2.76^{**}) \qquad (0.95)$$

$$R^2 = 0.3692 \qquad F = 7.61^{**} \qquad D.W. = 1.32$$

在短期内，中国农村居民人均教育投资变化可以解释人均收入变化的36.92%，误差修正项系数在5%显著性水平下通过检验。当全国人均收入偏离公式（3.34）给出的均衡值时，系统将以68%的比例逐步拉回到均衡值。

四 实证结论

从中部地区整体来看，农村居民人均教育支出与人均纯收入之间存在协整关系，即农村居民人均教育支出变化能稳定地影响人均纯收入的变化。

山西、安徽、江西、河南、湖北和湖南六省农村居民人均教育投资每增加1元，能使人均纯收入每年分别以1.24元、2.81元、3.65元、4.19元、4.91元和1.87元的数量递增。若把中部地区作为一个整体来看，农村居民人均教育投资每增加1元，可使农村居民人均纯收入每年递增2.40元，略低于全国2.86元的平均水平（见图3－8）。

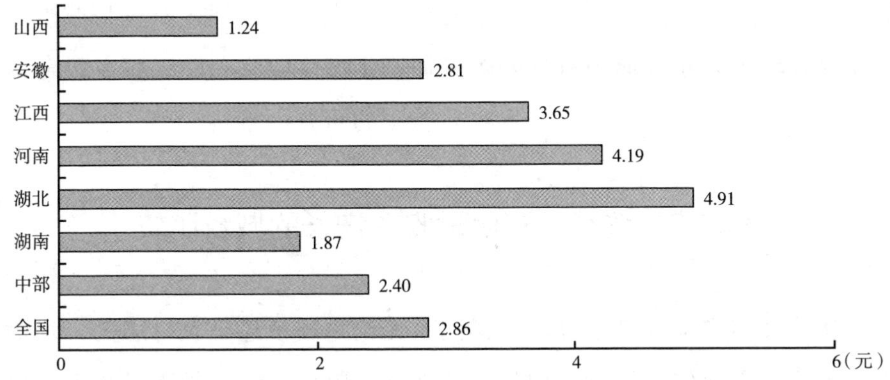

图 3－8　中部地区农村居民教育支出与纯收入长期均衡关系

从农村居民教育收入系统来看，除湖北外，系统的稳定性都在60%以上，安徽省达到了97%。而从中部六省整体来看，农村居民教育收入系统的稳定性为43%，低于全国68%的平均水平（见图3－9）。

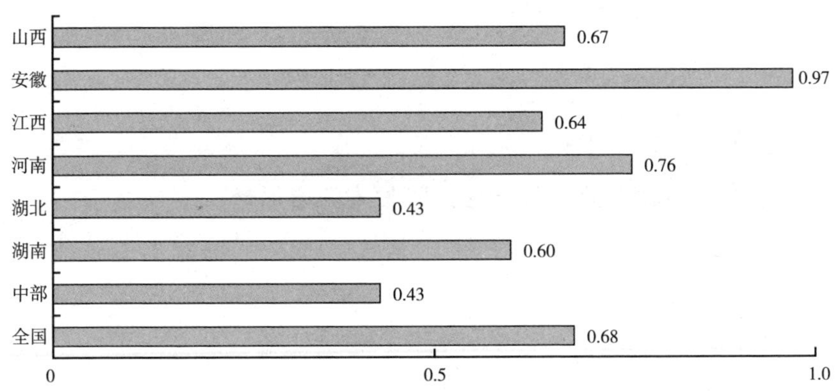

图 3－9　中部地区农村居民教育支出与纯收入短期调整力度

从中部地区城镇居民教育投资促进收入增长及农村居民教育投资促进收入增长的实证分析来看，中部地区城镇居民教育投资对促进收入增长较农村地区要稳定，高于全国水平，而农村的情况则较差，整体低于全国平均水平，由此说明中部地区特别是农村地区要加大对教育的投资，促进农村居民整体的收入水平的提高。当前中部地区农村与城镇之间还存在较大差距，而现有的差距又加剧了城乡收入差距，城乡教育投资是否能均衡发展成为缩小城乡收入差距的重要因素。

第四节　教育投资促进收入增长的城乡比较

从前文的实证分析结果可以得到，无论是城镇还是农村居民，教育投资都能稳定地使人均收入增长。那么，城镇居民教育投资对收入的促进作用与农村居民教育投资对收入的促进作用是否存在显著差异？本节用虚拟变量模型对中部六省城乡居民人均教育投资对人均收入的促进作用进行显著性检验。

一　模型形式

建立虚拟变量回归模型：

$$\Delta inc = (b_1 + b_2 D) hc + b_3 D + c + u \tag{3.43}$$

在公式（3.43）中：

Δinc 为人均收入的一阶差分，即收入的增加量；

hc 为人均教育投资额；

$$D = \begin{cases} 1 & \text{城镇居民} \\ 0 & \text{农村居民；} \end{cases}$$

b_1、b_2、b_3、c 为待估参数，u 为残差。

当 $D = 0$ 时，公式（3.43）变形为：

$$\Delta inc = b_1 \cdot hc + c + u \tag{3.44}$$

此方程即为农村居民人均教育投资与纯收入增加的计量模型。

当 $D = 1$ 时，公式（3.43）变形为：

$$\Delta inc = (b_1 + b_2) \cdot hc + b_3 + c + u \tag{3.45}$$

此方程即为城镇居民人均教育投资与可支配收入增加的计量模型。

比较公式（3.44）和公式（3.45），可以清楚地看到，若 b_2 估计值能通过显著性检验，则说明城镇居民人均教育投资对收入的促进作用与农村显著地不同，其值即为两者作用程度的差异。

二　参数估计

把公式（3.43）进一步变换成线性形式：

$$\Delta inc = b_1x_1 + b_2x_2 + b_3x_3 + c + u \tag{3.46}$$

在公式（3.46）中：

$x_1 = hc$，即人均教育投资额；

$x_2 = D \cdot hc$，即虚拟变量与人均教育投资两变量的乘积；

$x_3 = D$，即表示城乡的虚拟变量。

因本实证分析的目的是要说明居民人均教育投资对人均收入的促进作用城乡之间是否存在显著差异，所以对中部六省分别进行城乡虚拟变量对居民人均收入无效应、变系数、变系数和截距三种模型进行估计。

模型选择规则：①若变系数变截距模型的三个系数 b_1、b_2、b_3 都通过显著性检验，则选择变系数变截距模型结果；②若变系数变截距模型的三个系数有一个系数通不过显著性检验，变系数模型的两个系数 b_1、b_2 都通过显著性检验，则选择变系数模型结果；③除以上两种情况外，选择无效应模型结果，即认为人均教育投资对人均收入的促进作用不存在城乡差异。

各模型参数估计结果见表 3 - 14 至表 3 - 17。

表 3-14 分城乡居民人均教育投资对收入增长的作用比较（Ⅰ）

	山西省			安徽省		
	无效应模型	变系数模型	变系数变截距模型	无效应模型	变系数模型	变系数变截距模型
hc	2.79 (10.01***)	1.86 (4.42***)	1.19 (2.66**)	3.13 (11.00***)	2.08 (5.83***)	3.21 (10.41***)
D·*hc*		0.82 (2.78***)	2.23 (3.93***)		0.50 (2.43**)	0.19 (0.60)
D			-583.04 (-2.81***)			-166.53 (-2.44**)
常数项	-371.26 (-3.41***)	-229.54 (-2.07***)	-19.93 (-0.16)	-421.76 (-3.93***)	-205.88 (-3.47***)	-398.60 (-7.30***)
R^2	0.7696	0.8182	0.8582	0.8013	0.9705	0.9967
F	100.25***	65.26***	56.49***	120.95***	477.39***	2789***

注：括号内数据为估计参数的 *t* 统计量，*** 表示 1% 显著性水平，** 表示 5% 显著性水平，* 表示 10% 显著性水平。下同。

表 3-15 分城乡居民人均教育投资对收入增长的作用比较（Ⅱ）

	山西省			河南省		
	无效应模型	变系数模型	变系数变截距模型	无效应模型	变系数模型	变系数变截距模型
hc	3.98 (9.91***)	3.96 (26.17***)	3.65 (2.99***)	3.99 (11.89***)	4.77 (66.42***)	3.79 (63.69***)
D·*hc*		0.24 (1.67*)	0.43 (0.32)		-0.58 (-4.93***)	0.01 (0.01)
D			-117.23 (-0.33)			-95.90 (-0.48)
常数项	-553.91 (-4.40***)	-602.43 (-57.40***)	-478.76 (-1.71*)	-365.98 (-3.88***)	-483.88 (-39.79***)	-316.99 (-35.87***)
R^2	0.7660	0.9972	0.7669	0.8248	0.9935	0.9934
F	98.22***	5124***	30.71***	141***	2206***	1401***

表 3-16 分城乡居民人均教育投资对收入增长的作用比较（Ⅲ）

	湖北省			湖南省		
	无效应模型	变系数模型	变系数变截距模型	无效应模型	变系数模型	变系数变截距模型
hc	2.97 (7.74***)	5.85 (5.58***)	4.91 (2.86***)	2.84 (6.64***)	4.94 (4.09***)	2.89 (1.86*)
D·*hc*		-1.80 (-2.91***)	-0.60 (-0.33)		-1.24 (-1.85*)	1.97 (1.13)
D			-373.88 (-0.70)			-1190.73 (-1.95*)
常数项	-485.66 (-3.15***)	-1109.08 (-4.35***)	-869.89 (-2.03*)	-506.34 (-2.83***)	-1005.41 (-3.14***)	-443.56 (-1.05)
R^2	0.6665	0.7418	0.7462	0.5951	0.6379	0.6810
F	59.96***	41.65***	27.43***	44.10***	25.54***	19.92***

表 3-17 分城乡居民人均教育投资对收入增长的作用比较（Ⅳ）

	中部六省			全国		
	无效应模型	变系数模型	变系数变截距模型	无效应模型	变系数模型	变系数变截距模型
hc	2.87 (18.98***)	2.56 (8.20***)	1.98 (4.79***)	3.38 (12.01***)	3.68 (41.61***)	2.86 (19.15***)
D·*hc*		0.23 (1.11)	1.13 (2.40**)		-0.37 (-2.91***)	0.66 (2.41**)
D			-303.97 (-2.13**)			-317.82 (-4.64***)
常数项	-335.07 (-6.05***)	-284.14 (-3.95***)	-134.10 (-1.34)	-540.52 (-4.66***)	-595.99 (-32.3***)	-384.50 (-14.9***)
R^2	0.6548	0.6570	0.6651	0.8279	0.9848	0.9847
F	360***	181***	124***	144.31***	938***	600***

三 实证结论

从中部地区居民人均教育投资对收入增长的促进作用的城乡差异的实证分析结果来看，公式（3.45）的变系数模型或变系数变截距模型

的 b_2（反映了人均教育投资对收入增长的促进作用的城乡差异）除湖南省的显著性水平为10%外均通过1%显著性水平检验，这说明无论是中部六省分省数据还是整体数据都显示出城乡居民人均教育投资对收入增长的作用存在显著的差异。

根据上节的“模型选择规则”所选择出的最终模型的 b_2 参数估计结果如表3－18所示。

表3－18　人均教育投资对收入增长的城乡差异

	山西	安徽	江西	河南	湖北	湖南	中部	全国
农村	1.19	2.08	3.96	4.77	5.85	4.94	1.98	2.86
城镇	3.42	2.58	4.2	4.19	4.05	3.7	3.11	3.52
城乡差异	2.23	0.5	0.24	－0.58	－1.8	－1.24	1.13	0.66

注：“农村”一行数据为公式（3.45）中 b_1 的估计值，“城乡差异”一行数据为公式（3.45）中 b_2 估计值，“城镇”一行数据为 b_1+b_2。

从分省1995～2011年数据看，山西、安徽、江西三个省份城镇居民人均教育投资对收入增长的作用显著大于农村居民，即这三个省份城乡居民教育投资差异逐步拉大了城乡居民收入差距。若用倒“U”曲线来描述城乡收入差异，则这三个省份还处于倒“U”曲线中心的左端。河南、湖北、湖南三个省份城镇居民人均教育投资对收入增长的作用显著小于农村居民。在这三个省份继续加大居民教育投资将有助于缩小城乡收入差距，这三个省份处于倒“U”曲线中心的右端。因此从中部几个省份的数据来看，山西、安徽、江西三省份应侧重加大农村地区的教育投资，总体投资上应进行结构性调整，从而促进城镇和农村收入的均衡发展。而河南、湖北、湖南则应该侧重加大对城镇居民的教育投资，总体上加大城乡教育投资可以缩小城乡居民收入差异。

从中部六省整体来看，和全国水平一样，城镇居民人均教育投资对收入增长的作用显著大于农村居民，说明居民教育投资的增加加剧了城乡收入差距，这一结果也是我国长期城乡二元结构导致的。

第四章　城乡居民教育投资差异对收入差异的影响研究

第一节　城乡居民教育投资差异对收入差异影响的机理分析

社会发展的一个重要方面就是在提高收入水平的前提下缩小个人收入差别，收入平等状况也是衡量经济发展的一个重要指标。根据库兹涅茨的“倒 U”形理论，收入分配随着经济的增长会经历由相对平等到不平等再到相对平等的过程。收入差距缩小，收入趋于平等是经济发展的体现。造成个人收入差距的因素有很多，其中，个人之间人力资本存量水平的差别是一个重要原因。具有较高人力资本水平的人的生产效率也较高，一旦他的高效率被雇佣者所认同，他就能够因此获得较高的收入。继而这种高收入对其产生示范效应，使他不断加大人力资本投资在总支出中的比重，进而再提高人力资本存量以获得更高的收入。相反，人力资本水平低的人生产效率较低，缺乏提高收入的资本，低收入又使他无力加大人力资本投资，从而使原先依附于他身上的人力资本存量不变甚至降低（人力资本具有时效性）。在这种情况下，他只能靠熟练程度的加深所带来的生产效率的提高来维持其收入。因此，前者与后者本来就因为初始人力资本存量的不同而存在收入差距，再加上前者的收入由于人力资本投资的增加而不断提高，后者的收入仍然停留在原处甚至降低，两者的差距必然越来越大。因此，缩小个人收入水平差距的根本途径是缩小个人之间在人力资本存量上的差别，进一步说，初始的人力资本投资十分重要，这对于个人的人力资本积累过程的性质（良性循环或是恶性循环）具有关键影响。消除人力资本投资机会的不平等应当是缩小收入差距的第一步。从理论上讲，人力资本投资是从初次分配领域缩小个人收入差距，因而更具有基础性质。

另外，对教育投资的增加，还可以提高全社会中劳动力创造价值所占的比重。因为“相对于非人力资本的投资比如物质资本投资来说，人力资本的投资的增加会使总的工资收入比全部财产收入增长的幅度更大，而财产收入分配造成的不平等要比社会劳动收入分配的不平等严重得多，所以人力资本投资的增长会起到减少个人收入分配方面的不平等的作用”。[①] 因此总的来讲，教育投资在现代社会经济增长中是具有缓和收入差异、减少社会收入分配不平等的作用和价值的。

一 教育均衡促进社会均衡的经验借鉴

（一）正面经验借鉴：亚洲“四小龙”的均衡经济增长

根据亚洲“四小龙”的经济发展历史，我们可以得出一条重要的经验：教育优先发展是促进经济快速增长、实现经济赶超的重要途径，而教育均衡是在经济增长的同时兼顾公平的关键点。

自20世纪50年代以来，台湾一直保持较高的经济增长速度，人均GDP从1964年的500美元上升到1974年的1000多美元，该时期年平均增长率为6.6%。在经济高速发展的同时，居民收入的基尼系数也出现了下降趋势，基尼系数从1953年的0.57下降到1972年的0.29，引起了布吉农等人对这一现象的深入研究。他们的研究结果表

① 〔美〕舒尔茨：《论人力资本投资》，吴珠华等译，北京经济学院出版社，1990。

明，台湾地区的基尼系数的变化是以下四种因素共同作用的结果：人力资本投资回报率的增加、劳动者受教育水平的不断增长、女性劳动者劳动参与率的逐步上升、全员劳动生产率和劳动工时时长。人力资本投资回报率的逐步上升会导致社会收入分配差距扩大，劳动者受教育水平的不断增长、女性劳动者劳动参与率的逐步上升、全员劳动生产率和劳动工时时长三种因素导致收入分配差距缩小，并且第一种因素人力资本投资回报率的增加的作用效果小于后三种因素的作用效果，因而台湾地区的基尼系数总体是下降的。其中劳动力接受教育的程度的提高对社会收入分配的影响在统计上显著性最强，因而，布吉农把减少居民收入不平等的主要因素归因于教育和人力资本积累所起的作用，指出在教育收益率逐步提高的同时，劳动力受教育水平的广泛提高，特别是中等层次的教育人口比重的显著提高，将最终导致居民收入分配差距的显著缩小。[①]

韩国教育的均衡发展也推动了居民收入分配的均等化。20 世纪 60 年代，韩国的基础教育迅速发展，这就增加了一线技术工人的供给总量。韩国政府的教育财政支出的三分之二以上用于中小学教育，使得韩国在 1960 ~ 2000 年人均教育总年限翻了一倍。1960 年韩国的教育基尼系数为 0. 55，到 2000 年下降到 0. 2（此时收入的基尼系数为 0. 34）[②]。从韩国的情况我们可以得出一个结论：接受教育的公平性保证了技术工人的供给，从而扭转了以技术为主要基础的收入趋异的趋势，提高了劳动者的劳动效率，在一定程度上实现了缩小居民收入差距的目的。所以说，教育的相对公平性一方面导致居民收入分配的相对公平，另一方面也促进了劳动效率的不断提高。[③]

---

① François J. Bourguignon, M. Fournier and M. Gurgand, "Fast Development with a Stable Income Distribution: Taiwan, 1979 - 1994," *Review of Income and Wealth*, 2001, 47 (2), pp. 139 - 163.

② 世界银行：《中国：推动公平的经济增长》，清华大学出版社，2004。

③ 赵兴罗、苗慧凯：《教育发展与公平效率统一的实现》，《湖北社会科学》2005 年第 5 期。

教育对于机会平等和缩小收入差距所发生的积极作用，一直是第二次世界大战后日本教育政策的重要组成部分。日本的国立和公立大学的学费是比较低的，原因之一就是要使优秀的贫穷家庭学生也可以获得高等教育的机会。[①] 费尔茨（G. S. Fields，1984）对亚洲7国的研究表明，战后日本经济的高速增长并未带来收入的两极分化，基尼系数随着时间的推移不但没有增大反而呈现不断减小的趋势，收入均等化与其实行的教育均衡发展战略紧密相关。[②]

（二）负面经验教训：拉美国家的收入差距问题

有研究表明拉美是收入分配最不公平的地域，许多拉美国家的收入基尼系数都在0.5以上，甚至高达0.6以上。造成拉美地区收入分配严重不公的因素很多，其中，教育投资的高回报率与居民受教育机会的不均是一个重要原因。[③]

在绝大多数拉美国家，工资收入是普通劳动者的主要收入来源，一般占全部收入的80%左右。[④] 由于劳动者所掌握的技能不同以及他们所从事的行业不同，其工资收入有明显的差距。拉美的工资收入差距不仅存在于技术工人与非技术工人之间，而且还体现在城乡之间以及正规部门与非正规部门之间。例如，有研究表明，拉美国家农村劳动者比城市劳动者的工资水平平均低28%，有些国家的差距则高达40 %以上。[⑤] 不同职业之间的工资差距影响到收入分配的公平性，而形成工资差距的主要原因之一则是受教育水平的差异。统计调查的结果表明，在拉美国家，与文盲文化程度的劳动者相比，一个具有6年教育水平的劳动者在

① 钱小英等：《日本科技与教育发展》，人民教育出版社，2003。

② G. S. Fields, "Employment, Income Distribution and Economic Growth in Seven Small Open Economies," Economic Journal, 1984, p. 94.

③ 江时学：《拉美国家的收入分配为什么如此不公》，《拉丁美洲研究》2005年第5期。

④ David de Ferranti et al., *Inequality in Latin America and the Caribbean: Breaking with History?* Washington, D. C.: World Bank, 2004, p. 57.

⑤ Inter-American Development Bank, *Economic and Social Progress in Latin America*, Inter-American Development Bank, 2001, p. 40.

获取第一份工作的时候得到的就业工资收入要高出 50%，一个具有 12 年教育水平（相当于中学毕业水平）的劳动者则会高出 120%，具有 17 年教育水平（相当于大学毕业水平）的劳动者则超过 200%。[①] 根据 2001 年的统计数据，在阿根廷，一个具有小学教育水平的劳动力比文盲程度的劳动力的工资收入高出 22%，一个具有中学教育水平的劳动力的工资则比小学文化的劳动力高出 40%，而大学文化程度的毕业生的工资则会高出 70%。[②] 上述差距会随着劳动人口年龄的增长而不断扩大。有关研究结果表明，在巴西，文盲劳动力与大学毕业生在 25 岁时的就业工资的收入差距大约是 1∶4。随着劳动者年龄的增长且积累了多年的社会工作经验后，大学文化层次劳动者的就业工资收入会稳步上升，而文盲层次的劳动人口的工资基本维持不变。等到他们 40 岁时，就业工资的差距会扩大到1∶6，等到他们55 岁时，这个差距会达到 1∶10。[③]

虽然拉美的教育事业取得了较大进步，但教育资源的分配却非常不公。有些国家，最富有的 10% 的人口与最穷的 30 % 的人口受教育年限的差距为 8 ~9 年。[④] 当然，不同社会阶层中的劳动者受教育程度的不同在学校教育的最初几年并不明显，此后这一差距不断扩大。例如，有些国家只有不到 95% 的贫困阶层子女完成了小学一年级的教育，有的甚至低于 80%；完成小学五年教育的贫困家庭的小孩仅有 63%，有些国家甚至不到 35%；完成初中阶段教育的进一步下降到 15% 和 6%。而富人阶层，分别有 93% 和 83% 的子女接受了 5 年教育，58% 和 49% 的

---

① Inter-American Development Bank, *Economic and Social Progress in Latin America*, 1998 - 1999 Report, Washington, D. C., Johns Hopkins University Press, 2001, p. 39.

② David de Ferranti et al., *Inequality in Latin America and the Caribbean: Breaking with History?* Washington, D. C.: World Bank, 2004, p. 60.

③ Inter-American Development Bank, *Economic and Social Progress in Latin America*, 1998 - 1999 Report, Washington, D. C., Johns Hopkins University Press, 2001, p. 39.

④ Inter-American Development Bank, *Economic and Social Progress in Latin America*, 1998 - 1999 Report, Washington, D. C., Johns Hopkins University Press, 2001, p. 17.

子女接受了9年教育。[①]

为改变这一状况，拉美国家采取了一些改革措施来改变接受教育方面的社会不公平问题，比如墨西哥在1992～2000年，对教育经费的支出从占GDP的4.7%提高到6.1%，并且扩大对基础教育的经费投入比例，强化中央政府在保证经费供给和投资质量控制方面的职能，推广实施了一个针对文化教育、公共卫生和国民营养健康状况的家庭组成成员综合发展计划（PROGRESA）[②]。墨西哥实施的这一改革，取得了非常良好的效果：20世纪90年代，小学的退学比率和留级比率都降低了大约一半，基础阶段教育的广泛普及使居民收入分配的不平等现象大大缓解。

（三）启示

世界各国经济发展的经验和教训表明，经济均衡增长必须具备两个条件。一是教育均衡发展，在其他条件不变时，随着教育收益率的不断提高，收入差距将进一步拉大。如果教育存在不公平，那么拉大差距的速度将进一步加快。教育均衡能够促进收入分配均等化，反之则拉大收入差距。因而在发展教育事业的过程中，必须特别重视教育资源的公平分配，以教育均衡发展促进社会均衡发展，实现公平经济增长。二是要提高教育收益率。如果教育投资的收益率不高，则劳动力受教育水平的提高即使对经济增长会有所贡献，也不会对收入差距构成很大影响。如果要实现兼顾社会公平的社会经济增长，必须大力发展教育（尤其是全民基础教育），整体上提高劳动力的受教育水平，还要以市场机制为引导不断提高教育的投资收益率，进而不断扩大中等收入劳动者在居民劳动总量中的比例。而居民收入的均等化又能进一步促进居民的整体受教育水平，不断提高国家人力资本的总存量，使得经济增长步入一条良性循环的轨道。[③]

① Inter-American Development Bank, *Economic and Social Progress in Latin America*, 1998 - 1999 Report, Washington, D. C., Johns Hopkins University Press, 2001, p. 49.

② 世界银行：《中国：推动公平的经济增长》，清华大学出版社，2004。

③ 陈钊、陆铭：《教育、人力资本和兼顾公平的增长——理论、台湾经验及启示》，《上海经济研究》2002年第1期。

二　教育均衡与社会均衡的互动机制

教育均衡与社会均衡是相互作用的，两者可以形成一个循环圈，但这个循环圈可能是良性循环也可能是恶性循环，要促成两者的良性互动必须创造一定的条件。

（一）社会均衡是教育均衡的前提

社会均衡被破坏，意味着社会的资源、社会的财富在居民间存在分配不公现象。在一个贫富严重分化的社会里，是不可能实现真正的教育均衡的，因为个人对社会财富的拥有量会决定其文化知识、科学信息、社会网络等社会阶层背景。高收入家庭的子女们往往会比低收入家庭的子女们更容易获得更优质的教育。统计表明，教育的个人收益率与社会回报率会随教育阶段的不断上升而处于下降趋势，这意味着低收入家庭的子女要接受更高阶段的教育，不仅要承受更为昂贵的学费，并且要负担更多的就业机会成本，还要承担教育经济收益率逐渐递减的损失。面对社会生存的压力，很多低收入家庭的子女即使有继续深造的潜在能力，出于家庭收入不高的生活压力考虑，很多还是会放弃接受教育的机会而进入就业市场。他们放弃的教育机会则会为不存在生活压力的较高收入家庭的子女获得，这为后者进入收入水准较高的高层次就业市场打下了原始基础。从某种意义上说，接受教育，尤其是接受高层次的教育便成为收入较高阶层的专享消费品，之后存在的通向劳动力市场的“学历识别”障碍，又为其更多地占用社会资源提供了直接便利[①]条件。

（二）教育均衡是社会均衡的实现途径

许多实证研究表明，教育不平等与收入不平等呈正相关，即教育的不公平会加剧社会不公，反之，则会促进社会均衡。如Chiswick在9个国家的有关数据基础上进行了实证分析，结果发现劳动力中教育

① 林杰：《析收入分配不平等对教育公平的影响》，《教育发展研究》1999年第6期。

的离散程度与收入分配的离散程度存在正相关，而经济发展水平对收入分配的影响则不显著。[①] Tinbergen 用美国、加拿大和荷兰的数据所做的实证研究发现，教育水平与教育的不公平对收入分配有相当重要的影响，平均受教育程度的增加和教育不公平程度的缩小都有助于改善收入分配。[②] Winegarden 基于 32 个国家的数据，以收入最低的 80% 的人口所占有的收入份额作为被解释变量，以平均受教育年限和它的方差作为回归变量进行了回归分析。[③] 实证研究结果表明：平均受教育程度越高，收入分配越趋于公平，而教育的不公平程度越大，收入分配不公平程度也越大。Park 通过 59 个国家的统计调查数据研究考察了教育水平扩展对社会收入分配的一些影响，实证结果表明：劳动力人口接受教育的水平越高，社会收入分配就越趋于公平，而劳动力接受教育的水平的离散程度越大，社会收入分配就越趋于不公平。[④]

（三）教育均衡与社会均衡相互影响、相互制约的制度基础

教育均衡与社会均衡的相互制约主要通过以下方式来体现。在社会均衡的情况下，公平的社会资源、社会财富分配会为每个居民提供均等的受教育的机会，这就相当于提供了相对均等的改变自身收入和待遇的机会，居民个人可以利用这个公平的教育机会来提高自身素质从而获取更高的就业收入，并不断通过接受教育提高人力资本积累水平来缩小贫富差距，最终形成以个人能力为基础的整体社会的一个均衡状态。这一互动机制的形成也受到一些制度条件的限制，社会改革以及制度创新将有助于推动教育均衡和社会均衡的同步实现。

---

① B. R. Chiswick, "Earnings Inequality and Economic Development," *Quarterly Journal of Economics*, 1971, p. 85.

② J. Tinbergen, "The Impact of Education on In come Distribution," *Review of Income and Wealth*, 1972, 16 (2), pp. 221 – 234.

③ C. R. Winegarden, "Schooling and Income Distribution: Evidence from International Data," *Economica*, 1979, 46, pp. 83 – 87.

④ K. H. Park, "Educational Expansion and Educational Inequality on Income Distribution," *Economics of Education Review*, 1996, 15 (1), pp. 51 – 58.

（1）社会收入分配制度

历史发展的实际情况表明，社会收入分配制度不公是制约社会均衡发展的关键因素之一。社会收入分配制度本身的不公是导致社会资源、社会财富在不同个体间存在不平等分配现象的最直接的原因。在社会收入分配制度存在严重缺陷的情况下，教育均衡更无法实现，这就造成二者互动关系的一个主体——社会均衡的无法实现。所以说，合理的社会收入分配制度是导致教育均衡与社会均衡互动并相互实现的基本保障。

（2）社会教育体制

社会教育的资源性和受教育机会的公平分配取决于教育体制的完善，教育制度在安排上的不公平不但是教育不公平的主要表现，而且是造成教育及其他方面不公平的内在因素。在封建社会，等级森严的科举制度同样存在于教育领域，很多出身贫寒但极有才华的人因为贫困被剥夺了接受教育的机会。现代社会，教育均衡的实现依然任重道远，这与教育体制的不健全有着直接关联。因此，完善健全的教育体制是促成教育均衡与社会均衡互动促进的基本前提。

（3）经济市场机制

经济市场机制对互动链的影响主要表现在以下两个层面。首先，劳动力资源市场的制约约束。人们接受教育并不能直接获得经济收益和回报，而必须通过劳动力资源市场进行劳动交换来实现自身教育价值的转换。如果劳动者在劳动力资源市场不能够被客观地衡量受教育的报酬，那么受教育水平与社会就业收入成正比的理论将在现实中被推翻。在劳动力资源市场不够完善的情况下，一般会出现社会就业机会的不均等，比如“有关系至上”而非“有能力者至上”的奇特现象。这就导致很多受过高等教育的劳动者在人为因素导致的障碍面前碰壁，无法进入真正能发挥其自身价值的高收益领域，通过接受教育来改变自身的贫困处境、缩小贫富差距也会难以实现。而社会原有的优势群体却能够利用这种市场机制的缺陷，占据更多的社会优质资源，结果导致富人更富、穷人更穷的社会非均衡的发展状态。第二，资本市场的制约。国家在资源不足而无力加大教育投入的情况下，可以借助资本市场来丰富教育资源；人们在自身贫困而无力接受教育的情况下，可以借助资本市场的力量来获取受教育的机会。因此资本市场的发展对教育均衡与社会均衡的良性互动有很大的影响。在健全的政府资助制度和奖贷学金制度建立起来之前，资本市场的不完全将会导致教育投资和教育供给的不足。[①]

三　教育均衡促进社会均衡的作用途径

教育人力资本具有缩小收入差距、促进社会均衡的巨大功能，而这一功能的发挥主要通过以下两个途径实现。

首先，体现在个人身上的人力资本存量的差异是造成人与人之间收益差异的根本原因，而决定个人收入差别的人力资本要素主要是个人的生产能力和配置能力。生产能力是指受教育程度较高的劳动者与相同的其他生产要素相结合能生产出更多的产品，较高的生产能力能够通过提高劳动生产率给个人带来更高的收入，促成良性教育投资循环的形成，从而实现对高收入者的追赶。但生产能力的发挥必须以良好的配置能力为前提，所谓配置能力是指发现机会、抓住机会、最有效地使各种资源得到最有效配置从而使产出增加的能力[②]，用舒尔茨的话来说是处理不均衡状态的能力，或者说采取均衡性行动以使不均衡复归为均衡的能力。[③] 一般受过较多教育的人，配置能力更高，具有敏锐的思维和创业的勇气，不会偏隅一方、不思进取，而是善于四处寻求和

① 赖德胜：《教育与收入分配》，北京师范大学出版社，2000。

② 赖德胜：《教育与收入分配》，北京师范大学出版社，2000。

③ T. W. Schultz，“The Value of Ability to Deal with Disequilibria,” *Journal of Economic Literature*, 1975.

抓住发展的机会，使自身价值得到最大限度发挥，从而更容易获得高收入。

其次，社会收入不平等很大一部分原因是财产、政策、歧视等，而这些因素往往具有人为的成分，人与人之间收入不平等在出生时就已经被注定。这一部分的不平等需要通过制度改革和创新来缓解，因而当制度落后且改革缓慢时，社会不平等往往加剧。人力资本理论认为，教育投资的较快增长，能够使居民社会收入中来源于文化知识、专业技能等教育人力资本因素的比重不断上升，而来源于财产等其他因素的比重相应降低，进而在一定程度上弥补社会财产分配不公等因素造成的收入不均衡。社会底层的贫困阶层能够进行教育投资来提高自身的人力资本存量，通过个人能力的提高促使收入快速增长，不断提升，有一部分最终能追赶到社会的上层阶层，从而改变出生时的贫富不平等状态。在这种情况下，社会各阶层的收入会逐步趋于均等化。

第二节　城乡居民教育投资差异对收入差异影响的实证分析

我国城乡差距在继续扩大，农村居民人均纯收入增长率比城镇居民人均可支配收入增长率小，城乡二元经济结构的矛盾趋于强化。城乡差距扩大表现在城乡居民的收入差距上，本节的研究目的就是要通过实证分析揭示城乡教育投资差异的变化如何影响城乡居民收入差异的变化。

一　变量选择

衡量发展不平衡的指标有很多，比如常用的基尼系数、泰尔系数、方差等。本节的研究目的是通过实证分析揭示城乡教育人力资本差异对城乡居民收入差异的影响。考虑数据的可获性及建模的简便，用农村居民人均教育投资与城镇居民人均教育投资的比值来衡量城乡教育人力资本差异，用农村居民人均纯收入与城镇居民人均可支配收入的比值来衡量城乡居民收入差异。

除了教育投资差异外，还有一个影响城乡居民收入差异的重要变量就是城镇化水平，选取城镇人口占总人口的比重来衡量该变量。

二　变量取值

（一）城乡居民人均收入差异

由表3－2和表3－8的数据可进一步得到反映城乡居民收入差异时间序列（见表4－1）。

表4－1　中国及中部六省城乡居民人均收入差异（1995～2011年）

年份	山西	安徽	江西	河南	湖北	湖南	全国
1995	0.3655	0.3433	0.4553	0.3734	0.3751	0.3033	0.3684
1996	0.4206	0.3563	0.4946	0.4205	0.4270	0.3548	0.3980
1997	0.4357	0.3933	0.5176	0.4236	0.4499	0.3910	0.4050
1998	0.4535	0.3905	0.4817	0.4418	0.4501	0.3800	0.3985
1999	0.4082	0.3752	0.4511	0.4299	0.4253	0.3658	0.3775
2000	0.4034	0.3655	0.4184	0.4166	0.4106	0.3533	0.3588
2001	0.3628	0.3563	0.4053	0.3983	0.4017	0.3391	0.3449
2002	0.3448	0.3510	0.3640	0.3548	0.3600	0.3446	0.3214
2003	0.3282	0.3139	0.3561	0.3228	0.3506	0.3301	0.3095
2004	0.3277	0.3327	0.3686	0.3314	0.3602	0.3293	0.3116
2005	0.3243	0.3118	0.3630	0.3312	0.3527	0.3274	0.3102
2006	0.3172	0.3039	0.3622	0.3324	0.3488	0.3227	0.3050
2007	0.3170	0.3100	0.3532	0.3356	0.3480	0.3176	0.3003
2008	0.3123	0.3235	0.3651	0.3366	0.3540	0.3265	0.3017
2009	0.3032	0.3198	0.3619	0.3345	0.3505	0.3254	0.3000
2010	0.3027	0.3348	0.3739	0.3467	0.3632	0.3394	0.3097
2011	0.3091	0.3350	0.3939	0.3630	0.3754	0.3485	0.3199

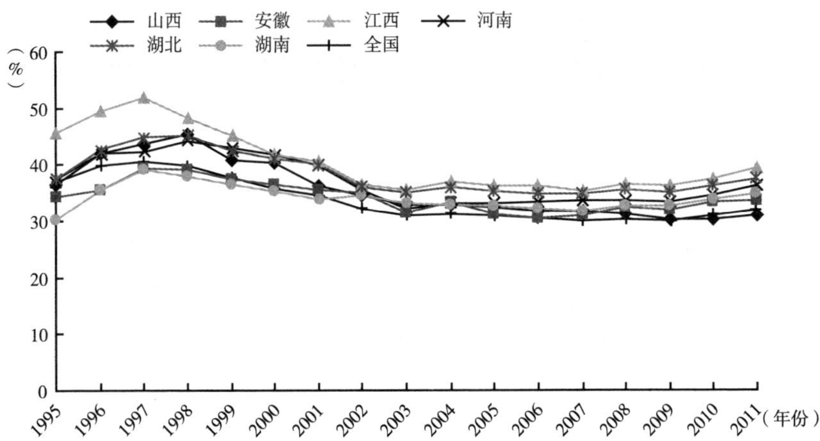

图 4－1　中国及中部六省城乡居民人均收入差异变化趋势（1995～2011 年）

如表 4－1 和图 4－1 所示，总体上看，全国平均与中部六省城乡居民人均收入差异在 1995～1997 年有缩小趋势，其中江西省 1997 年农村居民人均纯收入相当于城镇居民人均可支配收入的比例最大，达到 51.76%。从 1998 年至 2005 年城乡收入差距逐年拉大，城乡收入差异最小的江西省在 2005 年下降到 36.3%，全国平均水平只有 31.02%。从 2006 年至 2011 年城乡收入差距略有缩小，但山西省和全国平均水平都呈继续扩大趋势，这在一定程度上要归因于支农政策。

（二）城乡居民人均教育投资差异

由表 3－3 和表 3－9 的数据可进一步得到反映城乡居民人均教育投资差异时间序列（见表 4－2）。

表 4－2　中国及中部六省城乡教育投资差异（1995～2011 年）

年份	山西	安徽	江西	河南	湖北	湖南	全国
1995	0.3853	0.5192	0.6801	0.6004	0.6285	0.5154	0.6180
1996	0.4192	0.5433	0.8429	0.7681	0.5936	0.5627	0.6495
1997	0.4831	0.5379	0.6508	0.6285	0.7334	0.5470	0.6237
1998	0.5360	0.4268	0.7894	0.6199	0.6264	0.5327	0.5796

续表

年份	山西	安徽	江西	河南	湖北	湖南	全国
1999	0.4914	0.4297	0.6749	0.5533	0.5230	0.4720	0.5205
2000	0.4374	0.4595	0.6945	0.5682	0.5030	0.4699	0.5133
2001	0.3725	0.3633	0.5951	0.5227	0.4446	0.4131	0.4497
2002	0.3598	0.5812	0.5397	0.4777	0.4462	0.5275	0.4246
2003	0.4560	0.6135	0.6030	0.4836	0.4267	0.4955	0.4586
2004	0.4340	0.5508	0.5540	0.4538	0.4389	0.4602	0.4430
2005	0.5093	0.7279	0.7033	0.4213	0.5256	0.5656	0.5172
2006	0.6293	0.5353	0.6837	0.4692	0.5248	0.5961	0.4985
2007	0.6370	0.4240	0.5337	0.4664	0.4804	0.4722	0.4789
2008	0.6670	0.4655	0.6075	0.4617	0.4678	0.5127	0.5055
2009	0.7607	0.4892	0.6009	0.4899	0.4482	0.5044	0.5273
2010	0.6913	0.5222	0.6020	0.6320	0.4744	0.5218	0.5545
2011	0.6203	0.4842	0.5230	0.5108	0.4948	0.5529	0.5285

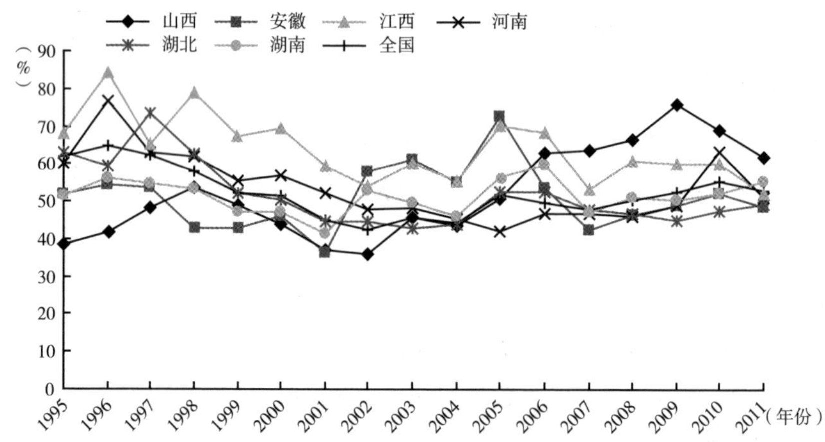

图 4－2　中国及中部六省城乡居民人均教育投资差异变化趋势

如表 4－2 和图 4－2 所示，总体上看，中部六省城乡教育人力资本差异呈“U”形分布，但不是很明显。

（三）城镇化水平

通过整理各省统计年鉴城镇人口和总人口数可得到各省城镇化水平（见表 4－3）。

表 4-3　中国及中部六省城镇化水平

单位：%

年份	山西	安徽	江西	河南	湖北	湖南	全国
1995	30.11	19.1	23.85	17.19	31.2	24.26	29.04
1996	30.41	21.7	24.58	18.39	33.74	25	30.48
1997	30.71	22	25.32	19.59	31.24	25.2	31.91
1998	31.03	22.3	26.05	20.79	31.9	25.9	33.35
1999	31.35	26	26.79	21.99	33.52	26.39	34.78
2000	35.88	28	27.69	23.2	40.47	29.75	36.22
2001	35.09	29.3	30.41	24.43	40.8	30.8	37.66
2002	38.09	30.7	32.2	25.8	41.4	32	39.09
2003	38.81	32	34.02	27.21	42	33.5	40.53
2004	39.63	33.5	35.58	28.91	49.6	35.5	41.76
2005	42.11	35.5	37.1	30.65	43.2	37	42.99
2006	43.01	37.1	38.68	32.47	43.8	38.71	44.34
2007	44.03	38.7	39.8	34.34	44.3	40.45	45.89
2008	45.11	40.5	41.36	36.03	45.2	42.15	46.99
2009	46	42.1	43.18	37.7	46	43.2	48.34
2010	48.1	43.2	44.06	39.14	49.72	43.3	49.95
年均变化	1.20	1.61	1.35	1.46	1.23	1.27	1.39

资料来源：根据各省统计年鉴数据整理。

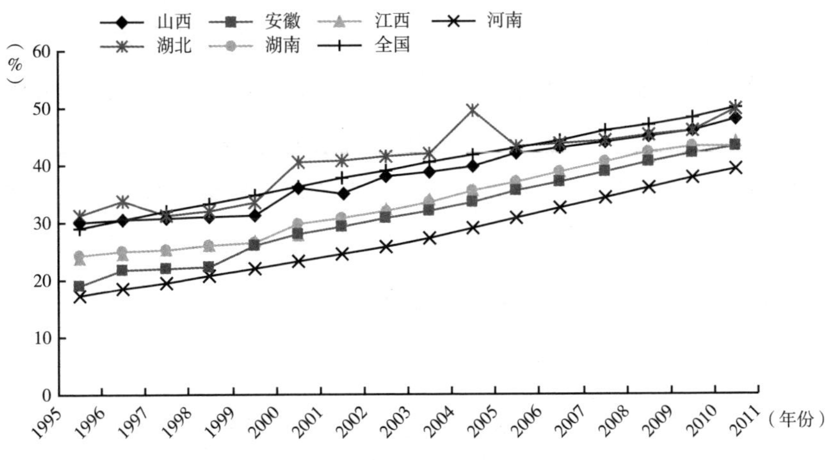

图 4-3　中国及中部六省城镇化水平

如表4－3和图4－3所示，从历史数据看，城镇人口占总人口的比例逐年上升，城镇化进程逐步推进。在中部六省中，安徽省城镇化水平在1995～2010年年均增加最快，由1995年的19.1%增加到2010年的43.2%，年均增加1.61个百分点；河南由17.19%增加到39.14%，年均增加1.46个百分点；江西由23.85%增加到44.06%，年均增加1.35个百分点；湖南由24.26%增加到43.3%，年均增加1.27个百分点；湖北由31.2%增加到49.72%，年均增加1.23个百分点；山西由30.11%增加到48.1%，年均增加1.20个百分点。全国城镇化水平在1995～2010年由29.04%增加到49.95%，年均增加1.39个百分点。

三　实证分析

建立形如公式（4.1）的经济计量模型定量分析城乡居民教育投资差异对收入差异的影响。

$$RUinc = aRUhc + c \tag{4.1}$$

在公式（4.1）中，$RUinc$ 表示农村居民人均纯收入相对于城镇居民人均可支配收入的比例，$RUhc$ 表示农村居民人均教育支出相对于城镇居民人均教育支出的比例，a、c 为待估参数，a 的含义为城乡居民人均教育投资差异缩小1个百分点（即 $RUhc$ 增加0.01）可使城乡居民人均收入差异缩小 a 个百分点（即 $RUinc$ 增加 $0.01 \times a$）。

经过试运算发现，大多数省份的 a 为负数，即城乡居民人均教育投资差异缩小却使城乡居民人均收入差距拉大，这有悖于公式（4.1）的理论分析，所以对公式（4.1）加以改进。

$$RUinc = aRUhc + burb + c \tag{4.2}$$

在公式（4.2）中，urb 为城镇化系数，用城镇人口占总人口的比例来度量（数据可参照表4－3）。

模型 1：山西省城乡居民人均教育投资差异与人均收入差异。

$$RUinc\_SX = 0.15RUhc\_SX(-1) - 0.95urb\_SX + 0.65$$
$$(2.99^{**}) \qquad (-9.85^{***}) \quad (24.57^{***}) \tag{4.3}$$
$$R^2 = 0.9115 \quad F = 66.92^{***} \quad D.W. = 2.45$$

山西省城乡居民人均教育投资差异与城镇化两项指标可解释城乡居民人均收入差异变化的 91.15%，其中城乡居民人均教育投资差异的乘数在 5% 显著性水平下通过统计检验。在其他条件不变的情况下，山西省城乡居民人均教育投资差异缩小 1 个百分点，城乡居民人均收入将缩小 0.15 个百分点。

模型 2：安徽省城乡居民人均教育投资差异与人均收入差异。

$$RUinc\_AH = 0.11RUhc\_AH(-1) - 0.28urb\_AH + 0.49$$
$$(2.09^{*}) \quad (-4.85^{***}) \quad (15.69^{***})$$
$$R^2 = 0.6948 \quad F = 14.79^{***} \quad D.W. = 1.13 \tag{4.4}$$

安徽省城乡居民人均教育投资差异与城镇化两项指标可解释城乡居民人均收入差异变化的 69.48%，其中城乡居民人均教育投资差异的乘数在 10% 显著性水平下通过统计检验。在其他条件不变的情况下，安徽省城乡居民人均教育投资差异缩小 1 个百分点，城乡居民人均收入将缩小 0.11 个百分点。

模型 3：江西省城乡居民人均教育投资差异与人均收入差异。

$$RUinc\_JX = 0.24RUhc\_JX(-1) - 0.43urb\_JX + 0.40$$
$$(1.94^{*}) \quad (-2.94^{**}) \quad (3.44^{***})$$
$$R^2 = 0.6895 \quad F = 14.43^{***} \quad D.W. = 0.67 \tag{4.5}$$

江西省城乡居民人均教育投资差异与城镇化两项指标可解释城乡居民人均收入差异变化的 68.95%，其中城乡居民人均教育投资差异的乘数在 10% 显著性水平下通过统计检验。在其他条件不变的情况下，江西省城乡居民人均教育投资差异缩小 1 个百分点，城乡居民人均收入将缩小 0.24 个百分点。

模型 4：河南省城乡居民人均教育投资差异与人均收入差异。

$$
\begin{aligned}
RUinc\_HE &= 0.27RUhc\_HE(-1) - 0.25urb\_HE + 0.30 \\
&\quad (3.84^{***}) \qquad (-2.79^{**}) \quad (5.12^{***}) \qquad (4.6) \\
R^2 &= 0.7972 \qquad F = 25.55^{***} \qquad D.W. = 1.34
\end{aligned}
$$

河南省城乡居民人均教育投资差异与城镇化两项指标可解释城乡居民人均收入差异变化的 79.72%，其中城乡居民人均教育投资差异的乘数在 1% 显著性水平下通过统计检验。在其他条件不变的情况下，河南省城乡居民人均教育投资差异缩小 1 个百分点，城乡居民人均收入将缩小 0.27 个百分点。

模型 5：湖北省城乡居民人均教育投资差异与人均收入差异。

$$
\begin{aligned}
RUinc\_HB &= 0.22RUhc\_HB(-1) - 0.24urb\_HB + 0.37 \\
&\quad (2.11^{*}) \qquad (-1.65) \quad (3.33^{***}) \qquad (4.7) \\
R^2 &= 0.7539 \qquad F = 19.91^{***} \qquad D.W. = 1.17
\end{aligned}
$$

湖北省城乡居民人均教育投资差异与城镇化两项指标可解释城乡居民人均收入差异变化的 75.39%，其中城乡居民人均教育投资差异的乘数在 10% 显著性水平下通过统计检验，城镇化水平在 13% 显著性水平下通过统计检验。[①] 在其他条件不变情况下，湖北省城乡居民人均教育投资差异缩小 1 个百分点，城乡居民人均收入将缩小 0.22 个百分点。

模型 6：湖南省城乡居民人均教育投资差异与人均收入差异。

$$
\begin{aligned}
RUinc\_HN &= 0.11RUhc\_HN - 0.24urb\_HN + 0.37[MA(1) = 0.95] \\
&\quad (2.73^{**}) \qquad (-3.49^{***}) \quad (11.68^{***}) \quad (33.03^{***}) \qquad (4.8) \\
R^2 &= 0.8347 \qquad F = 20.20^{***} \qquad D.W. = 0.75
\end{aligned}
$$

湖南省城乡居民人均教育投资差异与城镇化两项指标可解释城乡居民人均收入差异变化的 83.47%，其中城乡居民人均教育投资差异的乘

① 为了中部六省数据的可比性，在模型 5 中仍然保留湖北省城镇化变量。

数在5%显著性水平下通过统计检验。在其他条件不变的情况下，湖南省城乡居民人均教育投资差异缩小1个百分点，城乡居民人均收入将缩小0.11个百分点。

模型7：中部六省城乡居民人均教育投资差异与人均收入差异。

建立面板数据模型：

$$RUinc = \beta_1 RUhc(-1) + \beta_2 urb + c + u \tag{4.9}$$

本实证分析是要把中部六省作为一个整体，说明城乡居民人均教育投资差异影响收入差异的整体效应，所以假定 $\beta_{1i} = \beta_1$ 。

运用面板数据模型估计得到表4-4。

表4-4　中部六省城乡居民人均教育投资差异对收入差异影响的面板数据模型参数估计

	估计值	标准差	t统计量	相伴概率
RUhc(-1)	0.1579	0.0283	5.5850	0.0000
urb_SX	-0.9640	0.0761	-12.6756	0.0000
urb_AH	-0.2723	0.0591	-4.6086	0.0000
urb_JX	-0.4799	0.1165	-4.1186	0.0001
urb_HE	-0.3358	0.0797	-4.2109	0.0001
urb_HB	-0.3101	0.0856	-3.6220	0.0005
urb_HN	-0.2141	0.0609	-3.5125	0.0007
常数项	0.4628	0.0168	27.5026	0.0000
$R^2 = 0.8217$　$F = 31.87$　$D.W. = 1.27$				

从中部六省面板数据模型的估计结果看，城乡居民人均教育投资差异显著地影响收入差异，两者呈正相关关系。若农村居民人均教育投资占城镇居民人均教育投资的比例提高1个百分点，将促使农村居民人均纯收入占城镇居民人均可支配收入的比例增加0.1579个百分点。

模型8：中国城乡居民人均教育投资差异与人均收入差异。

$$RUinc\_N = 0.31RUhc\_N - 0.35urb\_N + 0.32$$
$$(9.31^{***}) \quad (-10.46^{***}) \quad (11.77^{***}) \tag{4.10}$$
$$R^2 = 0.9689 \quad F = 202.49^{***} \quad D.W. = 1.49$$

中国城乡居民人均教育投资差异与城镇化两项指标可解释城乡居民人均收入差异变化的96.89%，各项参数都在1%显著性水平下通过统计检验，统计性质非常好。在其他条件不变的情况下，中国城乡居民人均教育投资差异缩小1个百分点，城乡居民人均收入将缩小0.31个百分点。

四　实证结论

从中部地区整体来看，城乡居民人均教育投资差异的缩小能显著地缩小城乡居民人均收入的差距。也就是说，通过加大农村居民教育投资缩小城乡居民教育投资差距是缩小城乡收入差距的一条有效路径。

从数量上看，中部地区城乡居民人均教育投资差异对收入差异影响力度最大的是河南省，也即在其他条件不变的情况下，河南省城乡居民人均教育投资差异缩小1个百分点，城乡居民人均收入将缩小0.27个百分点。然后依次是江西0.24、湖北0.22、山西0.15、湖南0.11和安徽0.11（见图4-4）。中部六省的影响力度都小于全国平均水平，即农

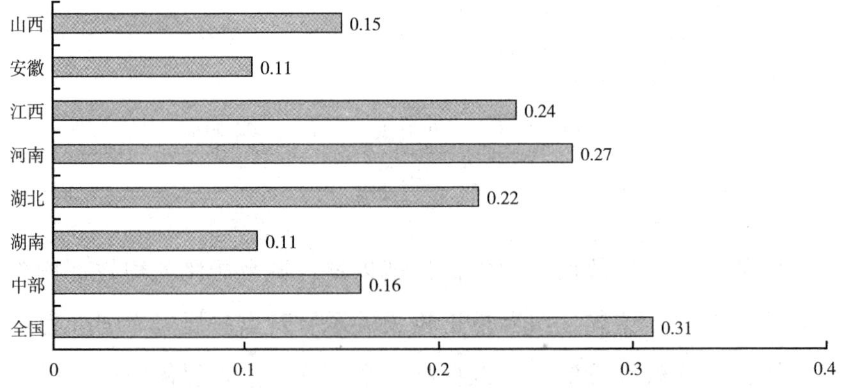

图4-4　中国及中部六省城乡居民人均教育投资差异对人均收入差异的影响程度

村居民人均教育投资占城镇居民人均教育投资的比例提高 1 个百分点，将促使农村居民人均纯收入占城镇居民人均可支配收入的比例增加 0. 1579 个百分点。从整体上而言，在其他条件不变的情况下，中国城乡居民人均教育投资差异缩小 1 个百分点，城乡居民人均收入将缩小 0. 31 个百分点。这与中部六省城乡收入差距相对较小有关。

第五章　教育人力资本对产业收入的影响

第一节　教育人力资本与产业收入差异的实证分析

一　教育人力资本优化产业结构的机理分析

教育投资是促进人力资本发展的核心，而经济结构是体现经济状况的重要内容，特别是产业结构与经济发展的关系长久以来都受到人们的关注。产业结构是社会生产发展的产物，它反映了社会分工和各种产业在时间和空间上的配置，体现为活劳动和物化劳动在国民经济各部门之间以及内部分配之间形成的一定的比例关系。大量的研究结论认为，产业结构与经济发展具有互逆性，经济发展状况决定产业结构情况，反过来，产业结构的转变和调整会对经济发展产生作用。适合经济发展的产业结构将会极大地促进经济发展，反之则会阻碍经济发展。因此，经济系统的良性运作需要合理的产业结构，而教育对优化产业结构具有重要作用。

产业结构的转变一般是两种力量共同作用的结果，一方面是经济发展对其产生的强制信号效应，另一方面是其内部对经济发展主动适应性的发挥。可想而知，主动性的变革比被迫性的变革更能够对经济发展产生推动作用，因此提高产业结构对经济发展的主动适应性是发挥两者良性互动的关键。就业结构（即劳动力在产业中的分布）的转变，是发挥产业结构转变的主动适应性的切入点，需要通过劳动力在产业间的流动来适应产业结构变动的要求或者促使产业结构产生这种要求。也就是说，就业结构的升级不仅能够满足产业结构升级的要求，而且能够引发这种升级的产生。就业结构的升级主要表现为劳动力从低层次部门向高层次部门的转移，这种转移的顺利实现以人力资本水平的提高为前提。没有受过教育、不具备符合现代社会要求的知识与技术，或者缺乏学习现代技术与知识的基本能力，是阻碍一个人进入现代社会的最大障碍。

从国民生产总值构成的角度分析，产业结构的变化与教育结构的变化密切相关。在许多发展中国家，第一产业居于主导地位，教育为社会提供的主要是小学文化程度的劳动者。在一些完成工业化过程并进入信息化社会的发达国家，第一产业在国民经济中的比重下降，小学文化程度和文盲的居民比重也下降，第三产业已经成为产业结构中的最大部门，受过高等教育的劳动者占有相当大的比例。可以预期，随着信息社会和知识经济的不断发展，低文化程度劳动者比重不断减少，受过良好教育的具有较高文化素质的劳动者的比重将越来越占有较大的比例。①

另外，从教育形成的专业化人力资本与产业结构演进的角度来看，教育决定着产业结构演进的进程。产业结构的演进是分工和专业化不断发展的结果，而教育是分工和专业化的助推器。教育不仅可以直接把生产技术传授给生产者从而促进分工和专业化的发展，而且可以把体现技术的间接知识传授给劳动者，提高其改进技术的意识和能力，从而使专业化的进程不断深入。在现代社会化的大生产体系中，国民经济各个部门所需的专业化人力资本是由教育培育和供给的。经济结构不仅取决于各部门固定资产存量构成情况，也直接取决于各部门的人力资本构成情况。产业结构的演进包括产业结构的横向合理化和纵向高度化两个方面。教育形成的专业化的人力资本不仅影响着产业结构的横向合理化，

① 叶茂林：《教育发展与经济增长》，社会科学文献出版社，2005。

也会促进产业结构的纵向高度化。产业结构横向合理化是指经济增长中各产业间通过投入产出关联机制进行有规则的转换，使供给结构与需求结构不断相适应，从而带来不断提高的结构效益的过程。世界各国产业结构的演进一般表现为第一产业比重的不断下降、第二产业不断上升然后稳定下降、第三产业持续增长并占据主导地位的过程。与产业结构的演进相一致，就业结构也经历着相应的演进历程。这种演进不是自发的过程，而是需要以人力资本提升所带来的技术进步为基础。技术进步可以形成各产业之间的比较劳动生产率，促使劳动者向劳动生产率高的部门转移，促使就业结构的合理有序的调整，从而推动产业结构的横向合理化。产业结构的纵向高度化主要是指产业结构从低水平状态向高水平状态的演进，表现为产业结构由低附加值产业向高附加值产业、由劳动和资本密集型产业向知识密集型产业、由低加工度产业占优势地位向高加工度产业占优势地位方向发展的动态演进过程。创新对于产业结构的纵向高度化演进具有十分关键的作用，而专业化人力资本是创新的知识和智力源泉。专业化人力资本能够通过推动技术创新和制度创新促进产业结构向高度化不断演进。

二　教育人力资本差异影响产业收入差异的实证分析

（一）教育人力资本的核算

本书用受教育年限法来核算教育人力资本。

联合国一项研究的结论显示，以文盲人员的劳动生产力为基数，小学文化程度能提高劳动生产力43%，中学文化程度能提高108%，大专文化程度能提高300%。我们发现该报告把初中和高中文化程度统称为中学文化程度，但在我国教育分级是九年义务教育、高中阶段教育（三年制）和高等教育（四年制）三级，所以认为初中教育和小学教育是同质的。小学学制为6年，提高劳动生产力43%，每年提高量为7.17%；初中教育与小学教育同质，所以初中每年劳动生产力提高量也为7.17%，则高中阶段教育每年劳动生产力提高量为14.49%｛[（108% －43%）－3×7.17%] ÷3＝14.49%｝，高等教育每年劳动生产力提高量为48%［（300% －108%）÷4＝48%］。所以把各级教育年限转化为初等教育年限的权数分别为：小学为1；初中为1；高中阶段为2.02（14.49% ÷7.17% ＝2.02）；高等教育为6.69（48% ÷7.17% ＝6.69）。取整后小学文化程度劳动者人力资本为6年，初中文化程度劳动者人力资本为9年，高中文化程度劳动者人力资本为15年，大学文化程度劳动者人力资本为42年，即小学、初中、高中、大学阶段对人力资本积累的权重分别为1、1、2、6.75。中国1982～2010年从业人员受教育程度分布状况如表5－1所示。

教育人力资本核算所需数据资料来源于历次人口普查数据和1998年至今的劳动统计年鉴，缺失数据用线性内插与线性外延的方法估计。由于我国该项统计起步较晚，原始数据具有一定的随机性，所以本书在原始数据得到的结果基础上再运用具有线性趋势无季节变化指数平滑法对时间序列进行修正（见表5－2和图5－1）。

表5－1 中国1982～2010年从业人员受教育程度分布

单位：%

年份	文盲	小学	初中	高中	大学
1982	28.2	34.38	26.01	10.6	0.81
1987	22.91	36.27	29.52	10.19	1.11
1990	16.92	37.83	32.31	11.07	1.87
1995	12.65	37.2	36.21	11.05	2.9
1996	13	35.3	37.5	11.3	2.8
1997	11.6	34.8	37.9	12.1	3.5
1998	11.5	34.2	38.9	11.9	3.5
1999	11	33.3	39.9	11.9	3.8
2001	7.8	30.9	42.3	13.5	5.6
2002	7.8	30	43.2	13.1	6
2003	7.1	28.7	43.7	13.6	6.8

续表

年份	文盲	小学	初中	高中	大学
2004	6.2	27.4	45.8	13.4	7.2
2005	7.8	29.2	44.1	12.1	6.8
2006	6.7	29.9	44.9	11.9	6.6
2007	6	28.3	46.9	12.2	6.6
2008	5.3	27.4	47.7	12.7	6.9
2009	4.8	26.3	48.7	12.8	7.4
2010	3.4	23.9	48.8	13.9	10.1

资料来源：根据历年《中国劳动统计年鉴》和人口普查数据整理。

表 5-2　中国从业人员劳均人力资本与产业结构（1980~2010 年）

年份	名义 GDP(亿元)			人力资本(年)
	第一产业	第二产业	第三产业	
1980	1371.6	2192	982	6.2953
1981	1559.5	2255.5	1076.6	6.4826
1982	1777.4	2383	1163	6.6604
1983	1978.4	2646.2	1338.1	6.8199
1984	2316.1	3105.7	1786.3	6.9695
1985	2564.4	3866.6	2585	7.1096
1986	2788.7	4492.7	2993.8	7.2407
1987	3233	5251.6	3574	7.3635
1988	3865.4	6587.2	4590.2	7.4785
1989	4265.9	7278	5448.4	7.6046
1990	5062	7717.4	5888.4	7.7424
1991	5342.2	9102.2	7337.1	7.8916
1992	5866.6	11699.5	9357.4	8.0397
1993	6963.8	16454.4	11915.7	8.1865
1994	9572.7	22445.4	16179.8	8.3323
1995	12135.8	28679.5	19978.4	8.4771
1996	14015.4	33835	23326.2	8.6212
1997	14441.9	37543	26988.1	8.7491
1998	14817.6	39004.2	30580.5	8.9067
1999	14770	41033.6	33873.5	9.0491

续表

年份	名义 GDP(亿元)			人力资本(年)
	第一产业	第二产业	第三产业	
2000	14944.7	45555.9	38714	9.1936
2001	15781.3	49512.3	44361.6	9.3875
2002	16537	53896.8	49898.9	9.6134
2003	17381.7	62436.3	56004.8	9.8356
2004	21412.7	73904.3	64561.3	10.0828
2005	22420	87598.1	74919.3	10.3362
2006	24040	103719.5	88554.9	10.5241
2007	28627	125831.4	111351.9	10.6918
2008	33702	149003.4	131340	10.8540
2009	35226	157638.8	148038	11.0207
2010	40533.6	187383.2	173596	11.1953

资料来源：GDP 数据来源于《中国统计摘要 2012》，人力资本数据为笔者计算得到。

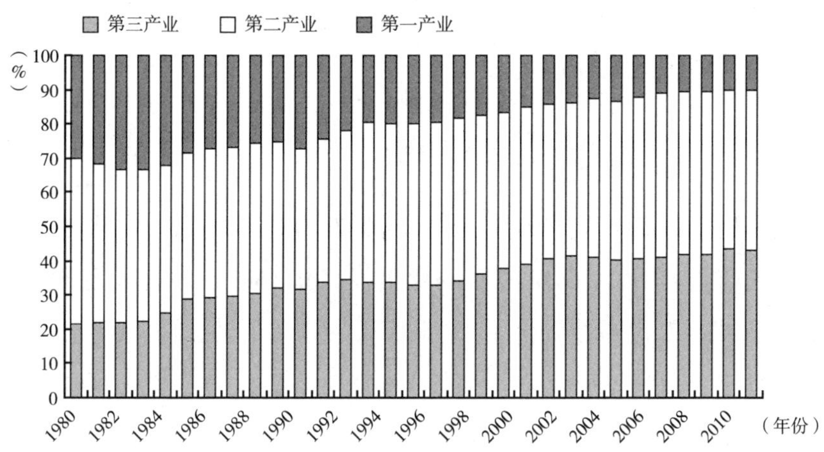

图 5-1　中国产业结构分布（1980～2010 年）

（二）教育人力资本促进经济结构升级的整体分析

建立如下形式的计量模型：

$$\ln S = \sum_i \alpha_i \ln S(-i) + \sum_j \beta_j \ln H(-j) + \varepsilon \qquad i,j \geqslant 0 \tag{5.1}$$

在公式（5.1）中，S 为产业结构，用第二、第三产业 GDP 占 GDP

总量的比重表示，H 为全部就业人员的平均人力资本量，i、j 为滞后阶数，α_i 、β_j 为待估参数，ε 为误差项。

运用逐步回归法对 1980～2010 年的样本数据进行回归可得到如下公式：

$$
\begin{gathered}
\ln S = 0.66\ln S(-1) + 0.16\ln H - 0.401 + [MA(1) = 0.41] \\
(3.60^{***}) \quad (1.81^{*}) \quad (-2.01^{*}) \quad (2.01^{*}) \\
R^2 = 0.98 \quad F = 368^{***} \quad D.W. = 1.82
\end{gathered}
\tag{5.2}
$$

括号内为待估参数的 t 统计量，** 表示 5% 显著性水平，* 表示 10% 显著性水平。

从回归结果看，公式决定系数达到 0.98，各参数都通过了 10% 显著性水平检验。产业结构的变化主要受其自身惯性（公式中含一阶和二阶滞后项）和人力资本整体水平的影响。

对人力资本求偏导得：

$$
\frac{\partial \ln S}{\partial \ln H(-j)} = 0.16 \times 0.66^{j}, \quad j \geqslant 0 \tag{5.3}
$$

在其他条件都不变的情况下，当期人力资本增长 1% 将使当期第二、第三产业 GDP 占 GDP 总量的比重提高 0.16%；教育人力资本对产业结构升级的累积弹性为 0.47，即从长期来看，在其他条件不变的情况下，教育人力资本整体水平增长 1% 将使第二、第三产业 GDP 占 GDP 总量的比重增长 0.47%。

（三）教育人力资本促进经济结构升级的产业分析

首先，对中国分产业人力资本进行核算。

我国对有关从业人员受教育程度分布数据的统计起步比较晚，分产业的数据更是缺乏。为满足研究的需要，本书对《中国劳动统计年鉴》就业人员受教育程度分行业分布数据和分行业就业人员数据进行了整理，并用人力资本的计算公式估计了我国 2002～2010 年分产业的人力资本量（见表 5－3）。

表 5－3　中国 2002～2010 年分产业劳均人力资本量

单位：年

年份	第一产业	第二产业	第三产业	年份	第一产业	第二产业	第三产业
2002	7.07	12.00	22.49	2007	7.40	12.33	24.83
2003	7.12	12.03	23.45	2008	7.54	12.47	25.00
2004	7.28	11.93	23.93	2009	7.64	12.60	25.33
2005	7.05	11.95	24.33	2010	7.86	11.78	26.14
2006	7.27	12.48	25.06				

资料来源：《中国劳动统计年鉴》（2003～2011 年）。

其次，对时间序列进行单位根检验。

通过 ADF 法对分产业教育人力资本值进行单位根检验，结果表明分产业教育人力资本和产业结构系数均为一阶单整序列（见表 5－4）。

表 5－4　分产业教育人力资本与产业结构系数单位根检验

变量	统计值	相伴概率	变量	统计值	相伴概率
$\ln S$	－2.1294	0.4595	$\Delta\ln S$	－6.9315	0.0106 **
$\ln H_1$	1.9293	0.9752	$\Delta\ln H_1$	－2.1691	0.0375 **
$\ln H_2$	－0.2217	0.5747	$\Delta\ln H_2$	－2.2956	0.0303 **
$\ln H_3$	3.2913	0.9970	$\Delta\ln H_3$	－1.6598	0.0901 *

注：S 表示产业结构系数，用第二、第三产业 GDP 占 GDP 总量的比重衡量；H_1 表示第一产业教育人力资本；H_2 表示第二产业教育人力资本；H_3 表示第三产业教育人力资本；Δ 为一阶差分算子；＊＊表示 5% 显著性水平；＊表示 10% 显著性水平。

最后，对教育人力资本与产业结构进行协整检验。

因为三次产业人力资本和产业结构系数均为一阶单整序列，所以可以对两变量进行协整检验（见表 5－5）。

表 5-5　分产业教育人力资本与产业结构系数协整检验

原假设	特征值	迹统计值	相伴概率	结论
$\ln S$ 与 $\ln H_1$ 之间不存在协整关系	0.9997	57.73	0.0000	拒绝
$\ln S$ 与 $\ln H_1$ 之间至少存在一个协整关系	0.1411	1.06	0.3021	接受
$\ln S$ 与 $\ln H_2$ 之间不存在协整关系	0.9999	63.93	0.0000	拒绝
$\ln S$ 与 $\ln H_2$ 之间至少存在一个协整关系	0.0002	0.00	0.9696	接受
$\ln S$ 与 $\ln H_3$ 之间不存在协整关系	0.9468	21.13	0.0063	拒绝
$\ln S$ 与 $\ln H_3$ 之间至少存在一个协整关系	0.0817	0.60	0.4399	接受

从协整检验结果看，产业结构系数分别与三次产业从业人员人均教育人力资本量存在长期均衡关系。协整公式分别为：

$$\ln S = -0.3366\ln H_1 \tag{5.4}$$

$$\ln S = 0.7768\ln H_2 \tag{5.5}$$

$$\ln S = 0.4073\ln H_3 \tag{5.6}$$

从公式（5.4）可以看到，产业结构系数与第一产业教育人力资本存在长期均衡关系。在其他条件不变的情况下，第一产业教育人力资本增加1%，导致第一产业 GDP 增加 3.08%（见公式 5.7），致使第二、第三产业 GDP 之和占 GDP 总量的比重下降 0.3366%。

$$\begin{aligned} \ln Y_1 &= 3.08\ln H_1 + 2.04 \\ &\quad (5.90^{***}) \quad (2.04^{*}) \\ R^2 &= 0.8327 \quad F = 35^{***} \quad D.W. = 1.21 \end{aligned} \tag{5.7}$$

在公式（5.7）中，Y_1 为第一产业增加值（1978 年可比价）。

从公式（5.5）可以看到，产业结构系数与第二产业教育人力资本存在长期均衡关系。在其他条件不变的情况下，第二产业教育人力资本增加1%，导致第二产业 GDP 增加 10.9%（见公式 5.8），致使第二、第三产业 GDP 之和占 GDP 总量的比重提高 0.7768%。

$$\begin{aligned} \ln Y_2 &= 10.90\ln H_2(-1) - 16.74 \\ &\quad (4.41^{***}) \quad (-2.70^{**}) \\ R^2 &= 0.7640 \quad F = 19^{***} \quad D.W. = 1.70 \end{aligned} \tag{5.8}$$

在公式（5.8）中，Y_2 为第二产业增加值（1978 年可比价）。

从公式（5.6）可以看到，产业结构系数与第三产业教育人力资本存在长期均衡关系。在其他条件不变的情况下，第三产业教育人力资本增加 1%，导致第三产业 GDP 增加 6.48%（见公式 5.9），致使第二、第三产业 GDP 之和占 GDP 总量的比重提高 0.4073%。

$$\ln Y_3 = 6.48\ln H_3 - 11.06 \tag{5.9}$$
$$(7.35^{***}) \quad (-3.92^{***})$$
$$R^2 = 0.8853 \quad F = 54^{***} \quad D.W. = 1.09$$

在公式（5.9）中，Y_3 为第三产业增加值（1978 年可比价）。

从协整系数来看，第二产业教育人力资本对产业结构升级的弹性系数最大，其次为第三产业教育人力资本，所以要促进产业结构优化升级首先应着重加快第二产业人力资本积累，其次是加大第三产业的人力资本积累。

第二节　第二产业发展与城乡收入差异

一　我国第二、第三产业现状

第二产业就是对初级产品进行再加工的行业。在我国，第二产业包括工业（采掘业，制造业，电力，煤气及水的生产和供应业）和建筑业。

第二次世界大战后，第二产业的地位普遍上升，一般占就业人口和国内生产总值的 30% 以上。

发达国家的工业日益向知识技术密集型工业发展，第二次世界大战后相当长一段时间，发达国家以发展资源密集型与资本密集型工业为主，把劳动密集型工业转移到工资低廉的发展中国家。20 世纪 70 年代以来发达国家进一步调整产业结构，尖端技术工业猛增，比重上升，而资源密集型工业再一次向外转移。目前，中国仍以劳动密集型工业为主，其次为资源密集型工业，而新兴的工业化地区已开始向技术密集型工业转移。

同时，工业生产地域也发生了很大变化，其基本特点有两个。

首先，工业生产向大型化、系列化和综合化发展。大型化、系列化是第二次世界大战后工业分布规模的主导方向。根据地域发展条件，以一两个工业部门为主导，发展成综合性联合生产基地，是工业地域部门结构的特点。

其次，工业地域不同层次的集中和相对分散。第二次世界大战后工业地域集中有所加强，形成世界性大工业地带，如北美工业地带、西欧工业地带、东欧工业地带、日本工业地带等。发展中国家的集中程度更高，呈点状分布，如各国首都多发展成为最大的工业城。工业生产从高密度区向低密度区扩展，是世界工业空间运动的趋势。

2009 年，第二产业占 CDP 的比重为46.3 %，比 2005 年下降了 1.4 个百分点，而 2010 年第二产业占 CDP 的比重为46.8%，又有回升的趋势。2011 年，第二产业成为中国经济最重要的支撑。[①]

第三产业是指除第一、第二产业以外的其他行业，包括流通和服务两大部门，具体分为四个层次：一是流通部门，包括交通运输业、邮电通信业、商业饮食业、物资供销和仓储业；二是为生产和生活服务的部门，包括金融业、保险业、地质普查业、房地产管理业、公用事业、居民服务业、旅游业、信息咨询服务业和各类技术服务业；三是为提高科学文化水平和居民素质服务的部门，包括教育、文化、广播、电视、科学研究、卫生、体育和社会福利事业；四是国家机关、党政机关、社会团体、警察、军队等，但在国内不计入第三产业产值和国民生产总值。

---

① 马青：《区域第二产业升级及其影响因素分析》，《经济视角》2012 年第 4 期。

由此可见，第三产业基本是一种服务性产业。

国家统计局2014年1月20日发布的2013年数据显示，2013年中国GDP为568845亿元，其中第二产业增加值为249684亿元，增长7.8%；第三产业增加值为262204亿元，增长8.3%。第三产业增加值比第二产业增加值多出12520亿元，增速快了0.5个百分点，第三产业占GDP比重达到46.1%。据中国经济网统计，2013年中国第三产业增加值首次超过第二产业。在增速方面也是继2008年以后，第三产业增加值增速再次超过第二产业。

二　我国第二、第三产业发展的影响因素及发展对策

我国第二产业发展的影响因素众多，其中主要有以下5方面的因素。

（一）居民需求

当居民对某种产业的需求发生变化时，会进而改变相关产业的产值，并导致该产业在整个国民经济总量中所占的比重发生变化。这些年来中国居民消费需求占GDP的比重一直偏低，制约了我国的产业升级，因此居民需求是影响第二产业发展的因素。

（二）资本供给

我国正处于工业化中期阶段，轻型工业逐渐转向重型工业，在第二产业升级过程中，以劳动密集型为主的产业结构逐渐向以资本密集型和技术密集型为主的产业结构转型，这一转变过程需要大量的资本投入。由于以上特点，资本供给也是第二产业升级的重要条件。

（三）政府支出

政府的产业政策对第二产业升级的干预作用具有双面性。如果产业政策制定合理，干预适度，会促进第二产业升级；反之，如果产业政策制定不当，比如过度保护某些产业，造成市场垄断，则会阻碍第二产业的升级。因此，制定科学合理的产业政策是加快我国第二产业升级的一个重要途径。

（四）对外贸易

对外贸易主要通过出口和进口两个方面对第二产业的升级产生影响：一方面通过出口扩大对国内市场的需求，拉动国内经济增长；另一方面通过进口国外先进的技术和设备，促使国内产业部门的技术得到提升，设备得到改善。因此，对外贸易也是影响第二产业发展的因素。

（五）技术创新

由于大规模集约化生产能直接实现技术进步，具有显著的规模经济效益，使生产率不断提高，因此技术创新是促进第二产业升级的最直接因素。我国的高新技术产业正处于快速成长时期，因此发展空间较大。技术创新将导致更多的资源流入这些产业，从而使这些产业效率迅速提高。因此技术创新也是影响第二产业升级的关键因素。

2005 年，中国第二产业"家底"显示，制造业居工业主导地位。

制造业占工业企业数量的 91.6%、主营业务收入的 86.8%、利润的 73.1%，公布的数据表明，制造业已居我国工业的主导地位。东部工业发展远高于中西部。工业企业法人单位主营业务收入中，东、中、西部地区分别占 72.5%、16.8% 和 10.7%。东、中、西部地区研究与试验发展经费投入分别占全国的 76.4%、14.2% 和 9.4%。

第二产业中的重要部分——制造业将能吸纳最多的就业人口。制造业在未来依然是面对发达国家和现在正在崛起的新兴国家时我国能够保持相对竞争优势的领域。

首先，要在全球产业转移中发挥市场、资源和政策等方面的优势。中国的市场潜力在全球的主要国家当中是最大的。庞大的人口和广阔的地理空间是中国市场的特色，这个市场上蕴含着无穷的消费潜力，政策的稳定，成熟而廉价的劳动力资源成为世界各国经济业务拓展的目标。

中国有非常好的工业基础，有非常完善的供应链。虽然过去几年我们的劳动力成本上涨很快，原材料成本上涨很快，但是从工业制造的成本和效率来讲，中国在大部分领域依然保持优势。中国管理者的综合素质（政治素质、思想素质、道德素质、业务素质、审美素质、劳技素质等）是比较高的，中国企业已经开始进入科技创新能力提升阶段。

其次，要提升竞争力 。以政策为引导，增加技术开发投入。切实加强技术开发机构的建设，可自主建立，也可与高校联合建立技术中心。建立、健全信息网，宣传技术创新方面的各项优惠政策，并将技术成果、技术难题等进行发布，为技术创新提供信息平台。加强对技术创新项目的指导、监督实施工作。组织好技术创新项目和新产品开发项目的咨询、鉴定验收、项目论证、管理咨询和服务。如果条件允许，注重具有自主知识产权项目的开发。通过自主创新逐渐实现节约发展、清洁发展、安全发展和可持续发展。加强人才队伍建设。整合各种资源，通过学校教育、社会教育、继续教育等形式，加快技术创新人才队伍的培养。同时，注意培养创新意识，鼓励各种形式的技术创新。

从东部沿海地区开始，由以“生产制造”为主转变为以“产品设计、原料和零部件采购、物流运输和批发零售”为主，但中、西部地区目前还应以“生产制造”为主。针对各部门在开发新产品时产生的不协调，把产品开发的程序与市场需要、企业策略以及材料供应相结合。在现有技术水平和产品结构上，控制、影响并拉紧整个供应链，优化每一个环节的资源配置，从而获得更高价值，而不是孤立、分散地对待各个环节。

倡导绿色消费、绿色经营的理念，形成低碳的生活方式。必须转变公众和社会的观念，做任何事都要适度适宜、合理节约。对于个人，要培养节约是美德的观念，彻底改变诸如餐饮浪费等与节能减排背道而驰的陋习；对于企业，则要推行绿色经营的理念，建立清洁生产机制和精益生产方式；国家引导企业将环保成本计入企业生产成本，帮助企业树立企业公民意识，改变节能减排没有效益的错误认识。解决潜藏在空间格局和社会发展格局中的重大浪费问题。有效的节能减排必须以工业相对集中为前提，工业相对集中才能产生专业化分工，提高效率，节省能源；同时催生集群创新，不断产生新技术、新工艺，从而减少物质消耗。

培育“静脉”产业，建立完备的工业化体系。民众对循环经济体系的理解目前还处于表层，基本理解为“废渣利用”“尾气回收”等。真正的循环经济体系应如同人体系统一样，如果把工业制造系统比作人体的动脉系统，那么，我们使用过的工业制造物的回收再利用则应如人体的静脉系统一样。工业品的回收再利用——“静脉”产业应该是一个巨大的产业。

大力发展低碳技术，解决自主创新成果和人才的匮乏问题。低碳技术包括可再生能源及新能源，煤的清洁高效利用，油气资源和煤层气的勘探开发，二氧化碳捕获与埋存等领域开发的有效控制温室气体排放的新技术。必须强化自主创新能力，鼓励企业开发低碳技术和低碳产品，整合市场现有的低碳技术，迅速加以推广和应用。

从我国能源结构入手，抓住矛盾的主要方面，提高节能减排的效率。我国能源消耗形式主要为动力消耗、农村采暖和城市集中供暖消耗、电能消耗三种，其中约有68%的能源是由各种能源转化为电能后被消耗的。而我国电力系统普遍存在着低效率运行和严重能源浪费问题，尤其是在配电和用电两个环节，节能潜力总计为1.2亿千瓦时，占我国电能的20%。重点推广配电用电领域的重大自主创新项目，可极大提高节能减排效率。

第三产业的发展，要采取分类指导和突出重点的原则。第三产业是一个庞杂的混合产业群。应根据第三产业内部各行业的性质、特点、在国民经济中的地位作用及其经营管理、盈利水平等因素，采取区别对待、分类指导的原则。其中，应特别注意营利性和非营利性部门、基础性产业和竞争性产业部门、全额拨款和差额拨款单位等方面的差异，采取不同的政策导向。科学地确定第三产业的行业发展重点和优先顺序，并从区位条件、自然人文景观、商品经济发展程度、经营人才素质等方面综合第三产业中的行业区域比较优势，寻找和培养那些具有现实优势和潜在优势的行业作为发展重点。

第三产业的发展，要以城市和专业市场为载体。城市往往是一个区域的商业、交通、通信、金融、文化、教育、科技、信息等方面的中心，第三产业相对集中；专业市场作为商品交换的场所，它的扩展本身就是第三产业发展的重要体现，同时专业市场的兴起还会带动交通运输、邮电通信、金融服务以及各类中介服务业等的发展。从各地的实际出发，当前应特别重视通过城市化来推进第三产业的发展。在产业结构升级转换方面，总的趋势应坚持“三、二、一”的产业发展方针，促进产业结构向高级化和现代化方向发展。要强化中心城区的金融、贸易、信息、中介服务以及生活服务等功能，有条件的还可以建设中央商务区。

第三产业的发展，应坚持产业转换序列的多元化模式。遵循产业结构演变的一般规律，努力实现三大产业转移的依次推进，使第三产业比重随着经济发展和产业结构的调整而“水涨船高”。以第二、第三产业同步起飞为契机，缩短三大产业依次推进的过程，加速产业重心的变迁，实现第三产业的总量扩张和比重提高。跨越产业更替和转换的梯度序列，以第三产业率先起飞的态势（尤其是以商品市场为起点的第三产业发展），携带整个经济的发展，从而把第三产业的发展定位在较高的起点上。各地应根据经济发展的实际，分别采取适合各自特点的产业转移顺序，以促进第三产业快速、高效地发展。

第三产业的发展，要坚持依靠科技进步。第三产业中的一些新兴产业如网络服务业，本身就是高科技发展的产物。当今世界，电子计算机在第三产业的渗透最为广泛，第三产业已成为拥有计算机最多的部门，由此产生的影响十分巨大：拓展了第三产业的服务领域，导致经营方式和管理方式的革命性变革；提高了企业管理的现代化水平，带来了高效率和高效益；提供了优质、便捷的服务，为社会生产和生活消费创造了全新的服务方式。现代科学技术革命，将从根本上改变第三产业的面貌和促进第三产业的兴起。为了实现“科技兴三产”的基本方针，加大第三产业的科技含量，必须明确科技常入第三产业的目标和重点。当前的主攻方向，除了努力实现城市交通通信的现代化外，还要加快电子计算机在商业外贸、金融保险、旅游宾馆、信息管理等领域的应用，以促进第三产业发展规模、服务质量和经济效益的显著提高。

第三产业的发展，要重视国际服务贸易问题。国际服务贸易在一定程度上可以说是第三产业的对外贸易，它包括服务的出口和进口，涉及国际金融保险服务、通信视听服务、交通运输服务、旅游观光服务、法律服务、会计服务、广告服务、租赁服务等十余项通常项目。当今世界，服务贸易已发展成为世界贸易的重要组成部分，服务贸易的年均增长速度大大快于货物贸易的年均增长速度。服务贸易的发展，除了要继续扩大远洋运输服务、涉外旅游、对外承包工程和对外劳务合作等传统服务贸易项目外，还要努力发展咨询服务、计算机软件服务、租赁服务以及综合技术服务等新兴服务贸易项目，从而进一步促进第三产业的开放和外向发展。

第三产业的发展可采取如下对策。

第一，创造就业机会就要改善对中小企业、民营经济、乡镇企业等的金融服务，大力推广小额信贷，鼓励创业和自谋职业。

第二，明确个体、私营经济是创造就业的一个最重要的渠道，解决其市场准入问题，并减轻税费负担。

第三，研究积极的财政政策如何与扩大就业相结合。虽然现在转移支付的数额不小，但对落后地区的支持还是太少。

第四，高度重视职业培训工作，尤其是农村劳动力的培训。

第五，一定要取消城乡壁垒。建立市场经济条件下新型的城乡关系，不合理的就业限制一定要取消，加快户籍制度改革的步伐。

第六，对于第三产业在促进就业方面的作用问题虽然还存在争论，但总的看来，中国的第三产业还有一定的潜力可挖。有专家认为，中国第三产业没有发展起来的原因是缺信息、缺眼光、缺组织、缺老百姓的可支付能力。就如何发展生活服务业而言，解决的办法是社会分工细化，创造新型的社区服务组织，找到更多的服务内容，发掘更多的就业岗位。对于老百姓支付能力太低这个制约第三产业发展的最大障碍，可以多学习国外类似的经验，并积极进行探索。

第七，如何使中国的教育体制对扩大就业产生积极的影响，专家们认为，关键在于教育如何与促进就业有机地结合起来，如扩招政策不要盲目，要适应劳动力市场的需要。

第八，就业与失业统计体系的不完善，信息失真与传递不畅通，也是影响就业政策制定的一个重要原因。专家建议，要正确认识不同地区的就业形势，对不同地区要制定不同的就业政策。

第一、第二产业是第三产业发展的前提和基础。第一产业是国民经济的基础，加强第一产业是国民经济发展的首要问题。只有第一产业发展了，才能为第二、三产业提供重要原材料和广阔的市场。世界上经济发达的国家，差不多都拥有发达的农业。第三产业对第一、第二产业的发展具有促进作用。

第三产业的加快发展是生产力提高和社会进步的必然结果。第三产业的兴旺发达是现代化经济的一个必要特征。大力发展第三产业有利于增强农业生产的后劲，促进工农业生产的社会化和专业化水平的提高，有利于优化生产结构，促进市场充分发育，缓解就业压力，从而促进整个经济持续、快速、健康发展。正确处理好三大产业的关系，既有利于经济的协调发展，也有利于社会的稳定。

三 如何通过产业发展缩小城乡收入差距

（一）必须努力加快工业化进程

总体而言，城市最初是靠工业起步的，尤其是轻工业，具有投资少、见效快、吸纳劳动力的多种特征，工业的大规模发展会掀起城乡劳动力的第一次转移浪潮，部分地区工业化得以发展。在这个浪潮下要做好不同产业的定位和朝阳产业的培育，政府要进行合理调控，综合不同层次产业的预期产值、发展成本、环境污染的影响及治理等因素的现实情况进行宏观考虑，选择产业经济发展的层次、方向和规模。并能根据各区域的经济发展的实际情况，科学合理地规划适度的产业发展模式，提高产业的规模经济效益，防止因片面追求产业的大而全而带来的重复建设和各种资源的巨大浪费。还要努力去提升产业的整体的科学技术水平，建立起产业的整体品牌，形成品牌优势，引导县域、乡村经济中的优势企业加快生产技术和生产设备的持续更新换代，大力引进国内外先进技术以及先进设备，不断提高整体产业的技术含量。

（二）要大力促进第三产业尤其是服务行业的发展

工业产业的规模化发展与专业化分工使工业企业对外部经济环境及社会配套服务行业的依赖性持续增加，生产性的服务业由此获得广阔的发展机会，通过细致高效的专业细化分工能使更多的消费者跨入中高档消费阶层，各种生活性的服务需求也因此而产生。服务产业的迅速发展会形成城乡劳动力转移的第二次浪潮，所以要加快发展第三产业及服务行业，不断提高服务行业的社会化水平。在城镇，对于批发和零售业、住宿和餐饮业、交通运输、仓储和邮政业等传统服务业，要在扩大规模、充分竞争的基础上寻找和培育新的经济增长点，从而带动优势服务业做大、做强、做深；对于其他第三产业如金融保险、房地产、旅游、教育、社区服务、体育等现代生活服务行业，则要依靠政府资助、引入社会资本、利用资本市场融资等方式加大资金投入力度，同时把服务创新和提高服务技术水平作为提高竞争力的关键环节来抓。

产业的发展是农村劳动力转移、城市化水平提高的必要前提。世界上大多数国家和地区都已经具备或开始具备产业化条件，但农村劳动力的转移、城市化的进程是不均衡的，这表明农村人口的迁入还必须具备一定的充分条件，该充分条件就是一定的市场扩张力。要通过基础设施建设，不断打造便利的交通运输体系，构造城乡快速发展的硬件平台；要坚持市场取向，拓宽城市建设的不同融资渠道，通过市场运作，搞活城市经营，提升城市的市场扩张力和影响力并带动和促进城乡一体化发展及新城镇化的实现。

产业的发展可以增强城乡整体经济发展实力，市场扩张力可以扩大城市辐射力，建立起城乡的紧密联系纽带，同时通过农村劳动力转移及城市化的效应，促进农村劳动力转移和农村经济的发展，达到有效缩小城乡收入差距的目的。

第六章　教育人力资本促进农村劳动力转移及提高农村居民收入关系研究

第一节　教育人力资本促进农村劳动力转移的机理分析

一　劳动力流动理论

劳动力流动是指具有一定劳动能力的劳动者为了满足与生产资料结合的需要，在生产过程之外，在不同的地理区域范围和不同的工作岗位之间的迁移和流动。[①] 劳动者为了满足拥有较好的工作机会、较高的劳动收入和较高的工作满意度等方面的需求，会选择离开现有工作场所而进行迁移。

作为教育人力资本形成的重要途径，受教育程度是影响劳动力迁移的一个非常重要的因素。一般而言，受教育程度高，学历高，其就业迁移流动性就较高。[②] 原因在于：第一，拥有较高的教育程度，意味着具有更多的知识技术性的人力资本积累，也意味着具有较高的教育人力资本收益率；第二，受教育程度越高，专业化人力资本积累越多，个人追求专业性人力资本价值的需求就越强烈，一旦发现有适合的就业岗位，

---

① 何承金主编《劳动经济学》，东北财经大学出版社，2005。

② 朱必祥：《人力资本理论与方法》，中国经济出版社，2005。

劳动者就表现出强烈的流动意愿；第三，教育程度高的人花费的劳动力迁移成本较小，适应力强，“文凭”的识别筛选功能使其迁移的成本降低，心理成本也会较小。[①]

二　人力资本产业流动机制

（一）引力机制

多数人力资本要素流动理论都是以人口作为载体来研究其迁移与分布规律的。较早探讨人口流动原因的是英国统计学家莱文斯坦（E. G. Rawenstein），他对 19 世纪中期英国迁移运动的经验进行研究后，建立了两区域模型，得出劳动力迁移程度与两地劳动力数量成正比、与两地距离成反比的结论。[②] 洛里（I. S. Lowry）建立的分析模型[③]则同时考虑了解释迁移原因的经济和距离因素，认为劳动力迁移与两地失业率比和劳动报酬比有一定的关系，劳动者会从失业率较高的区域向失业率较低的区域迁移流动，从工资水平较低的区域向工资水平较高的区域迁移流动。理查森（A. H. Richardson）提出在区域经济发展过程中，决定人力资本要素均衡的主要因素包括社会人口的自然增长率和人口聚集效应、区域特定条件和区域之间就业工资收入的差别，而后三个独立的因素会直接影响人力资本的迁移流动。[④]

以上都是对不同区域之间的人力资本迁移流动的阐述，也可以解释

① 杨河清主编《劳动经济学》，中国人民大学出版社，2002。

② 两区域模型：$M_{ij} = k \cdot \frac{P_i P_j}{D_{ij}}$，$M_{ij}$ 为 i 、j 两地之间的劳动力迁移系数，P_i 、P_j 分别为 i 、j 两地的劳动力数量，D_{ij} 为 i 、j 两地之间的距离，k 为常数，反映了 i 、j 两地的引力系数。

③ Lowry 的分析模型：$M_{ij} = k \cdot \frac{U_i}{U_j} \cdot \frac{w_i}{w_j} \cdot \frac{L_i L_j}{D_{ij}}$，$U_i$ 、U_j 分别为 i 、j 两地的失业率，w_i 、w_j 分别为 i 、j 两地制造业的小时工资率，L_i 、L_j 分别为 i 、j 两地的非农人口数，其他变量含义同“两区域模型”。

④ Gerald R. Leslie and Arthur H. Richardson, "Life Cycle, Career Pattern, and the Decision to Move," American Sociological Review, Dec., 1961, Vol. 26, No. 6, pp. 894 - 902.

不同产业之间的劳动力流动的原因。生产率水平较高的产业部门，相对于生产率水平较低的产业部门对劳动人口更有吸引力，就业率较高（劳动人口资源较为稀缺）的产业（部门）比就业率相对较低（劳动人口资源丰富）的产业（部门）对劳动人口更有吸引力，劳动者的报酬率较高的产业（部门）比劳动者的报酬率较低的产业（部门）对劳动者更具有吸引力，这些都会促使具有一定人力资本的劳动人口在不同产业之间迁移流动。

（二）推力 - 拉力机制：对引力机制的解释和发展

唐纳德·博格（D. J. Bogue）的“推力 - 拉力”理论从运动学的角度来看待劳动者的流动是两种不同方向的力量作用的结果：一种是促使劳动者迁移流动的力量也就是正面的积极影响因素，另一种是阻碍劳动力人口迁移流动的力量即负面的消极影响因素。[①] 在劳动者的流出地区，存在一种起主导作用的把劳动力人口推出其原就业区的“推力”，产生推力的主要原因是自然资源的耗竭、农业生产成本的提高、农村劳动力人口过剩而导致的失业和就业不足以及劳动者只能获得较低的社会经济收入等。同时，在原就业地区也存在如渴望家人团聚、熟悉的社会环境等留住劳动流动人口的“拉力”，在劳动力流出地区，“推力”大于“拉力”占主要地位。在劳动力流入地区，存在起主要作用的把外来劳动流动人口吸引过来的“拉力”，产生“拉力”的主要原因是有较多的就业机会、较高的工资收入、较好的生活环境、较好的子女接受教育的机会、比较完善的文化氛围和公共交通设施以及较好的人文生态环境等。与此同时，劳动力人口迁移流入地区也存在流动可能带来的家庭两地分离、陌生的生产环境与生活环境、激烈的就业竞争、生态环境欠佳等不利于人口流入的“推力”因

---

① D. J. Bogue, “International Migaration,” in Hauser, Duncan (ed.) *The Study of Population: An Inventory Appraisal*, University of Chicago Press, 1959.

素。人力资本要素向不同方向流动是区域之间“推力”与“拉力”综合作用的结果。

三　含教育人力资本的托达罗模型

1969 年，美国经济学家托达罗（M. P. Todaro）在《美国经济评论》上发表经典文章《欠发达国家的劳动力的迁移模式和城市的失业问题》，提出了他对当时城市失业与农村劳动力流动人口向城市迁移共同存在的现象的看法。1970 年，托达罗和哈里斯又发表了另一篇经典文章《人口的流动、失业与发展：两部门的分析》，这标志着托达罗劳动人口流动模型的正式建立。

托达罗模型的一个最基本的观点就是劳动力人口在迁移过程中存在劳动者对城乡预期收入差异但不是实际的城乡收入差异做出的反应。农村劳动力流动人口向城镇迁移的决策实际包括两个层面的内容：一是城乡实际存在就业工资收入的差距，尤其是在发展中国家这种差距体现得非常明显，这成为农村劳动力流动人口向城镇逐步迁移的重要推动力；二是农村劳动力流动人口在城市获得就业机会的概率高，引进概率变量是托达罗模型的一个重要创举，通过变量分析可以解释农村劳动力流动人口在城市存在高失业率的情况下还会做出向城镇迁移的决定的原因。农村劳动力流动人口实际上是根据预期的城乡收入差距而不是实际城乡收入差距来做出是否迁移的决定，所以只有当农村劳动力流动人口预计他们在城镇的就业收入高于他们在农村的原有收入时，才会产生向城镇转移的推动力。用公式表示为：

$$\begin{cases} M(t) = F[d(t)] \\ F' > 0 \end{cases} \tag{6.1}$$

在公式（6.1）中：$M(t)$ 表示 t 期农村向城镇转移的劳动力数量，$d(t)$ 表示 t 期城镇就业预期收入与农村就业既有收入的差异，F 为 d 的一增函数。

公式（6.1）表示一定时期内农村劳动力向城镇转移的劳动力数量是预期收入差距的函数，该函数为增函数，意味着预期收入越高，向城镇转移的劳动力数量就越多。

就业概率是教育人力资本的增函数，这样城乡预期收入差异可表示为：

$$\begin{cases} d(t) = w(t)\pi(t) - r(t) \\ \pi(t) = G[H(t)] \\ G' > 0 \end{cases} \tag{6.2}$$

公式（6.2）中，w 表示在城镇就业的预期收入，π 为农村劳动者在城镇就业的概率，r 表示农村实际收入，H 为教育人力资本，G 为 H 的一增函数。

以 $V(O)$ 表示转移者在计划期内预期产业间收入差异的净贴现值，$C(O)$ 为转移成本，Y_u 表示城镇就业者的平均收入，Y_r 表示农村就业劳动者的平均收入，n 表示转移计划范围内的时期数，r 表示贴现率，那么是否进行转移的决策模型为：

$$V(O) = \int_{t=0}^{n} [p(t)Y_u(t) - Y_r(t)]e^{-rt}dt - C(O) \tag{6.3}$$

公式（6.3）中，p 表示农村劳动者在 t 期内就业的累计概率。

基于效用最大化假设，若 $V(O) > 0$，则农村劳动力将向城镇转移；若 $V(O) < 0$，则农村劳动力将留在农村或从城镇返回农村。

托达罗认为，在任何一个时期，在城镇找到工作的概率 p 直接与这个时期或以前时期中寻找工作的人被城镇单位挑中的概率 π 相关，它们的关系为：

$$\begin{cases} p(1) = \pi(1) \\ p(2) = \pi(1) + \pi(2)[1 - \pi(1)] \\ p(x) = p(x-1) + [1 - p(x-1)\pi(x)] \\ \quad\quad = \pi(1) + \sum_{t=2}^{x} \pi(t) \prod_{s=1}^{t-1} [1 - \pi(s)] \end{cases} \tag{6.4}$$

从公式（6.3）和公式（6.4）可以看到，在城镇收入水平 Y_u 和农村收入水平 Y_r 不变的情况下：

第一，农村劳动力向城镇转移寻求就业岗位的时期越长，他获得工作的概率 p 就越高，即 $p(x+1)>p(x)$，因此他在那个时期内的预期收入也就越高。

第二，农村劳动力教育人力资本越高，他获得工作的概率 p 也就越大。

这是因为：

$$\begin{cases} \dfrac{\partial p(x)}{\partial \pi(1)} = 1 > 0 \\ \dfrac{\partial p(x)}{\partial \pi(i)} = \prod\limits_{s=1}^{i-1}[1-\pi(s)] > 0 \\ \dfrac{d\pi}{dH} > 0 \end{cases} \tag{6.5}$$

则有：

$$\frac{dp}{dH} > 0 \tag{6.6}$$

这个模型说明，教育人力资本的提高使得劳动者在城镇寻求就业的概率增大，在城镇就业的预期收入也将增大，这将拉大在城镇就业的预期收入与在农村就业的实际收入之间的差异，农村劳动力向城镇转移的动力和意愿将更为强烈。

第二节　教育人力资本促进农村劳动力转移的实证分析

一　变量选择

本实证分析以乡村就业人员占总就业人数的比例反映劳动力城乡间转移的程度，该比例越小，说明劳动力从乡村向城镇转移的数量越多，农村剩余劳动力就越少，人力资源配置效率也就越高。

通过上一节分析可知，教育人力资本是影响乡村就业人员占就业人数总量比重的重要因素，从理论上应选取乡村就业人员的教育人力资本作为自变量，但因数据可获得性只能选取全社会就业人员的教育人力资本作为自变量。之所以选取全社会就业人员的教育人力资本作为自变量，一是中部六省是传统农业省份，乡村就业人员占总就业人员的比重比较大（见表6－1）；二是全社会就业人员的教育人力资本变化趋势从理论上和农村就业人员的教育人力资本变化趋势一致，也就是说，用全社会就业人员的教育人力资本分析农村劳动力转移的促进作用不会出现与定性分析相悖的实证结论。

表6－1　中国及中部六省乡村就业人员占总就业人数比重

单位：%

年份	山西	安徽	江西	河南	湖北	湖南	全国
1996	63.75	80.73	73.24	78.85	67.92	77.75	71.11
1997	63.93	80.52	73.12	79.21	67.67	77.08	70.24
1998	67.15	80.42	73.60	81.34	67.14	76.95	69.40
1999	67.50	80.16	74.00	82.82	66.93	77.30	68.61
2000	69.08	81.08	75.07	84.57	66.80	79.16	67.88
2001	69.68	81.48	75.54	84.97	66.36	79.18	66.86
2002	70.28	81.17	74.04	84.95	65.81	78.76	65.67
2003	68.92	80.73	73.26	84.81	65.16	76.77	64.43
2004	69.27	80.74	72.51	84.45	64.50	74.53	63.25
2005	69.04	80.09	71.98	83.93	64.07	73.04	61.97
2006	70.89	79.79	71.22	83.53	63.61	71.90	60.48
2007	66.58	78.57	70.44	83.41	63.11	71.12	58.91
2008	66.59	76.97	69.47	83.27	62.93	70.63	57.52
2009	67.63	76.52	68.65	82.06	62.53	70.39	56.06
2010	66.06	75.96	67.90	81.34	62.07	69.13	54.42
年均变化	0.17	-0.34	-0.38	0.18	-0.42	-0.62	-1.19

资料来源：根据各省统计年鉴数据整理。

二　变量取值

（一）乡村就业人员占总就业人数的比重

从历史数据看，乡村就业人员占就业人员总量的比重逐年下降，人力资本配置效率逐年提高。在中部六省中，湖南省乡村就业人员占总就业人员的比重在1996～2010年年均下降最快，由1996年的77.75%下降到2010年的69.13%，年均下降0.62个百分点；湖北省由67.92%下降到62.07%，年均下降0.42个百分点；江西省由73.24%下降到67.90%，年均下降0.38个百分点；安徽省由80.73%下降到75.96%，年均下降0.34个百分点；山西省和河南省该比例却呈上升趋势，山西省由63.75%提高到66.06%，年均增加0.17个百分点；河南省由78.85%提高到81.34%，年均增加0.18个百分点。全国乡村就业人员占总就业人员的比重在1996～2010年年均下降1.19个百分点（见表6－1和图6－1）。

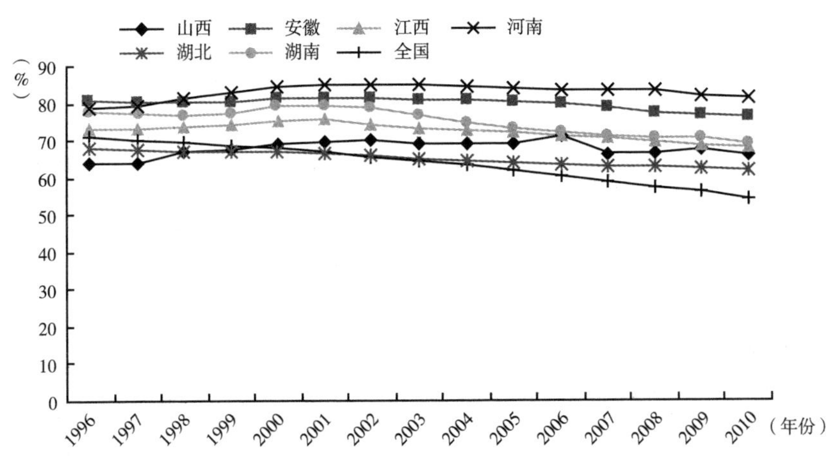

图6－1　中国及中部六省乡村就业人员占总就业人数比重

（二）教育人力资本

前文是要说明教育投资对收入的作用，故从投资的角度选取居民人均教育支出作为变量反映教育因素。本章旨在说明农村学生在接受教育后形成的人力资本有助于将来迁移到城镇从事第二、第三产业。一般来说，第二、第三产业的收入水平要比在农村生产的收入高，通过接受教育向其他产业转移可以获得更高收入，所以本章用教育人力资本（教育产出的角度）来反映教育因素。

教育人力资本至今没有统一的计量方法，本章采用“接受初等教育等效年限法”来量化教育人力资本。接受初等教育一年所形成的教育人力资本和接受高等教育一年所形成的教育人力资本是不相等的，本章以接受初等教育一年所形成的教育人力资本为基本单位，把接受中等教育、高等教育所形成的教育人力资本化为多倍的初等教育人力资本。

中部六省就业人员教育人力资本稳步增长，增长最快的是江西省，年均增长 2.79%。其他五省按增长速度快慢依次是安徽 2.65%、湖南 2.45%、湖北 2.35%、河南 2.21% 和山西 1.90%。全国平均水平在此期间年均增长 2.65%，仅慢于江西省。从绝对值来看，中部六省中仅山西省就业人员教育人力资本略高于全国平均水平（见表6－2 和图 6－2）。

表 6－2　中国及中部六省就业人员教育人力资本

单位：%

年份	山西	安徽	江西	河南	湖北	湖南	全国
1996	9.89	7.30	7.58	8.19	8.61	8.37	8.41
1997	9.99	7.79	8.45	8.54	9.33	8.65	8.83
1998	9.42	7.63	8.33	8.72	9.20	8.66	8.81
1999	10.28	7.53	8.77	8.47	9.10	9.20	8.99
2000	10.70	8.21	9.52	9.40	9.82	9.62	9.50
2001	11.11	8.89	10.26	10.33	10.53	10.04	10.00
2002	11.32	8.23	9.34	10.52	9.15	10.09	10.13
2003	11.51	9.52	11.85	9.79	9.89	10.49	10.59
2004	11.32	9.74	10.61	10.68	10.35	10.78	10.80
2005	11.64	8.75	9.77	10.03	10.09	10.26	10.39
2006	11.76	8.49	9.86	9.85	10.77	10.16	10.39
2007	11.64	8.37	11.40	9.87	10.70	10.42	10.52

续表

年份	山西	安徽	江西	河南	湖北	湖南	全国
2008	11.42	8.89	10.81	10.14	10.86	10.55	10.73
2009	11.71	8.99	11.40	10.35	11.22	10.73	10.99
2010	12.88	10.52	11.15	11.12	11.92	11.75	12.13
年均增长率(%)	1.90	2.65	2.79	2.21	2.35	2.45	2.65

资料来源：根据《中国劳动统计年鉴》（1997～2000年，2002～2011年）和五次全国人口普查数据整理。

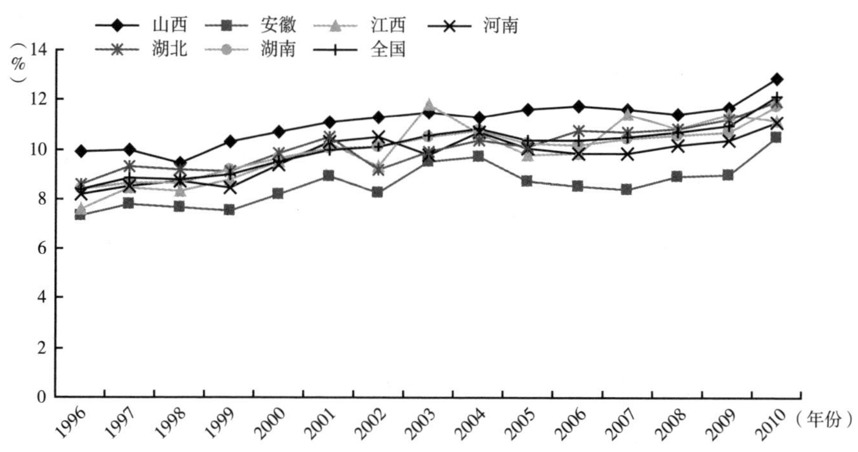

图6－2　中国及中部六省就业人员教育人力资本

三　实证分析

根据前文的分析，在模型中理应加入城镇登记失业率、城镇化率等控制变量。但一方面由于时间序列长度有限，若加入多个解释变量势必降低模型的自由度，另一方面由于统计数据的质量问题，加入城镇登记失业率作为解释变量所得的实证分析结果和定性分析结论不相符。经过反复试算，若同时把教育人力资本、城镇登记失业率或城镇化率作为解释变量，系数估计结果很难通过显著性水平检验。基于以上原因和本研究目的，所以只保留教育人力资本一个解释变量。为了提高参数的统计检验性质，建立分布滞后模型。

$$rl = \sum_{i} a_i rl(-i) + \sum_{j} b_j hc(-j) + c \tag{6.7}$$

在公式（6.7）中，rl 表示乡村就业人员占就业人员总数的比例；hc 为就业人员劳均人力资本量；i 为因变量 rl 的滞后阶数；j 为自变量 hc 的滞后阶数；a_i、b_j、c 为待估参数。

经过“从一般到简单”的建模过程，反复调整回归模型得到如下结果。

模型1：山西省就业人员教育人力资本促进农村劳动力转移。

$$\begin{aligned} rl\_SX &= 0.93rl\_SX(-1) - 1.22hc\_SX(-1) + 18.23 + [MA(1) = -0.96] \\ &\quad (6.17^{***}) \qquad (-5.16^{***}) \qquad (1.93^{*}) \qquad (-12.88^{***}) \\ R^2 &= 0.7604 \qquad F = 10.58^{***} \end{aligned} \tag{6.8}$$

从模型看，山西省乡村就业人员占总就业人数的比例受其自身和就业人员教育人力资本两者共同影响，两因素可解释其变化的76.04%。就业人员教育人力资本系数在1%显著性水平下通过统计检验，山西省教育人力资本每增加1年能使乡村就业人员占总就业人数的比例下降1.22个百分点。

模型2：安徽省就业人员教育人力资本促进农村劳动力转移。

$$\begin{aligned} rl\_AH &= 1.14rl\_AH(-1) - 0.69hc\_AH(-2) - 5.30 + [MA(2) = -0.94] \\ &\quad (17.19^{***}) \qquad (-3.25^{***}) \qquad (-0.83) \qquad (-13.73^{***}) \\ R^2 &= 0.9675 \qquad F = 89.17^{***} \end{aligned} \tag{6.9}$$

从模型看，安徽省乡村就业人员占总就业人数的比例受其自身和就业人员教育人力资本两者共同影响，两因素可解释其变化的96.75%。就业人员教育人力资本系数在1%显著性水平下通过统计检验，安徽省教育人力资本每增加1年将使乡村就业人员占总就业人数的比例下降0.69个百分点。

模型3：江西省就业人员教育人力资本促进农村劳动力转移。

$$rl\_JX = 0.95rl\_JX(-1) - 0.36hc\_JX(-1) + 6.53 + [MA(1) = 0.97]$$
$$(8.63^{***}) \quad (-4.66^{***}) \quad (0.80) \quad (14.77^{***}) \tag{6.10}$$
$$R^2 = 0.9736 \quad F = 123^{***}$$

从模型看，江西省乡村就业人员占总就业人数的比例受其自身和就业人员教育人力资本两者共同影响，两因素可解释其变化的97.36%。就业人员教育人力资本系数在1%显著性水平下通过统计检验，江西省教育人力资本每增加1年将使乡村就业人员占总就业人数的比重下降0.36个百分点。

模型4：河南省就业人员教育人力资本促进农村劳动力转移。

$$rl\_HE = 1.21rl\_HE(-1) - 1.37hc\_HE(-1) - 4.26 + [MA(2) = -0.97]$$
$$(9.60^{***}) \quad (-6.99^{***}) \quad (-0.41) \quad (-14.55^{***})$$
$$R^2 = 0.9531 \quad F = 67.72^{***} \tag{6.11}$$

从模型看，河南省乡村就业人员占总就业人数的比例受其自身和就业人员教育人力资本两者共同影响，两因素可解释其变化的95.31%。就业人员教育人力资本系数在1%显著性水平下通过统计检验，河南省教育人力资本每增加1年将使乡村就业人员占总就业人数的比重下降1.37个百分点。

模型5：湖北省就业人员教育人力资本促进农村劳动力转移。

$$rl\_HB = -1.93hc\_HB + 84.60$$
$$(-7.21^{***}) \quad (31.16^{***}) \tag{6.12}$$
$$R^2 = 0.7998 \quad F = 51.93^{***} \quad D.W. = 1.66$$

从模型看，湖北省就业人员教育人力资本可解释乡村就业人员占总就业人数的比例变化的79.98%。就业人员教育人力资本系数在1%显著性水平下通过统计检验，湖北省教育人力资本每增加1年将使乡村就业人员占总就业人数的比重下降1.93个百分点。

模型6：湖南省就业人员教育人力资本促进农村劳动力转移。

$$rl\_HN = 0.92rl\_HN(-1) - 0.87hc\_HN + 13.76$$
$$(9.82^{***}) \quad (-2.31^{**}) \quad (1.42) \tag{6.13}$$
$$R^2 = 0.9454 \quad F = 95.30^{***}$$

从模型看，湖南省乡村就业人员占总就业人数的比例受其自身和就业人员教育人力资本两者共同影响，两因素可解释其变化的94.54%。就业人员教育人力资本系数在1%显著性水平下通过统计检验，湖南省教育人力资本每增加1年将使乡村就业人员占总就业人数的比重下降0.87个百分点。

模型7：中部地区就业人员教育人力资本促进农村劳动力转移。

建立如下形式的面板数据模型：

$$rl = \sum_i \alpha_i hc(-i) + \sum_i \beta_j rl(-j) + c + \varepsilon \tag{6.14}$$

在公式（6.14）中，rl 为乡村就业人员占总就业人数比例矩阵向量，hc 为就业人员教育人力资本矩阵向量，α、β、c 为待估矩阵向量，ε 为残差向量。

本模型是要说明把中部六省作为一个整体，教育人力资本的变化对促进农村劳动力转移的整体效应，故假定 $\alpha_{r,i} = \alpha_i$、$\beta_{s,j} = \beta_j$。

中部六省教育人力资本促进劳动力转移的模型参数如表6－3所示。

表6－3　中部六省教育人力资本促进劳动力转移面板数据模型参数估计

	估计值	标准差	t统计量	相伴概率
$hc(-1)$	-0.3721	0.1108	-3.3590	0.0013
$hc(-2)$	-0.3515	0.1040	-3.3810	0.0012
$rl(-1)$	0.8529	0.0359	23.7461	0.0000
常数项	17.7455	3.1056	5.7140	0.0000
$R^2 = 0.9956 \quad F = 1967 \quad D.W. = 1.49$				

注：$hc(-1)$ 为教育人力资本一阶滞后项，$hc(-2)$ 为教育人力资本二阶滞后项，$rl(-1)$ 为乡村就业人员占总就业人员比值的一阶滞后项。

把中部六省作为一个整体来看，教育人力资本的提升可显著地促进农村劳动力转移，其中一阶和二阶滞后项相对非常显著。教育人力资本每增加1年将使乡村就业人员占总就业人员的比重减少0.72个百分点。

模型8：中国就业人员教育人力资本促进农村劳动力转移。

$$\begin{aligned} rl\_N &= 1.03 rl\_N(-1) - 0.19 hc\_N - 1.13 \\ &\quad (73.82^{***}) \quad (-2.45^{**}) \quad (-0.70) \\ R^2 &= 0.9996 \qquad F = 13397^{***} \end{aligned} \tag{6.15}$$

从模型看，中国乡村就业人员占总就业人数的比例受其自身和就业人员教育人力资本两者共同影响，两因素可解释其变化的99.96%。就业人员教育人力资本系数在1%显著性水平下通过统计检验，中国教育人力资本每增加1年将使乡村就业人员占总就业人数的比例下降0.19个百分点。

四　实证结论

从中部地区整体来看，就业人员教育人力资本的提高能显著地促进农村剩余劳动力转移，通过加大农村教育投资提高农村就业者的教育人力资本能有效地促使农村劳动者向城镇转移实现就业。

从数量上来看，中部地区就业人员教育人力资本提升对农村劳动力转移的促进作用最大的是湖北省，然后依次是河南省、山西省、湖南省、安徽省和江西省。中部六省的影响力度都大于全国平均水平。

之所以会产生这样的影响，可以认为是人力资本积累导致的。人力资本的提升，导致乡村劳动人员渴望更高的就业收入，这样乡村劳动力人口就向城镇迁移了。中部地区就业人员教育人力资本提升对农村劳动力转移促进作用最大的是湖北省，其劳动就业人员教育人力资本系数在1%显著性水平下通过统计检验，湖北省劳动从业人员的教育人力资本每增加1年将使乡村就业人员占总就业人数的比例下降 1.93 个百分点；最低的是江西省，其劳动从业人员的教育人力资本每增加 1 年将使乡村就业人员占总就业人数的比例下降 0.36 个百分点。处于中间位置的河南省、山西省、湖南省、安徽省的该数据分别是 1.37 个、1.22 个、0.92 个、0.69 个百分点（见图 6－3）。

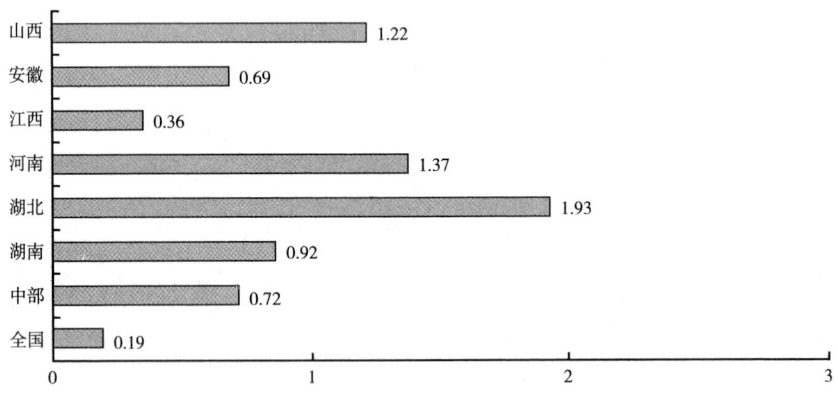

图 6－3　中国及中部六省就业人员教育人力资本促进农村劳动力转移的作用程度

第三节　教育人力资本差异影响二元就业差异的实证分析

本实证分析以乡村就业人员占总就业人数的比例反映劳动力城乡间转移的程度，该比例越小说明劳动力从乡村向城镇转移的数量越多，农村剩余劳动力就越少，人力资源配置效率也就越高。

从历史数据看，乡村就业人员占就业人员总量的比例逐年下降，从 1980 年的 75.15% 下降到 2010 年的 54.42%，每年平均下降 0.67 个百分点（见表 6－4 和图 6－4）。

表 6－4　中国城乡就业结构和人口结构（1980～2010 年）

年份	就业人员（万人）		人口（万人）	
	城镇	乡村	城镇	乡村
1980	10525	31836	19140	79565
1981	11053	32670	20171	79901
1982	11428	33867	21480	80174
1983	11746	34690	22274	80734
1984	12229	35968	24017	80340
1985	12808	37065	25094	80757
1986	13292	37990	26366	81141
1987	13783	39000	27674	81626
1988	14267	40067	28661	82365
1989	14390	40939	29540	83164
1990	17041	47708	30195	84138
1991	17465	48026	31203	84620
1992	17861	48291	32175	84996
1993	18262	48546	33173	85344
1994	18653	48802	34169	85681
1995	19040	49025	35174	85947
1996	19922	49028	37304	85085
1997	20781	49039	39449	84177
1998	21616	49021	41608	83153
1999	22412	48982	43748	82038
2000	23151	48934	45906	80837
2001	24123	48674	48064	79563
2002	25159	48121	50212	78241
2003	26230	47506	52376	76851
2004	27293	46971	54283	75705
2005	28389	46258	56212	74544
2006	29630	45348	58288	73160
2007	30953	44368	60633	71496
2008	32103	43461	62403	70399
2009	33322	42506	64512	68938
2010	34687	41418	66978	67113

资料来源：《中国人口和就业统计年鉴》（2011 年）。

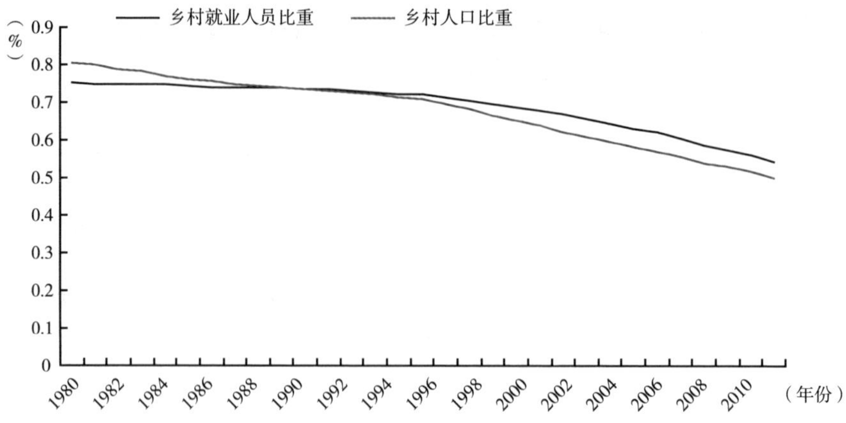

图 6-4 中国乡村就业人员和乡村人口比重趋势图（1980~2010 年）

影响乡村就业人员占总量比重的因素除了人力资本外，还有一个比较显著的因素就是乡村人口占总量的比重，所以建立如下形式的计量经济模型。

$$rl = a \cdot \ln hc + b \cdot rp + c \tag{6.16}$$

在公式（6.16）中，rl 表示乡村就业人员占就业人员总数的比例；rp 表示乡村人口占总人口的比例；hc 为就业人员劳均人力资本量；a、b、c 为待估参数。

运用 Eviews 软件对 rl、rp、$\ln hc$ 三时间序列作单位根检验得到三个时间序列均为二阶单整序列。用 1980~2010 年的数据可以得到公式(6.17)。

$$\begin{aligned} rl = &-0.4094\ln hc + 0.4061rp + 1.34 + [AR(1) = 1.41, AR(2) = -0.46] \\ &(-2.54^{**}) \quad (2.79^{**}) \quad (3.06^{***}) \quad (6.71^{***}) \quad (-2.30^{**}) \\ &R^2 = 0.9990 \quad F = 5825^{***} \quad D.W. = 2.12 \end{aligned} \tag{6.17}$$

从公式（6.17）可以看到，教育人力资本对促进农村劳动力向城镇转移具有显著作用。在其他条件不变的情况下，教育人力资本增加1%，乡村就业人员占就业人员总量的比例将下降 0.4094 个百分点。

毫无疑问，随着高等教育的普及，来自农村的大学生大部分会选择留在城镇工作，也就是说教育人力资本的增加可能会导致城镇化率的提高。从计量经济的角度看，教育人力资本增加1%，乡村人口占总人口的比例将下降0.6674个百分点〔见公式（6.18）〕。

$$
\begin{aligned}
rp &= -0.6674\ln hc + 2.12 + [AR(1) = 1.52, AR(2) = -0.57] \\
&\quad (-5.20^{***}) \quad (6.99^{**}) \qquad (8.73^{***}) \qquad (-3.44^{***}) \\
&\quad R^2 = 0.9987 \qquad F = 6545^{***} \qquad D.W. = 2.04
\end{aligned} \tag{6.18}
$$

综合公式（6.17）和公式（6.18），在其他条件不变的情况下，教育人力资本增加1%，将使约0.68%的农村劳动力向城镇转移，其中教育人力资本增加直接促进转移的约0.41%，通过影响城镇化间接促进转移的约0.27%。

第四节 农村劳动力转移促进农民增收的实证分析

一 劳动力转移促进收入增长的影响分析

我国目前具有流动性的从业人员在收入水平方面存在较大差异，这与我国劳动力资源市场存在城乡分割有着较大关系。在我国改革开放以前，劳动力市场的城乡二元格局呈现为城乡劳动力资源市场的分割。但在我国经济体制改革的不断推进过程中，乡村劳动力人口出现大规模单方向的城镇转移，从某种意义上来说改变了这种分割的局面。在同一时期，以我国传统户籍制度为核心的社会保障体系、福利体系、就业体系等城乡分割状况并没有被彻底改变，这些历史制度体系的存在严重地影响着已转移进城镇的乡村就业人口的就业、收入与生活，这种体系导致他们只能在城镇的非正规部门就业，并且直接影响他们的亲属就业和子女入学，进而形成了城乡劳动力从业人员市场的城乡二元分割。国际上通常认为城镇的非正规就业部门是指城镇地区低收入、低效率、无组织、无监管的小规模的生产部门或“三产”服务部门，主要由相对独立的工人和自谋职业的人员组成，其中一些部门也会雇用家庭劳动力和少量雇用工人或学徒。它们很少在官方统计中有详细的登记和记录信息，几乎很少或根本就没有进入有组织的正规市场、向金融机构贷款、接受正规教育和培训或享受城镇公共服务及城镇居民待遇方面的机会，而且也没有得到政府的正式承认、支持和规范。他们的权益游离于社会保障、相关劳动法律法规和应具备劳动保护措施的工作场所的范围之外。

正因为我国数量庞大的农民工从业人口尚未纳入城镇就业管理系统和城镇社会福利保障系统，他们在就业、医疗、劳动保障、福利、养老等多个方面，都难以和具有城镇户口的职工享受同等的待遇，也正因如此，国内有些学者把农民工从业人员在城镇的就业划入非正规的就业。可见，国内关于非正规部门的界定与国际上的界定存在着一定的差异。一般认为相对正规的部门会具有比较良好的工作环境、稳定的工作条件、较高的工薪水平和优厚的社会和企业福利待遇。相比而言，非正规市场则具有比较差的工作条件、微薄的工薪水平以及随时失业的可能，也是众多新进入劳动力市场的劳动者、从农村进入城镇的打工者及其他弱势就业群体的无奈选择。从整体来看，正规部门和非正规部门的不同待遇反映出来的则是城乡劳动力市场的二元分割现状，这种分割的存在使得农村劳动力人口不断向城镇转移，因为这种劳动力的流动能使就业收入有所增加。但另外一个不得不面对的事实就是，农村劳动力人口与城镇就业人员相比会遭受众多不公平的待遇，比如就业、医疗、劳动保障、福利、养老等都存在不同程度的差别。

（一）城乡劳动力资源市场的二元分割对流动从业人口接受教育培训与就业收入水平一致性的影响

可以说，劳动者平均就业报酬的差异，是人为的制度不合理性及社会弱势群体的存在等原因引起的，也是人力资本的积累差异引起的。由于我国劳动力从业人员资源市场的一些制度以及政策法规遗漏、农民工从业人员自身素质、人力资本积累程度的限制，农民工从业人员很难进入城镇的正规劳动力资源市场。同时，接受教育的状况对外来劳动力从业人员的就业收入有着相当大的影响，即受教育年限越长，收入越高。因为城乡劳动力资源市场分割，大部分农民工从业人员流动到城镇只能进入非正规劳动力市场，因此整体平均就业收入水平较低，并且劳动力市场对小学层次、初中层次、高中层次受教育水平的流动劳动人口不能从收入角度进行很好的甄别，因为这些从业人口基本上都是从事技能要求较低的体力劳动。从年龄、性别等自身特征角度对流动劳动人口收入水平的影响来看，非正规的劳动力资源市场更接近于完全竞争的自由市场。在城镇非正规劳动力市场上，劳动力从业人口的个人阅历、知识水平、经验等会随着从业年龄的增长而日益增加，就业收入也会随之逐步增加，当然也由于存在工作的不稳定性、非正规性，以及体力、观念和知识更新速度等差别，年龄大的劳动从业人员与年龄小的从业人员相比会处于劣势，到一定年龄阶段后就业收入会随着年龄的增加而逐渐减少。同时还存在性别对就业收入的影响，这个主要表现在外出劳动就业人口对不同工种的选择方面，比如女性从业人员会更倾向选择轻体力的“三产”服务行业，因此就业收入也会比其他从业人员低。

（二）城乡劳动力资源市场二元分割对流动从业人员就业行业选择及就业收入水平的影响

由于农村流动从业人员存在难以跨越产业区域分割、缺乏城镇户籍和自身素质不高等种种障碍，因此在选择城镇就业行业时多数集中在第二产业中的制造业、建筑业，第三产业中的批发零售业与餐饮服务业、社会服务业等就业收入差异较大的非正规部门。这些行业部门的整体就业收入水平偏低、行业稳定性较差、劳动时间较长，劳动者合法权益往往得不到保障，具体表现在被欠薪、无劳动保护制度、长时间加班等。而且即使一部分具有较高文化素质和较高专业技能的流动从业人员能进入相对正规的一些行业工作，但是这部分劳动人员的就业收入与城镇正规行业和具有城镇户口的劳动人员相比，整体差距还是较大，当然也不排除少部分人因为各种因素能获得较高薪水。一般而言，接受教育水平高、有专业技能的劳动者大多会选择新兴高技术行业，就业收入水平也会比第二产业和第三产业高一些，尤其是在管理岗位和熟练技术岗位从业的工人。一般服务业因为对教育程度和技术水平要求不高，所以从业人员的收入普遍偏低，比如笔者调查发现某市超市理货员普遍收入为2000元不到，而超市管理岗位的从业人员收入普遍超过2000元。

（三）城乡劳动力资源市场二元分割中不同区域劳动力资源市场对流动从业人员就业收入水平的影响

虽然流向其他区域的农村劳动力就业收入水平提高了，但是他们还是没有能够突破因没有城镇户口而不能在正规劳动力资源市场就业的障碍，还是只能在非正规的城镇劳动力资源市场就业。当前，农民流动从业人员跨省流动就业的主要方向是我国东部沿海的发达省份和大中城市，这些地区恰恰是私营经济比较发达、非正规劳动力资源市场较发达的地方，既是农民流动从业人员大量流入的区域，也是传统行业和新兴行业新旧体制矛盾和更替的前沿区域。在这些沿海地区的省市中城乡制度分割、正规与非正规部门强行分割已经被弱化，因此吸引了大批健康状况好、具有一定教育水平和技术熟练程度较高的青壮年劳动人员。但由于城乡劳动力资源市场区域分割的制度因素并没有被彻底消除，他们中的大部分还是不能在城镇正规的劳动力资源市场上自由择业、就业，也无法享受到和城镇职工同水平的就业薪水、接受教育权益、劳动保护权益、社会保障权益等城镇的社会福利项目，更难以在流入省市成为正式居民定居下来，他们只能以“候鸟式”的流动迁移方式在不同省市间往返流动。当然，其自身具有较高的教育人力资本（包括接受教育和接受培训获得）和其他区域省市较高的预期就业收益是他们迁移到其他区域务工的主要原因，并且这种不同区域之间存在的就业收入差距也是我国劳动力资源市场发育不平衡、不完善的结果。

（四）城乡劳动力资源市场二元分割对流动劳动人员就业的稳定性及收入水平的影响

相对来说，城镇正规行业的劳动就业人员工作是稳定的，并且随着劳动年限的增长和劳动经验的积累，专业技能的熟练程度会不断提高，就业工资收入水平也随之提高。但是，对于农村的流出劳动从业人员来说，受劳动力市场分割和自身教育水平及综合素质的限制，他们只能从事一些工作条件较差、工资相对较少的工作，而且存在随时失业的可能性。因为非正规的行业内部存在完全竞争的特性和充裕的劳动力，我们根据供给与需求理论可知，劳动力卖方市场将导致劳动力供过于求，劳动力就业价格也就是就业收入会被限制在一个较低的水平，拥有较丰富的劳动经验和较熟练的劳动技能只能带来相对稳定的工作和收入，并不会突破其非正规行业就业收入的整体限制。还有一个因素会对就业收入产生影响，那就是换工作的频率及就业时间，这个因素和流动劳动从业人员的自身特征紧密相关。流动时间长、有一定文化的青壮年劳动流动人口对专业技能的掌握和社会工作经验的积累都会随着就业年限的增加而提高，但对相对年轻的劳动流动人口来说，变换工作的频率越低，就业收入会越高。文化知识水平和专业技能对某些年轻外出劳动人口的就业收入及工作稳定性并没有明显的影响。对外出就业年限短、更换工作的频率比较高的某些年轻劳动流动人口来说，他们的文化程度较高，但实际工作经验比较少，专业技能掌握得还不熟练甚至没有专业技能可言，但他们对职业有一定的选择性要求，并且对未来的职业发展期望值较高，这也会导致他们工作的稳定性较差，进一步影响就业收入水平。

二　农村劳动力转移对农村居民收入的实证分析

（一）回归模型

本书的研究目的是要定量说明教育人力资本的提升通过促进农村劳

动力转移到城镇从事收入较高的行业，从而使农村居民收入有所增加。上一节实证分析了教育人力资本促进农村劳动力转移的作用，本节则进一步分析农村劳动力转移对农村居民增收的促进作用。

建立线性回归模型如下：

$$\Delta Rinc = a \cdot rl + c \tag{6.19}$$

在公式（6.19）中，$\Delta Rinc$ 为农村居民人均纯收入的一阶差分，即农村居民人均纯收入年增收量，rl 为乡村从业人员占总从业人员的比重，a、c 为待估参数。

（二）回归结果

模型所采用的样本数据为1995～2010年中部六省和全国年度数据（分别见表3－8和表6－1）。

模型9：山西省农村劳动力转移促进农民增收。

$$\begin{gathered}\Delta Rinc\_SX = -90.01rl\_SX + 80.31rl\_SX(-2) + 920.99 + [MA(1) = -0.91] \\ (-6.29^{***}) \quad (9.08^{***}) \quad (0.87) \quad (-4.73^{***}) \\ R^2 = 0.6899 \quad F = 7.42^{***} \quad D.W. = 1.55\end{gathered} \tag{6.20}$$

山西省农村劳动力转移对农村居民收入变化的线性关系不是很显著，在方程中引入劳动力转移的二阶滞后项才使得方程的系数通过1%的显著性水平检验。从回归方程看，山西省仅用农村劳动力转移作自变量可解释农村收入变化的约70%。从经济统计角度看，山西省乡村就业人员占总就业人员的比重下降1个百分点，将使山西省农村居民当期人均纯收入增加值增加90元。

模型10：安徽省农村劳动力转移促进农民增收。

$$\begin{gathered}\Delta Rinc\_AH = -107.06rl\_AH + 8793.88 \\ (-4.61^{***}) \quad (4.75^{***}) \\ R^2 = 0.6204 \quad F = 21.25^{***} \quad D.W. = 2.18\end{gathered} \tag{6.21}$$

安徽省农村劳动力转移能显著地解释农村居民收入的增加，农村劳动力转移可解释农村居民收入变化的62%左右，各参数通过1%的显著性水平检验。从经济统计角度看，安徽省乡村就业人员占总就业人员的比重下降1个百分点，将使安徽省农村居民人均纯收入的增加值增加107元。

模型11：江西省农村劳动力转移促进农民增收。

$$
\begin{gathered}
\Delta Rinc\_JX = -88.85rl\_JX + 6704.45 \\
(-6.43^{***}) \quad (6.71^{***}) \\
R^2 = 0.7608 \quad F = 41.35^{***} \quad D.W. = 2.17
\end{gathered} \tag{6.22}
$$

江西省农村劳动力转移能显著地解释农村居民收入的增加，农村劳动力转移可解释农村居民收入变化的76%左右，各参数通过1%的显著性水平检验。从经济统计角度看，江西省乡村就业人员占总就业人员的比重下降1个百分点，将使江西省农村居民人均纯收入的增加值增加88.85元。

模型12：河南省农村劳动力转移促进农民增收。

$$
\begin{gathered}
\Delta Rinc\_HE = -155.15rl\_HE(-1) + 13377.74 + \hat{\varepsilon} \\
(-2.29^{**}) \qquad\qquad (2.39^{**}) \\
\hat{\varepsilon}_t = 0.91\hat{\varepsilon}_{t-1} + 0.90\hat{\varepsilon}_{t-2} + 0.99\hat{\varepsilon}_{t-3} \\
(7.15^{***}) \quad (15.42^{***}) \quad (6.15^{***}) \\
R^2 = 0.7164 \quad F = 6.95^{***} \quad D.W. = 1.51
\end{gathered} \tag{6.23}
$$

河南省农村劳动力转移能显著地解释农村居民收入的增加，农村劳动力转移可解释农村居民收入变化的72%左右，各参数通过5%的显著性水平检验。从经济统计角度看，河南省乡村就业人员占总就业人员的比重下降1个百分点，将使河南省农村居民人均纯收入的增加值增加155.15元。

模型13：湖北省农村劳动力转移促进农民增收。

$$
\begin{gathered}
\Delta Rinc\_HB = -86.85rl\_HB + 5942.79 \\
(-3.88^{***}) \quad (4.08^{***}) \\
R^2 = 0.5373 \quad F = 15.09^{***} \quad D.W. = 1.14
\end{gathered} \tag{6.24}
$$

湖北省农村劳动力转移能显著地解释农村居民收入的增加，农村劳动力转移可解释农村居民收入变化的54%左右，各参数通过1%的显著性水平检验。从经济统计角度看，湖北省乡村就业人员占总就业人员的比重下降1个百分点，将使湖北省农村居民人均纯收入的增加值增加86.85元。

模型14：湖南省农村劳动力转移促进农民增收。

$$\begin{gathered} \Delta Rinc\_HN = -49.83rl\_HN + 4012.79 \\ (-5.69^{***}) \quad (6.11^{***}) \\ R^2 = 0.7136 \quad F = 32.40^{***} \quad D.W. = 1.54 \end{gathered} \tag{6.25}$$

湖南省农村劳动力转移能显著地解释农村居民收入的增加，农村劳动力转移可解释农村居民收入变化的71%左右，各参数通过1%的显著性水平检验。从经济统计角度看，湖南省乡村就业人员占总就业人员的比重下降1个百分点，将使湖南省农村居民人均纯收入的增加值增加49.83元。

模型15：中部地区农村劳动力转移促进农民增收。

建立如下形式的面板数据模型：

$$\Delta Rinc = \beta rl + c + \varepsilon \tag{6.26}$$

在公式（6.26）中，$\Delta Rinc$ 为农村居民人均纯收入一阶差分（增收量）矩阵向量，rl 为乡村就业人员占总就业人员比重矩阵向量，β、c 为待估矩阵向量，ε 为残差向量。

本模型是把中部六省作为一个整体说明农村劳动力转移对收入的整体效应，故假定 $\beta_i = \beta$。

通过对公式（6.26）进行参数估计，发现决定系数不到0.5，而且残差存在较强的序列相关。所以增加被解释变量的一阶滞后作为解释变量，即把公式（6.26）修正为：

$$\Delta Rinc = \alpha \Delta Rinc(-1) + \beta rl + c + \varepsilon \tag{6.27}$$

式（6.27）中，$\Delta Rinc$（-1）为$\Delta Rinc$的一阶滞后项。

面板数据模型估计结果见表6-5。

表6-5　中部六省农村劳动力转移促进农村居民增收面板数据模型参数估计

	估计值	标准差	t统计量	相伴概率
rl	-80.1735	11.0319	-7.2674	0.0000
$\Delta Rinc(-1)$	-0.3697	0.1412	-2.6178	0.0106
$AR(1)$	0.5701	0.0926	6.1576	0.0000
常数项	6163.0510	813.0358	7.5803	0.0000
$R^2=0.6784$　$F=18.99$　$D.W.=2.13$				

注：$AR(1)$ 为一阶自回归算子。

把中部六省作为一个整体来看，农村劳动力转移能显著地增加农村居民收入。农村劳动力转移1个百分点，将使当期居民收入增加80.17元。

模型16：全国农村劳动力转移促进农民增收。

$$\Delta Rinc\_N = -33.50 rl\_N + 2426.11 \quad (6.28)$$
$$(-5.02^{***}) \quad (5.68^{***})$$
$$R^2 = 0.6593 \quad F = 25.15^{***} \quad D.W. = 1.25$$

全国农村劳动力转移能显著地解释农村居民收入的增加，农村劳动力转移可解释农村居民收入变化的66%左右，各参数通过1%的显著性水平检验。从经济统计角度看，全国乡村就业人员占总就业人员的比重下降1个百分点，将使农村居民人均纯收入的增加值增加33.50元。

（三）实证结论

从中部六省和全国数据的实证分析结果可以得知，农村劳动力转移到城镇从事收入相对较高的工作使得农村居民人均纯收入有显著的提高。

农村劳动力向城镇转移能有效地促进农民增收，应加强对农村劳动力的教育培训，科学引导农村劳动力向城镇转移。从作用大小来看，河南省农村劳动力转移对农民增收的促进作用最大，乡村就业人员占总就业人员的比例下降 1 个百分点，将使河南省农村居民人均纯收入每年增加 155.15 元，这是全国水平的近 5 倍。但同时也应看到河南省是一个农业大省，2010 年乡村就业人员 4915 万人，占全国乡村就业人员总量的 11.87%，是山西省乡村就业人员的 4.47 倍。对河南省而言，乡村就业人员占总就业人员比重下降 1 个百分点，意味着要使 60 多万[①]农村劳动力进城就业。同样的，安徽省转移近 40 万农村劳动力进城，将使农村居民以每年 107.06 元递增的方式增收，山西省转移近 17 万农村劳动力，将使农村居民人均收入增加量增加 90.01 元，江西省转移近 25 万农村劳动力，将使农村居民人均收入增加量增加 88.85 元，湖北省转移近 36 万农村劳动力，将使农村居民人均收入增加量增加 86.85 元，湖南省转移近 40 万农村劳动力，将使农村居民人均收入增加量增加 49.83 元。山西、安徽、江西、河南、湖北和湖南六省每转移 1 万农村劳动力，将使相应省份农村居民人均收入分别增加 5.29 元、2.68 元、3.55 元、2.59 元、2.41 元和 1.25 元（见图 6-5 和图 6-6）。

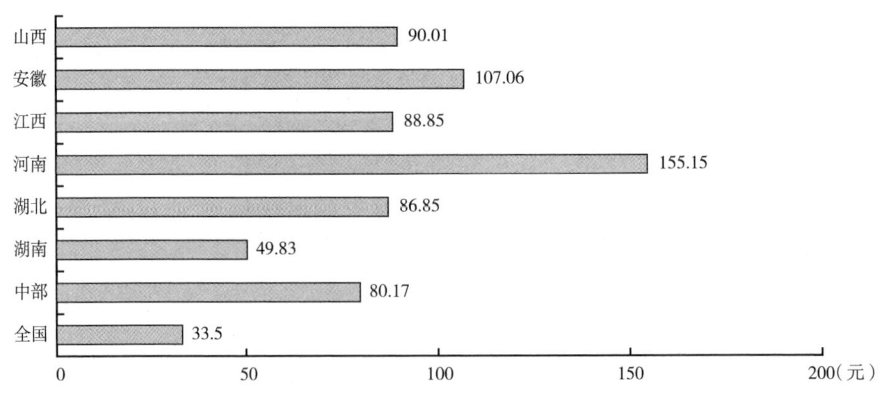

图 6-5　中国及中部六省农村劳动力转移促进农村居民增收的作用程度

① 2010 年末河南省就业人员为 6042 万人。

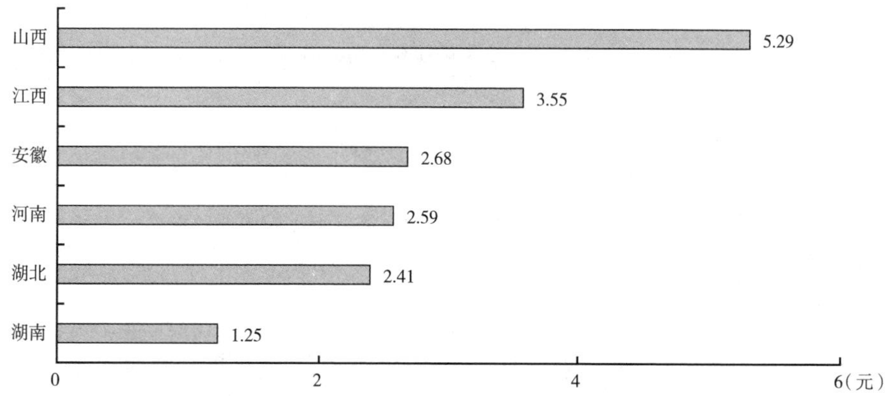

图 6－6　中国及中部六省每万农村劳动力转移对农村居民增收的作用

第五节　教育人力资本促进农村居民增收的路径分析

通常的回归模型可以包含多个自变量，但只能包含一个因变量。而许多因果效应的问题，因变量往往不止一个。回归分析的另一个局限是，只能分析直接效应，不能分析间接效应。如何把人力资本对经济增长的影响分解为直接效应和间接效应？笔者借用社会学中的路径分析法来有效地解决这个问题。路径分析是由生物学家 Wright 最先提出并发展起来的一种分析因果模型的技术。

通过前文的理论分析可知，一方面教育人力资本的提升可直接使农村居民人均收入增加，另一方面可促使农村劳动力转移从而增加农村居民的非农收入，其作用路径见图 6－7。

路径方程取线性形式：

$$Rinc = b_0 + b_1 \cdot hc + b_2 \cdot ul + u \tag{6.29}$$

在公式（6.29）中，$Rinc$ 为农村居民人均纯收入（见表 3－8）；hc 为教育人力资本（见表 6－2）；ul 反映劳动力转移，为 rl（见表 6－1）

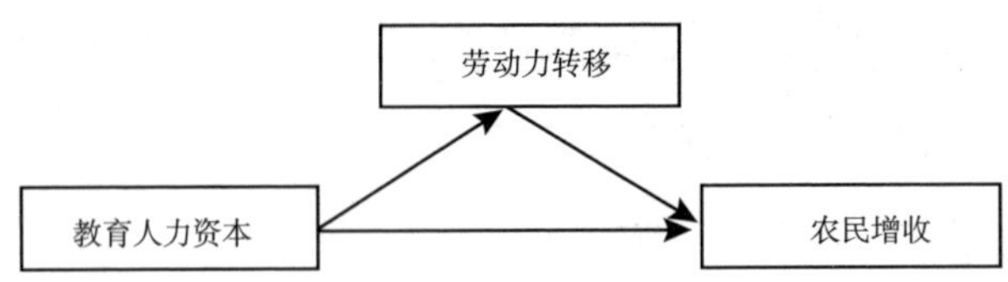

图 6－7 教育人力资本、劳动力转移与农民增收路径图

的逆指标。

在路径分析中，通常采用标准化系数作为路径系数，路径系数能够定量地表示各变量间因果关系的强弱，是路径分析中最重要的概念之一。所以，首先应对各变量进行标准化。

记 $X_1 = hc$，$X_2 = rl$，$X_3 = Rinc$；$x_i = \frac{X_i - \bar{X}_i}{\sigma_i}$ $i = 1,2,3$，σ 为标准差；$\mu = \frac{u - \bar{u}}{\sigma_u}$。此即为标准化过程，于是方程（6.29）标准化为公式（6.30）。

$$x_3 = \beta_1 x_1 + \beta_2 x_2 + \mu \tag{6.30}$$

在公式（6.30）两边分别乘以 x_1 和 x_2，得到：

$$x_1 x_3 = \beta_1 x_1 x_1 + \beta_2 x_1 x_2 + x_1 \mu \tag{6.31}$$

$$x_2 x_3 = \beta_1 x_2 x_1 + \beta_2 x_2 x_2 + x_2 \mu \tag{6.32}$$

所有观测变量都是标准化变量，此时，协方差等于该两变量之间的相关系数，并且协方差具有线性性质，所以有：

$$\begin{cases} r_{13} = \beta_1 + \beta_2 r_{12} \\ r_{23} = \beta_1 r_{12} + \beta_2 \end{cases} \tag{6.33}$$

公式（6.33）中的第一个方程的含义为人力资本对经济增长的作用，可分为直接作用 β_1 部分和间接作用 $\beta_2 r_{12}$ 部分。

解公式（6.33）得到：

$$\begin{cases}\beta_1 = \dfrac{r_{13} - r_{12} \cdot r_{23}}{1 - r_{12}^2} \\ \beta_2 \cdot r_{12} = r_{13} - \beta_1\end{cases} \tag{6.34}$$

运用 Eviews 软件可分别得到中部六省教育人力资本、劳动力转移和农民增收两变量之间的相关系数 r_{12} 、r_{13} 和 r_{23} ，然后代入公式（6.34）得到 β_1 和 $\beta_2 \cdot r_{12}$（结果见表 6-6）。中部六省教育促进农村居民收入增长作用的分解情况如表 6-7 和图 6-8 所示。

表 6-6　中部六省教育促进农村居民收入增长路径系数

	山西	安徽	江西	河南	湖北	湖南
r_{12}	0.507	0.453	0.567	0.436	0.873	0.661
r_{23}	0.664	0.807	0.887	0.806	0.831	0.898
r_{13}	0.633	0.547	0.619	0.434	0.815	0.714
β_1	0.399	0.228	0.171	0.102	0.376	0.214
$\beta_2 \cdot r_{12}$	0.234	0.319	0.448	0.332	0.439	0.500

表 6-7　中部六省教育促进农村居民收入增长作用分解

单位：%

	山西	安徽	江西	河南	湖北	湖南
直接作用	63.02	41.73	27.64	23.49	46.19	29.95
间接作用	36.98	58.27	72.36	76.51	53.81	70.05

从路径分析结果看，除山西省外，中部其他五省教育人力资本通过带动农村劳动力向城镇转移来促进农村居民增收的间接作用都要明显大于教育人力资本提升直接带来的收入增长。这一结论与接受了高中教育的农村新增劳动力绝大部分选择外出打工这一实际情况是完全吻合的。

从上面的分析可以发现，教育人力资本提升引起农村劳动力转移促进农民增收的间接作用要高于教育人力资本提升直接带来的收入增长，因此我们可以认为应该大力促进教育人力资本的提升，并通过直接和间接作用达到促使农村居民增收的目的。

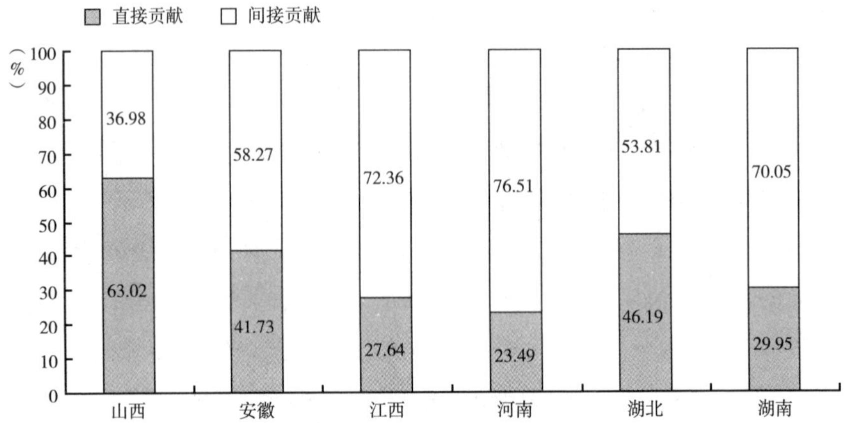

图 6-8 教育人力资本促进农民增收作用分解

第六节 促使农村劳动力合理转移的政策建议

城乡收入差距导致农村劳动力转移，因此城乡收入差距是农村劳动力转移的因素之一，而劳动力转移又会导致城乡收入差距的变化。理论上说，迁移前后两地之间的收入差距首先体现在迁入地较高收入的边际效用上，因而要提高迁入地较高收入的边际效用。

一 提高迁入地收入的边际效用

（一）合理规范农民工工资，建立农民工工资保障制度

为保障城市的基本建设和农村劳动力的正常流动，有必要根据城市物价水平，合理调高农民工工资；加强对外来劳动人口集聚较多的建筑、服务、餐饮等行业的日常监管；对拖欠农民工工资的单位必须建立预警体系，对连续拖欠农民工工资的单位向社会公开并尝试纳入农民工工资保证金制度，也就是当农民工的工资被拖欠时，政府可启动该项保证金，保证农民工能够及时、足额拿到自己的血汗钱，保证金的形成主

要是用工单位依据工资水平的一定比例向政府预付缴纳。

（二）建立农民工子女的社会福利保障制度，全面保证农村迁移人员的应有社会权益

教育主管部门应把九年义务教育制度覆盖到农民工子女身上，保障其基本的接受教育的权利。2008 年年初，浙江省教育厅宣布免除符合入学条件的民工子女的义务教育借读费，民工子女在城市读书和本地的孩子完全一样，同时倡议将这种同等待遇政策适时适地推广至全国各省份。除此之外，学校的学杂费减免、奖学金发放、生活费补助等照顾性政策也要建立起来，主要向收入水平不高的农民工子女倾斜。在农民工及其子女的医疗保险方面，有必要建立农民工及其子女的大病或疾病住院保障机制，尝试推行同城市户口居民相同的医疗保障制度，逐渐把农民工纳入城市的公共卫生服务保障体系。

（三）健全社会救助制度，必要时为农民工提供援助

经济层面上的社会救助制度包括：在最低生活保障上，保障的对象逐步由非农户口的城镇居民扩展到包括农民工在内的人均收入低于当地生活保障标准的所有人员；在失业救助上，明确经济补偿标准，把失业期间的失业补贴切实发放到农民工手里；在医疗救助上，考虑为农民工建立医疗保险制度和工伤保险制度。把针对农民工群体的社会救助体系，纳入城镇原有的弱势群体救助体系，多方面拓宽救助资金的来源渠道，形成一种可持续发展的长效机制。

提高和保障农民工工资，可以通过缩小城乡收入差距直接提高转移就业人口的收入的名义效用；实施农民工子女义务教育制度和医疗保障制度，健全社会救助体系，可以从产品和服务的价格角度降低生存成本，提高劳动力转移就业所得收入的实际效用。

二　降低迁入地收入的成本率

劳动力转移前后两地之间的收入差距不仅体现在迁入地较高收入的

边际效用上，也体现在迁入地较高收入的成本率上，因而要降低迁入地较高收入的成本率。

（一）注重信息引导，完善信息发布渠道，降低农村劳动力转移就业的信息搜寻成本

靠“资深”外出农民工帮带的传统方式提供的就业信息量很小、可靠性差，市场化的中介组织信息价格又较高，农民工就业信息的取得成本较大，因此地方政府应不断提高农民工就业的社会组织程度，组织专门人员和机构大力开拓劳动就业市场，广泛收集各方用工信息，确保信息的真实可靠，并以电视、电台、报纸、宣传栏等途径向农民传递各地劳动力市场的需求信息，并使这项工作长期化、稳定化。要建立统一、开放、竞争、有序的城乡一体化的劳动力市场，加大对农民工的服务力度。要建立和规范劳动力中介市场，严厉打击发布虚假信息骗取农民工钱财的非法中介组织，鼓励发展各类专业劳动力市场，并严格控制信息价格。

（二）加强对农民工的教育培训，降低农村劳动力转移就业的自身投入成本

中央政府要划拨专项转移支付资金补贴输出地政府，用以输出农民工的技能培训；政府也可以采取措施激励企业办学，对创办农民工学校并积极开展培训的企业，给予教育培训补贴。在农民工输入地，要启动专门针对农民工的教育培训系统，创办农民工学校，加大对农民工的职业培训，以适应劳动力市场由单纯的体力型向专业型、技术技能型转变的要求；要规范农民工的劳动关系，努力实现农民工就业的稳定，只有让农民工安居乐业，针对农民工的技能培训才能够收到实效；还需建立个人激励机制，提高农民工培训、学习的积极性。各地政府共同努力，减少农民进军市场的障碍性约束，降低非农就业农民自身所需的投入。

（三）切实维护农民工的平等就业权、劳动报酬权与生命健康权，保护其劳动权益

必须坚决取消对外来人口就业的各种政策限制与地域歧视，让外来农民获得合理的工资报酬，保障外来人口的平等就业权和劳动报酬权。把转移农民的工作时间控制在正常合理的范围内，切实保障其休息权。健全劳动保护与劳动监察、安全监管机制，确保转移农民的生命与健康权益不受损害。坚决消除农民工工资的克扣、拖欠现象，对恶意拖欠、情节严重的用人单位，可以采取必要的法律手段，切实维护转移农民的劳动权益。

（四）赋予外来务工人员民主权利，让外来人员融入当地软环境，消减其心理负担成本

为避免外来农民工产生受当地人歧视和排挤的心理阴影，有必要改进现行的选举制度，完善人民团体制度，赋予农民工有序参与当地政治事务的民主权利。城市的人民代表大会、政协、妇联等组织和团体，应当明确规定有农民工代表，为农民工提供合适的参与当地政治事务的途径，让农民工实现有序参与当地政治决策的民主权利。消除影响外来人员与当地居民关系的潜在隔阂，城市社区应将农民工视为社区成员平等对待，各种公共服务网络应当让农民工与城市居民共享，尽力消除农民工与当地居民的精神文化隔阂，减轻和消除外来人员的心理负担。

以上四项措施可以降低农村劳动力向城镇转移、在城镇就业的成本代价，减小非农收入的成本率，促进农村劳动力的转移达到最优状态。[①]

① 黄国华：《农村劳动力转移与城乡收入差距的因应——来自全国29个省市的经验数据》，《北京理工大学学报》（社会科学版）2010年第4期。

第七章　教育投资体系均衡发展促进社会均衡发展

通过第 3 章至第 5 章的理论探讨与对中部地区的实证分析可以发现，城乡居民的教育投资可以促进教育人力资本的积累，城乡居民教育投资对城乡居民收入增长、缩小城乡居民收入差距、消除城乡二元就业以及劳动力转移等多方面都具有显著作用，可以认为教育投资体系的均衡发展会直接影响到社会的均衡发展。本章就如何通过教育投资体系均衡发展加快社会均衡发展提出一些政策建议，为进一步加大和规范政府和居民的教育投资提供更有利的体系保障。

第一节　政府应逐步加大教育经费投入力度

国家财政性教育经费占国内生产总值 4% 的投入指标是世界衡量教育水平的基础线。据统计，在国家财政性教育投入上，目前世界平均水平为 7% 左右，其中发达国家达到 9% 左右，经济欠发达的国家也达到 4.1%，而我国的教育经费占 GDP 的比重在 2012 年首次达到 4% 的预期标准。

据报载，教育经费占 GDP 的比重，世界平均水平为 4.9%，发达国家为 5.1%，欠发达国家为 4.1%。上网查询得知，2001 年，世界上教育经费投入最多的国家是丹麦，为 7.71%。以下是笔者收集的一些教育经费投入的数据。

韩国政府规定，1991～2001年，每年将按韩国的国民生产总值的0.1%加大教育经费投入。2001年教育总投资占GDP的比重为7.03%，位于丹麦7.71%之后，居世界第二。

日本教育投入总值与国民生产总值的比重一直处于比较高的水平。除1970年均保持在5%以上，1980年该比重曾经达到6.8%。1998年占国民生产总值的比例为6.0%。菲律宾也达到4.2%。

德国2009年和2010年向幼儿园、中小学、高校、社区进修机构等投入86亿欧元；到2015年，德国在教育和科研领域的投入提高到占国内生产总值的10%。

美国在1975年以来的多数年份，教育经费总投入占GDP的比重保持在7%以上，高强度的教育投入是美国教育发展的持续动力，且美国人口仅为我国的20%。

印度1998年教育经费占GDP的比重是3.8%，2003年达5%，政府承诺在未来几年内比重将提高到6%。这些资金通过印度大学拨款委员会落实到院校头上。

由以上比较可知，我国教育投入占GDP比重4%只是刚刚及格，当前我们的校车安全、营养午餐等问题，都是一时难以解决的问题，所以今后政府还要继续提高教育投入的比重。因此，达到4%，只是教育改革和发展的新起点，必须采取更有效的措施加强教育投入体系的建设。

一　合理引导居民消费支出倾向，优化各级政府财政支出结构

引导居民合理消费成为提高消费、促进内需的首要任务。居民消费投资方向会受整体收入水平的影响，在收入较低的情况下，会先解决温饱问题，将主要的收入用于基本生活开支，基尼系数会比较高；只有在收入较高的情况下，居民才能有计划有目的地进行消费投资。

根据中国家庭金融调查数据，2010年中国家庭收入的基尼系数为

0.61，城镇家庭内部的基尼系数为0.56，农村家庭内部的基尼系数为0.60。这一系列的数据显示，中国无论是从城镇还是从农村来看，贫富差距都过大。

中国家庭金融调查与研究中心主任甘犁表示，中国收入不均程度罕见，但从各国经济的发展历程来看，高基尼系数是经济高速发展过程中的常见现象，是市场有效配置资源的自然结果，它并不可怕。在短期内要缩小收入差距可以通过政府的二次分配政策来实现，而在长期则需要通过全面提高教育水平以实现机会均等。

报告还显示，造成农村与城镇贫困家庭低收入的主要原因均为受教育程度较低，而农村贫困家庭低收入则还受到户主健康状况与社会保障程度的影响。

保障教育财政投入是支撑国家长远发展的基础性、战略性投资，是发展教育事业的重要物质基础，是公共财政保障的重点。党中央、国务院始终坚持优先发展教育，高度重视增加财政教育投入，先后出台了一系列加大财政教育投入的政策措施。在各地区、各有关部门的共同努力下，我国财政教育投入持续大幅增长。2001～2010年，公共财政教育投入从约2700亿元增加到约14200亿元，年均增长20.2%，高于同期财政收入年均增长幅度；教育支出占财政支出的比重从14.3%提高到15.8%，已成为公共财政的第一大支出。财政教育投入的大幅增加，为教育改革发展提供了有力支持。当前，我国城乡免费义务教育全面实现，职业教育快速发展，高等教育进入大众化阶段，办学条件显著改善，教育公平迈出重大步伐。

新形势下继续增加财政教育投入，是推动科学发展、建设人力资源强国的迫切需要；是全面落实教育规划纲要，推动教育优先发展的重要保障；是履行公共财政职能，加快财税体制改革，完善基本公共服务体系的一项紧迫任务。地方各级人民政府、各有关部门必须切实贯彻党的教育方针，深入领会加大财政教育投入的重要意义，进一步提高思想认识，增强责任感和紧迫感，采取有力措施，切实保证经济社会发展规划优先安排教育发展，财政资金优先保障教育投入，公共资源优先满足教育和人力资源开发需要。

按期实现4%目标，资金投入量大，任务十分艰巨。各地区、各有关部门要认真贯彻落实国务院关于拓宽财政性教育经费来源渠道的各项政策措施，进一步调整优化财政支出结构，切实提高公共财政支出中教育支出所占比重。中央财政要充分发挥表率作用，进一步加大对地方特别是中西部地区教育事业发展的转移支付力度，同时增加本级教育支出。地方各级人民政府要切实按照教育规划纲要要求，根据本地区教育事业发展需要，统筹规划，落实责任，大幅度增加教育投入。

调整政府财政的具体支出结构，努力保障教育支出经费占GDP的比重，必须按照《国家中长期教育改革和发展规划纲要（2010～2020）》的要求，优先保障教育投入。各级政府在安排各级财政支出预算时，应将新增财政财力优先向教育领域倾斜，要把支持教育事业发展的投入作为各级政府社会公共投资的重点，加强教育的基础性投入，优化教育投资结构，促使教育投资体系成为社会发展体系的一个重要部分。与此同时，国家要根据各地区省市间社会经济发展的实际情况，对占GDP 4%的教育经费投入目标任务进行分地区、分省市、分城乡的分解，使各级政府都明确教育投资责任，并根据实际情况制定行之有效的具体实施方案，切实把教育经费投入落实到位。

省级财政和教育管理相关部门要加大基础性教育投入，特别是义务教育经费统筹力度，优化教育支出结构，在教育经费安排上重点向农村、边远、少数民族、贫困地区适当倾斜，向义务教育发展的薄弱环节倾斜，解决当前最需要解决的教育经费投入的问题。县级财政和同级教育相关部门在安排中小学校的财政预算时，也要优先保证中小学校的基本办学条件和基本教育活动和教学工作需要，确保县乡中小学校的教师工资能按时足额发放，切实保障中小学校的正常运转，要加大对贫困地区薄弱学校的教育投入扶持力度。各级中小学校要优先保证教学基本支出，分轻重缓急并合理安排教育经费项目支出。

二　重点健全义务教育经费保障机制

如果让市场来提供义务教育往往会缺乏效率，而且也无法满足人们对教育公平的要求。基于公平角度而支持由政府来提供义务教育的观点有很多，比较有代表性的主要有两种：一种是公共产品应该平等的观点，普遍认为接受教育应该是一种社会公民权利，人人都有权利获得，并且不应该受到社会各阶层的偏见和不同家庭经济收入预算的制约。教育是公共产品，应当是免费的，特别在初等教育阶段和基础教育阶段更应该是这样。另一种观点是义务教育具有收入分配和再分配的功能。持这种观点的人认为，义务教育阶段的贫困家庭的孩子数量最多，所以政府应该免费提供义务教育，受益最多的实际上是贫困家庭的孩子们。基础教育产品的免费获得有利于教育机会均等，而均等的接受教育机会又能缩小社会整体收入分配的差距，最终实现社会整体均衡。如果接受义务教育的机会均等没有得到保障，在非义务教育阶段乃至人力资本市场上就更不可能有公平竞争的机会，原有的社会收入差距不仅会继续延续下去，而且将进一步扩大。

从全世界的角度看，义务教育的实现首先要有健全的法律法规约束，其次要有政府的教育经费作为基础，两者必须同时具备。通过法律保障可以使义务教育的强制性得以实现，通过政府的教育财政支出和教育投入可以保证义务教育阶段的费用。在义务教育的发展过程中，政府扮演着十分重要的角色。韦斯特对此做了非常深入的研究分析，他提出，中小学教育因为涉及的对象主要是少年儿童，他们缺乏必要的判断能力和决策能力，而其父母的决策往往会受到他们自身素质和家庭收入能力的影响，因此政府有必要对基础教育进行强制干预。从社会经济价值的角度思考，又有研究表明，中小学的教育尤其是初等层次教育的社会收益远远大于接受教育者所得到的个人收益，因此根据谁受益谁付费、受益多付费多的原则，政府应该重视基础义务教育，并确保提供较多的教育经费支持。而且因为义务教育是一种全民教育，义务教育的数量和质量会直接影响一个国家和国民的整体素质水平，也是综合国力的一种体现，所以实行免费义务教育是政府当仁不让的责任，世界各国都非常重视义务教育的投入，并将之视为社会公共产品的内容之一。

在我国义务教育财政体系的确立过程中，中央和省级政府相对弱化了其对义务教育的经费投入责任，而以县乡为主的地方政府由于自身财政能力非常有限，有些地方财政根本无力承担本级义务教育的经费投入，因此只得多渠道筹措义务教育经费。这样做的结果，一方面产生了各种不良现象，比如乱集资、乱摊派、乱收费，更加重了农村劳动人口的负担；另一方面也弱化了政府对义务教育的经费投入责任。各种实践表明，多渠道筹集义务教育经费只能是一种权宜之计，不应该成为我国义务教育财政支出的固定模式。义务教育经费投入不足的问题，必须通过从根本上确立政府的义务教育投入责任来解决。可喜的是，从2008年9月开始，我国实现了城乡义务教育全部免除学杂费，惠及1.6亿学生。“十一五”期间，国家财政新增义务教育经费累计达2182亿元。

从1986年颁布义务教育法确立九年义务教育制度算起，我国用22年的时间走过了西方国家近百年的普及义务教育之路。从农村到城市，从西部到东部，从试点到推广，从全面普及到全面免除学杂费，短短几十年，我国义务教育事业实现了“大步跨越”发展，书写了“中国教育史上的奇迹”。

我国政府提出力争在2012年实现区域内义务教育初步均衡，到2020年实现区域内义务教育基本均衡。各地重点推动县域内率先实现义务教育均衡发展，进一步将义务教育资源向农村倾斜、向中西部倾斜、向薄弱学校倾斜。

2010年，中央财政将农村义务教育阶段学校生均公用经费基准定额提高 100 元，对不足 100 人的农村小学教学点按 100 人核定公用经费补助资金。为此，全国财政新增经费 145.4 亿元。

近年来，国家设立专项资金，重点支持农村薄弱学校配置图书、教学实验仪器设备、体音美卫等器材，为农村薄弱学校每个班级配置多媒体远程教学设备，从而提高了教育信息化水平和农村义务教育质量。

国家继续实施“农村义务教育阶段学校教师特设岗位计划”“农村学校教育硕士师资培养计划”等，为农村义务教育培养高素质教师。2010 年中央财政投入 5.5 亿元，组织实施“国培计划”，积极促进教师队伍整体水平的提高。

国家继续完善城乡教师交流制度。城镇教师支教工作继续在全国由点到面，普遍开展。各地普遍加强优质学校和薄弱学校之间的教师交流，一些地方将薄弱学校和优质学校联为一体，实行一套领导班子、一样考核体系、一支教师队伍，促进薄弱学校的同步发展。

这一系列措施，对于扶持农村义务教育发展、促进义务教育城乡一体化起到了巨大作用。

三　深化教育投资的高收益性，规范非义务教育成本分担制度

目前中国尤其是农村贫困地区出现的高等教育投资意愿降低现象，从根本上讲是近年来人力资本收益的不确定性导致的，非义务阶段的教育需要政府、个人共同努力，进一步提高教育投资的收益回报率，另外还要注意控制教育投资的风险。

我国在 1985 年以后逐步形成了非义务教育阶段的成本分担制度。1985 年发布的《中共中央关于教育体制改革的决定》指出，高等学校可以在计划外招收少量的自费生，学生应交纳一定数量的培养费。1989 年，国家教委等三部委联合发出《关于普通高等学校收取学杂费和住宿费的规定》，从政策上肯定了高等教育应该实行成本分担和成本补偿制度。1992 年，我国高等教育开始较大范围地推行招生收费制度改革，

自费学生的比例迅速提高，学费水平也逐年提高。1993 年以后我国进行了公费生和自费生并轨的试点。试点学校的新生，不分公费和自费，统一收费。1997 年全国范围内高等学校普遍“并轨”，高等教育全面实行收费制度，1950 年以来实行的高等教育免费制度从此宣告结束。在高等教育实行成本分担制度的同时，高中阶段教育也以不同形式建立了成本分担制度。

实行非义务教育阶段的教育成本分担制度，是我国国情的必然选择，是加快发展教育事业的必然选择，是将沉重的人口负担转化为人力资源优势的必然选择。没有非义务教育阶段的教育成本分担制度，就不会有 20 世纪 90 年代以来教育事业的跨越式发展，也不可能在较短时间内进入高等教育大众化阶段。在构建国民教育体系的进程中，要坚持并不断完善非义务教育阶段的教育成本分担制度，形成多元化的教育投入体制。高中阶段教育以政府投入为主，职业教育和高等教育实行政府投入和社会投入相互补充。

完善非义务教育阶段的教育成本分担制度，在指导思想上不能淡化对教育公平的要求。在国际范围内，非义务教育成本分担指非义务教育成本完全或几乎完全由政府负担转向至少部分地依靠家长和学生负担，以交学费的方式补偿部分教学成本，或以支付使用费来补偿由政府或学校提供的住宿和膳食。其基本理念是将一部分成本转移给付得起费的家长，并在经济状况调查基础上对付不起学费的人予以资助，更好地实现教育公平。如果没有完善的教育资助制度，实行成本分担不但不会推进教育公平，相反会严重损害教育公平。在完善非义务教育阶段教育成本分担制度的过程中，要健全面向各阶段学生的资助制度，完善贫困家庭学生助学体系，将教育资助制度提高到与成本分担制度并列、并重、并行的位置。

完善非义务教育阶段的教育成本分担制度，要考虑人民群众的承受能力，研究和确定合理的分担比例。实行教育成本分担，政府首先要保障投入，尽到责任。国家是教育的最大受益者，提高全民科学文化素质，培养各级各类专门人才，是国家走向繁荣昌盛的必由之路，国家应承担教育投入的大头。不能一搞成本分担，就转移负担，淡化政府的办学责任，使政府和个人分担角色发生错位。要切实认识到政府财政仍然是非义务教育办学经费的主要来源，是教育投资的主渠道，对学生家庭承担的教育费用一定要取之有度。如果一方面动员群众将消费热点转向教育，一方面却减少对教育的投入或将本应投入教育的经费挪作他用，就会严重挫伤人民群众和社会各界投资教育的积极性。

完善非义务教育阶段的教育成本分担制度，要规范教育收费，建立严格的教育收费公示制度。教育收费涉及千家万户，涉及广大人民群众最关心、最直接、最现实的利益。群众利益无小事。要从维护人民群众的根本利益出发，正确认识教育收费问题。在制定或调整教育收费政策时，要多深入基层，听取群众意见，向群众做好宣传工作，得到他们的理解和支持。要规范教育收费行为，完善监督管理措施，增加透明度，治理乱收费。收费项目、标准、范围必须经过严格审批，禁止越权收费、超标准收费、自立项目收费等乱收费行为。要通过多种形式、多种渠道向社会公布收费项目、收费标准等相关内容，便于社会监督，保护学生及其家长的合法权益。

四　多渠道吸纳社会资金办教育

加快教育事业发展，必须建立多元化的市场资本投入体制，多渠道广泛吸纳社会不同资金，促进教育事业的进一步可持续发展。

鼓励和支持大力发展民办教育事业。我国受教育人口数目庞大，国家财力不足，人民群众的教育需求层次是多种多样的。加快发展民办教育事业，既是缓解国家财政压力的需要，也是满足人民群众多样化教育需求的需要。民办教育事业发展了，政府才有可能以更多的资金办好公办学校。民办学校办得越多，公办学校就可能办得越好。如果我们有较多学生的上学问题被民办教育解决了，公办学校的学生就能得到更多的教育经费。改革开放以来，特别是20世纪90年代以来，我国的民办教育水平有了非常大的发展。各级和各类民办教育机构实力逐步增强，在整个国民教育体系中所占的比重在逐渐增大，民办教育的教学质量也在不断提高。民办教育机构已经迅速发展成为我国国民教育体系中不可或缺的一分子，为广大人民群众提供了更多的接受教育的机会。为了不断加强民办教育，2002年，我国颁布了《民办教育促进法》，从法律上保证了民办学校与公办学校作为教育机构的同等地位，明确了民办学校的举办者、教师及学生与公办学校的平等权利。《民办教育促进法》的立法宗旨是“促进”，着眼于民办教育在我国教育体系中比重仍然偏小的实际，努力采取积极的政策和措施来推动。与其他国家的民办教育法规相比，《民办教育促进法》赋予我国民办学校特殊的优惠待遇——允许合理回报。民办学校与公办学校的办学资金来源不同，既然允许投资办学，举办者从中取得一定的合理回报也是自然的。在构建国民教育体系的进程中，要努力促进民办教育事业健康发展。

鼓励社会各界捐资助教。捐资助教指社会各界、人民团体、企事业单位以及个人，在法令法规确认承担的义务以外，自愿无偿地从财力、物力等方面给教育以积极的支持。社会捐助是教育经费的重要补充来源，对加速教育事业发展具有重要作用。我国素有捐资助教、捐资兴学的优良传统。民间捐助曾经对我国古代书院的发展起了重要作用，近代教育的开启也得到了大量的民间捐助，特别是开明商人的捐助。在中国教育发展史上有许多捐资助教、捐资兴学的可歌可泣的感人篇章，许多华侨为发展祖国教育事业做出了重要贡献。在构建国民教育体系过程中，要本着自愿、量力、受益的原则，广泛调动社会力量捐资助学、捐资兴学。要鼓励和倡导厂矿企事业单位、社会团体和公民个人，在人力、物力、财力诸方面资助所在地学校办学，倡导社会各界人士捐资助学，欢迎海外华侨和港澳台同胞以及外籍团体和友好人士捐资助学。

支持设立资助贫困家庭学生就学的民间慈善基金组织。慈善组织在社会生活中具有“特殊社会中介机构”的功能，也具有一定的收入分配调节功能。有人称，慈善公益事业是在自愿性基础上进行的第三次收入分配。它可以让社会分配更趋公平，也可让市场获得健康发展的条件。发达国家通过设立慈善组织接受捐助，同时对个人所得或遗产征收超额累进税，引导富人参与捐赠慈善事业，在一定程度上平抑了收入分配差距，促进了社会事业发展。在收入差距拉大的情况下，要通过适当渠道引导先富起来的阶层发扬公益精神。富人行善需要氛围与机制，没有人是天生的慈善家。要通过对慈善事业的政策支持，发挥慈善组织在扶困助学中的特殊作用。

五　大力推进教育网点建设

劳动力流动的另外一个原因是教育网点分布不合理，应该合理布局教育网点，并加强社区教育，让每一个劳动就业人员都能在居所附近接受教育和培训，有效地扩大教育优质资源，促进教育均衡，为老百姓带来实实在在的实惠。

由于种种原因，城乡割裂现象明显，城镇与农村、中心城市与边远地区在教育的人力、物力、财力的投入上都相差甚远。即使在城区，优质教育资源的分布也是不均衡的。针对义务教育阶段“大班额”“择校热”等突出问题，各级政府和教育部门应该采取各项有力措施，优化网点布局，消除布局盲点，发挥名校辐射效应，统筹城乡教育协调发展，使城乡之间、区域之间、校际之间趋于平衡，不断扩大优质教育资源，逐步减少、消除薄弱学校，统筹城乡教育协调发展。

由于教育网点分布不均匀，农村外出流动从业人员子女入学存在相当大的困难。从 2010 年开始，中央财政安排了近 34 亿元专项资金奖励接收随迁子女较多的地区。各地逐步将随迁子女义务教育纳入公共教育体系，按经费标准和实际接收人数，对接收随迁子女的公办学校足额拨付教育经费，免收学杂费，不收借读费，加大对困难家庭的帮扶力度。全国义务教育阶段农村外出从业人员子女的公办学校就读率近80%。

除了进城就读的孩子，农村义务教育阶段适龄留守儿童数量占义务教育阶段学生总数的14.3%。国家在“农村寄宿制学校建设工程”基础上启动“农村义务教育薄弱学校改造计划”，中央财政投入年度资金83亿元。其中的重要内容就是支持农村寄宿制学校及其附属设施建设，集中力量满足农村留守儿童的住宿需求。最新统计显示，农村义务教育阶段寄宿生占在校生比例，中部小学和中学已分别达到11%和53%，西部小学和中学已分别达到16%和60%。

第二节　依靠教育均衡缩小城乡收入差距

实现社会均衡是我国未来发展的宏伟目标，教育均衡在保障这一目标的顺利实现过程中有着不可替代的作用。教育均衡涵盖的应是所有教育过程，但从已有的情况来看，人们在讨论教育均衡时主要集中在三个阶段，即义务教育阶段、高中教育阶段和高等教育阶段。居民首先必须拥有对义务教育资源的平等享有权利，即人人应该享有接受义务教育的权利和机会，才能使每个人的教育起点平等，才能为每个人提供公平的竞争机会和施展才华的舞台，也才能保证社会竞争结果的相对合理。其次是对更高层次教育的平等竞争权，就是人人公平接受高质量、高层次教育，才能使每个人都得到符合自己才能发展的相应的教育。[①]

我们要建设一个民主与法治、公平与正义、诚信与友爱、充满活力、安定团结、井然有序、人与自然和谐共存的和谐社会，这个庞大的

① 段迎晖：《关于收入分配公平与教育公平的辩证思考》，《经济问题探索》2002年第12期。

系统工程必须有许多方面的支持，并且有相应的一整套配套措施，教育是其中重要的一环。教育是传授知识、培养才能、塑造人格的一种社会活动，是人类文化得以传承的主要途径。离开了教育去谈公平社会的构建是不可思议的，也是不现实的。

首先，教育均衡是构建公平社会的起点。

社会和谐的核心在于社会均衡，而教育是促进社会均衡的重要手段。两千多年前，孔子就提出了“有教无类”“大学之道，在明德，在亲民，在止于至善”等思想，主要指人无论贵贱良莠都有接受教育的权利，强调教育在促进善治、教化民众中的作用，这里就蕴含着教育促进社会均衡的深意。一个人接受教育的不平等将直接影响其经济收入和社会地位，进而导致阶层之间的差别。教育能够显著地改变人的生存状况，增进社会均衡，因而被理论界视为实现社会平等的“最伟大的工具”。因此，教育不仅能够传递知识，继承文明，而且发挥着缩小阶层差距、促进社会均衡的作用。

其次，教育均衡是城乡协调发展的支撑。

城乡二元经济结构严重阻碍了经济社会的协调发展，全面建设小康社会的难点在农村，解决问题的关键是必须增加农民的收入。无论是理论研究或是中外历史实践经验都表明，增加农民收入的根本途径就是将农村劳动力向城市的工业和第三产业转移。农村劳动力转移的速度和成效主要取决于农村劳动力人力资本水平，即取决于农村教育水平。只有城乡教育均衡发展，才能为城乡经济、社会协调发展提供智力支持和人力保证。

最后，教育均衡是形成合理的社会阶层结构的基础。

从国际经验和现有的研究成果来看，完善的现代社会阶层结构至少应该具备以下几个特点。[①] 一是从总体上看社会阶层结构应是两头小、

① 张志宇：《当代中国社会阶层结构变迁与政治参与》，《前沿学刊》2005 年第 3 期。

中间大，中间社会阶层在社会中占大部分，起主要作用；二是各阶层间应具有相互开放的特征，社会各阶层之间相互流动且流动渠道畅通；三是后致性是社会流动的主要规则。从现代社会的阶层结构的这些特征来看，在社会阶层的形成进程中教育起着重要作用。如果接受教育或教育资源分配不公平，那么在这种教育制度下所形成的社会分层必将不符合以上三条特征，容易出现两头大、中间小的哑铃形结构，因而要实现社会均衡发展必须要实现教育均衡发展。

总而言之，社会均衡离不开教育均衡。社会均衡首先是教育均衡，教育在推动社会均衡发展的同时，也带动自身的公平发展，从而更好地为社会均衡服务。这样，伴随着教育的发展，国民素质、经济水平等持续提高，为社会均衡奠定坚实的物质和人文基础，推动和谐社会建设的进程。

一　加大对农村义务教育的投入

尽管我国加大了对农村的义务教育投资力度，但是由于长期二元经济结构的影响，城乡教育过程中仍然存在教育投入、教育设施和师资力量的不均衡，在生均预算内事业费和公用经费的投入中，城乡比仍然在1.4:1左右，导致农村生源的学生在重点高校中仅占30%，农村学生考取的大多是提前录取的学校和专科院校。因此，要推行城乡教育均衡发展机制，建立城乡教育统筹发展的公益体制。在政府财政性教育投资中要向五个“投资重心”倾斜。一是向义务教育事业发展倾斜；二是向县乡一级的基层倾斜，特别是教育事业设施建设向乡镇一级倾斜；三是重点向农村低收入群体的子女教育救助方面倾斜；四是向农民的职业教育与技能培训倾斜；五是向农村小的教育机构、培训机构倾斜。在投资倾斜的同时，还要采取相关扶持政策来弥补公办教育的不足，如购买包括民办职业教育、义务教育学校的服务；培育壮大农村薄弱学校；政府提供一定的税收优惠、产业补助、土地费减免等政策，建立厂校挂钩的新型职业教育基地；借鉴日本、韩国及欧洲许多国家的经验，参照公务员法管理，对中小学教师实行旨在均衡的合理调配等。

必须全部免除农村义务教育阶段学杂费，对贫困家庭学生免费提供教科书并补助寄宿生生活费。学杂费由中央和地方按比例分担，西部地区为8∶2，中部地区为6∶4；东部地区除直辖市外，按照财力状况分省确定。免费提供教科书资金，中、西部地区由中央全额承担，东部地区由地方自行承担。补助寄宿生生活费资金由地方承担，补助对象、标准及方式由地方人民政府确定。

切实提高农村义务教育阶段中小学公用经费保障水平。在免除学杂费的同时，先落实各省（区、市）制订的本省（区、市）农村中小学预算内生均公用经费拨款标准，所需资金由中央和地方按照免学杂费资金的分担比例共同承担。在此基础上，为促进农村义务教育均衡发展，由中央适时确定全国农村义务教育阶段中小学公用经费基准定额，所需资金仍由中央和地方按上述比例共同承担。中央适时对基准定额进行调整。

要建立农村义务教育阶段中小学校舍维修改造长效机制。对中、西部地区，中央根据农村义务教育阶段中小学在校生人数和校舍生均面积、使用年限、单位造价等因素，分省（区、市）测定每年校舍维修改造所需资金，由中央和地方按照5∶5的比例共同承担。对东部地区，农村义务教育阶段中小学校舍维修改造所需资金主要由地方自行承担，中央根据其财力状况以及校舍维修改造成效等情况，给予适当奖励。

不断巩固和完善农村中小学教师工资保障机制。中央继续按照现行体制，对中、西部地区及东部部分地区的农村义务教育的中小学教师的工资经费支出给予支持。特别是财力薄弱地区要确保农村义务教育阶段的中小学教师的工资能够按照国家规定的标准按时足额发放。

二　大力发展农村职业教育

要大力扶持一些办学规模较大、综合实力较强、教学水平较高、教育投资效益较好的骨干院校和品牌特色专业，让这些教育机构成为农村劳动人口接受职业教育的场所，并形成示范效应对下级区域进行辐射；要积极深入探索多样化的新兴办学模式，形成全日制、业余成人教育、脱产教育、半脱产教育等多种学制，增加农村劳动人口接受各类教育的可选择性；要重视师资队伍建设，逐步培养出一些既有专业技术知识又掌握实用技术的老师，采取“专与兼相结合”的办法，聘请部分有实际操作经验的专业技术人员成为兼职教师，发扬能工巧匠以及技能专业户在学生的专业技能培养中的作用；也要重视教育方法的灵活性、有效性，把专业技术的培训和乡镇农科站所的新技术项目、新农业品种的推广结合起来，把理论讲授与实际操作培训结合在一起；出台鼓励农民自主创业创新的政策，进行创业和创新教育，培养农民的创新意识、科学精神、专业技能，并可采取“企业＋合作社＋基地＋农户”和“大户＋基地＋大学生村官＋贫困户”等新型发展模式引导农民创业。[①]

（一）应鼓励职业教育机构（学校）开展农村职业教育

各级政府设立的职业教育专项经费要向开展农村职业教育的机构（学校）倾斜，在办学经费紧张的情况下，县级以上政府要在基础建设、配套设施等方面给予适当支持。实行农村职业教育奖学金制度，对于自愿接受农村职业教育培养、培训的农村劳动者，根据实际情况酌情给予一定的奖励，或者以发放教育券的形式鼓励农村劳动者参加农村职业教育培训。对于自愿就读中高等职业院校农业类专业的农村学生，出台相关政策，每年对一定数量的学生进行学费减免的鼓励。教育券或减

① 周绍森、罗序斌：《中部地区农村增收的内生动力研究》，《南昌大学学报》（人文社科版）2010年第3期。

免学费由财政直补给相关职业教育机构（学校）。相关教育管理部门设立农业现代化示范基地专项建设资金，引导、鼓励和支持农村职业机构（学校）建设农业类专业实习实训基地。设立农村职业教育课程开发专项资金，专门用于农业类专业课程体系和地方教材建设。

（二）建设稳定的师资队伍

我国农村职业学校师资总体水平较低，同时师资队伍的类型结构不尽合理，这对农村职业教育教学也产生了不利影响。因此，构建“双师型”师资队伍是农村职业教育发展迫切需要解决的问题。一方面加大对高学历教师队伍的培养和引进力度，提高教师队伍整体水平，使得农村职业教育在教育内容上关注最新农村科技、农业发展等方面的知识，在教学方法上能熟练运用现代教育技术提高教学效率，在教材建设上能有一批全国性农村职业教育规划教材，在教育理念上能最大程度激发学生的创新创业精神，全方位提高农村职业教育质量。另一方面，加强教师社会实践能力的培养，出台相应制度鼓励教师多参与社会实践，多向学员传授直接经验，让学员毕业后能学以致用。

（三）推进农村职业教育信息化

随着信息技术的迅猛发展，网络教育成为学校教育的有利补充，二者的协调发展对农村职业教育有着推进作用。教育信息网络的开通与使用，不仅改变了传统的教师培训模式，也为教育观念、教育模式和学生学习方式带来了全新的变革，学校教育与网络教育走上了协调发展的快车道。可以依托教育信息网络，构建教师继续教育新模式。教育信息网络的开通和应用，也提高了农村学校的教育质量，给农村带来了新希望。总之，加快教育信息网络建设，发挥网络在管理、教育、教学等环节中的有效作用，实现农村职业教育的跨越式发展。

（四）建立完善的就业服务体系

健全农村职业教育就业服务体系，形成“供—产—销”一条龙服务，解决在读中高等职业院校的农村学生的后顾之忧。一是要重视学生职业生涯规划，对于新入学的学生要引导他们进行职业生涯规划，让他们有计划地学习、工作。二是要重视学生综合素质培养，加强学生的职业道德、职业纪律等方面的教育，培养学生良好的综合素质，让学生展现出一种“实干”的气质。三是重视学生职业技能的培养，在综合能力提高的基础上让学生有一技之长，能在较短时间内适应工作岗位的要求。四是重视与企业的合作交流，加强与企业的合作，了解社会对劳动者技能的要求，为企业量身培养职业人才。五是重视校友工作，要对已就业的学生进行跟踪调查，了解他们的工作环境与待遇，邀请一些比较成功的毕业生回校座谈交流，归纳总结校友的反馈信息，为职业教育改革提供依据。

三　在城乡全面建立合理的教育资助体系

政府根据不同地区家庭的平均收入水平，把收入低于贫困线的城乡居民家庭确定为教育资助对象，建立规范稳定的贫困生资助制度。

（一）建立贫困家庭教育投资保障体系

根据教育成本和家庭可支配收入，界定统一标准，按家庭贫困程度给予不同层级的救助。

（二）建立教育扶贫基金

对落后贫困地区、因病返贫、遭遇天灾人祸和无任何收入来源的特困家庭，建立教育贫困特区和教育特困家庭，实行专项转移支付。

（三）建立贫困家庭档案管理制度，实行长期跟踪、动态管理

随时掌握不同城乡贫困家庭情况，对已脱离教育贫困的资助对象，则取消资助政策；对因故返贫，重新成为资助对象的，则享受减免政策，让需要得到资助的学生享受长久稳定的资助。

（四）进一步以助学贷款、国家助学金、勤工助学、绿色通道和困难补助等方式资助贫困家庭子女受教育

政府应加大有关资助政策的宣传，实现教育公平。

第三节　科学引导农村剩余劳动力转移

根据国家统计局2009年1月26日发布的《中华人民共和国2008年国民经济和社会发展统计公报》，2008年末我国总人口统计结果为132802万人，比上年末总人口增加673万人。农村剩余的劳动力人口的转移，无论是对作为流出地的农村还是对作为流入地的城市，都无可避免地引起了一些社会问题，主要体现在以下五个方面。

一是大量有文化知识、有专业技能的青壮年劳动力源源不断地流出农村，导致留守农村从事农耕的劳动力和种田质量下降，有的地方甚至出现抛荒和弃耕等现象。

二是由于农村年轻劳动人口外出务工，农村的老年人口比重明显升高，加速了农村人口的老龄化现象，部分地区甚至出现了农业劳动力短缺的突出问题，同时也使作为流出地的农村地区的常住人口的文化水平明显处于长期偏低的状态。

三是加重了城市就业人员和人口管理的负担。大量农村流动劳动力人口涌入了城市，使拥挤的城市空间、交通、居住环境都显得更加拥堵，城市人口的就业压力不断加大，交通负担日益加重，环境污染也越来越严重，城市的整体管理成本变得非常巨大。

四是给城市人口管理增加了难度。农村劳动力流动人口长期在外，村干部无法对其计划生育进行管理，流动人口的超生现象非常严重，且“超生儿”跟随父母到处迁移流动，不打疫苗，也不能接受教育，导致其健康状况、文化素质让人担忧。

五是给社会综合治安带来许多问题。农民外出务工人员形成一种特殊的“自由群体”。同时，由于农民工的生产和经营活动经常得不到公平公正的对待，合法权益往往受到侵犯，又找不到合法正常的利益表达渠道，更找不到解决经济纠纷的合法途径，再加上他们自身法律意识不强，容易受城市物质利益的诱惑，贪图享受，甚至铤而走险违法犯罪。这些都容易让农民工走上犯罪道路。

一　构建良好的劳动力就业保障体系和合理的土地流转制度

调查数据显示，2011 年 7 月中国城镇整体失业率为 8.0%。据国家统计局 2010 年第六次全国人口普查的数据显示，2010 年我国城镇劳动力人口为 34624 万人，由此推断我国 2011 年 7 月失业人数超过 2770 万人。

报告称，一方面“下岗浪潮”带来的历史遗留问题，导致老年人失业率更高，51～55 岁劳动者失业率高达 16.4%。

另一方面，大学毕业生就业形势严峻，21～25 岁城镇劳动者中，大学及以上受教育程度的劳动者失业率为 16.4%，远高于其他受教育程度的劳动者。目前受到高度关注的“农民工”群体，其整体失业率只有 3.4%，大大低于城镇户籍劳动者的失业率，后者高达 11.2%。同时，由于农村后续劳动力的供给有限，“民工荒”现象将持续存在。

根据季度追踪调查数据，2012 年 7 月，中国城镇失业率为 8.05%，较 2011 年 7 月高出 0.05 个百分点。青年劳动者的失业率上升，老年劳动者的就业形势好转。

必须加快完善社会保障体系，这既有利于提高就业水平，也有利于提高就业质量。我们还要坚定不移地提高教育水平。这对于就业和收入都有积极影响，还有助于加快经济发展方式转变，这是大系统中的一环。

我国实行的家庭联产承包责任制，为农村剩余劳动力的流动提供了比较有利的制度前提，促使了农村剩余劳动力的大规模转移。但目前我国的土地产权是一种债权，不具有物权所有的排他性，导致农地经营中土地被随便占用。[①] 所有权主体不明确和所有权边界不清晰，一方面使集体经济组织虽然作为农村土地所有者但不能有效地行使对土地经营的

① 唐代盛等：《土地“撂荒”的制度分析及对策》，《财经科学》2002 年第 2 期。

管理和监督权利，另一方面农村土地所有者随意干预和侵占农村土地经营者的利益，影响经营者的积极性和主动性。

目前农村的这种土地制度缺乏土地流转方面的制度设计，阻碍了农业的规模经营，使得农民始终与土地捆绑在一起，无法从根本上改变农业分散经营的现状。尽管现在允许农村土地使用权依法转让，但农民仍然缺乏长期经营和管理土地的权利，自然也就不能像真正“所有者”那样自由支配土地。因此，农村大部分劳动力在脱离农业进入城镇务工经商的同时，仍然需要继续保留农业承包者的双重身份，这就造成了资源配置的不经济，造成土地资源和人力资源的极大浪费。要改变这种现状，必须在制度上有所创新，构建合适的土地流转制度，让愿意经营农业的能安心地长期进行农业投资、集约化经营，提高农业生产率；让不愿意经营农业但承包集体少量土地的农民能安心进城打工，解除后顾之忧。

二　建立统一高效的劳动用工制度

地方政府应取消对农民进城务工就业的不合理限制，平等、友好地善待农民工，实行友好公平的农民工就业政策，建立真正公平竞争的自由流动的劳动力市场。我们必须做到：①按照市场经济规律和法制社会的原则要求，改变二元分割的不公平体制，建立新的城乡统筹关系，给农民以均等就业机会，取消一系列对农民工的不合理限制。②按照市场公平竞争、公民权利平等的原则进行政策清理、制度创新。输入地农民工“待遇”（在职业、工种、费用准入等方面的限制性的不合理规定）不符合市场经济公平竞争、优胜劣汰的规则，不符合劳动力市场供求双向选择原理的政策规定都必须及时废除，使农民工公平友好地就业。③在办理农民工进城务工就业和企业用工的手续时，除按照国务院有关规定收取证书工本费外，不得乱收费。严禁越权设立行政事业性收费项目、提高收费标准，严禁变换手法向农民工乱收费。④各地区和有关部门应取消对农民进城务工就业的工种限制，禁止干预企业自主合法用工。要严格规范农民进城务工就业的手续，逐步实行统一的暂住证管理。在城镇就业的农民工应该与城镇居民享受同等待遇。

公平是农民工和谐融入城市的前提。社会公平正义是社会和谐的基本条件，权利公平是最重要的一种公平。新生代农民工是最具市民化意识的群体，也是最渴望融入城市的群体，但是受二元体制的影响，包括户籍、教育、就业、社保、财政、人事等一整套制度，将农民工与城市市民分离开来，使得农民工无法与城市居民平起平坐。在政治、经济、文化等方面存在的这些问题，严重阻碍了农民工市民化的进程。另外，各地设立所谓的经济门槛（投资、纳税达到一定数额）、素质门槛（大专或大专以上学历）、社会福利门槛（各地的社保福利体系不兼容）等对农民工融入城市进行“限制”，使农民工的融入体现出机械、程式化的特点。

包容是农民工和谐融入城市的关键。受固有的原因影响，农民工包括新生代农民工仍受到城市社会的排斥和歧视，虽然他们对城市的贡献部分地得到了城市市民的承认，但部分市民仍对外来农民工的进入抱有“警惕”心理，在生活中不愿意接近农民工，在心理上不愿意接纳农民工，不愿意让农民工变为市民。农民工在城市感受不到“家”的温暖，感受到的是排斥和被边缘化，迫使他们被动地进行着城市适应化过程。

交往是农民工和谐融入城市的核心。人是社会的产物，具有交往或归属的基本需求。农民工在城市主流社会的排斥下找不到认同和价值的肯定，会转向自己群体寻求认可，由此形成了一个相对边缘化的城市社会群体。他们凭借老乡、亲戚、朋友等传统资源，去维持内部的关系，以特有的方式解决自身的问题，这样在城市中便形成了一种新的二元结构：主流社会和边缘社会。在自成体系的边缘社会里，在乡村原有的社会结构没有根本改变的情况下，新生代农民工被生硬地嵌入城市社会，使得其在实现现代化和转变为市民的过程中面临困境。

共赢是农民工融入城市的终极目的。新生代农民工为城市发展做出了极大的贡献，可是他们居住在“脏、乱、差”的城市边缘或城乡接合部；新生代农民工虽然是产业工人的主力军，但工作岗位大都是城里人不愿意干的脏、苦、险、累、差的“剩余工作”，且工资经常遭到拖欠、克扣，甚至拒付，工资涨幅也远小于市民。与城市居民相比，农民工只能维持基本的生活，生活质量低，生活内容单一、贫乏，未能很好地分享企业效益增长和国民经济发展的成果，直接影响到他们对所在城市的归属感、认同感与幸福感。

农民工市民化不仅是具有市民身份的农民工数量的增长，而且是市民数量和质量的同步增长。所谓市民质量的增长就是农民工获得并不断积累城市性，并最终融入城市生活的过程。而通过一系列的制度安排，使农民工与城市居民在职业、住房、生活、消费等各方面分割开来的城市化，是僵化、机械的城市化，也可称之为半城市化，而非和谐的城市化。

同样，在和谐城市的构建中，和谐应是居住于城市中的全体人群的目标。新生代农民工具有强烈融入城市的意愿，面对这种诉求，有两种态度：一种是不予尊重，消极对待。这样做的结果是使大批新生代农民工被边缘化，会给国家的稳定和和谐城市尤其是和谐社会的建设造成危害。另一种是予以尊重积极应对。就是积极面对新生代农民工的诉求，努力凝聚他们的力量，为城市发展增砖添瓦。这样做，有利于社会走向和谐。

和谐的价值在于它是多样性、差异性社会的合理控制和自主秩序，是多样性的统一。通过排斥或歧视农民工来达到所谓的和谐，只能是缺乏生机的和谐，是僵化呆板的和谐，不是真正意义上的和谐。真正意义上的和谐是具有生机和活力的社会和谐，就是尊重多样性及个体差异，使人们各得其所，和谐共处。为了实现这些目标，我们要采取以下措施促进社会均衡发展。

一是要尊重农民工。和谐社会的坚实基础是以人为本。人是社会中最具活力、最具创造性的元素。这种元素只有在获得最大化的尊重后，其活力与创造性才可能迸发，才可能产生出巨大无比的力量。这应该是我们对待全社会任何一个良性群体的根本态度，对农民工尤应如此。

二是营造农民工和谐融入的社会环境。要利用多种渠道宣传引导，让广大城市居民了解农民工对城市发展的作用与贡献，了解农民工的现实生活与工作状态；城市居民要调整心态，积极主动以科学的观点、人本的态度接纳外来农民工，通过调适产生彼此和谐的关系，共同营造一个开放平等的社会，促使农民工和谐地融入社会。

三是给予农民工应有的待遇。要保障农民工的经济、政治、文化权利。建立统一的劳动力市场，形成平等竞争、规范有序的劳动力就业市场；严格执行用工制度，规范用工行为，建立和谐的劳资关系，确保工资正常发放及合理稳定增长；建立完善的社会保障体系，覆盖所有农民工，并提高经济补偿水平；多渠道改善农民工的居住条件，把在城市稳定就业以及困难农民工家庭住房纳入政府廉租房和经济适用住房的享受范围，保障农民工在城市中的安居乐业，进而落地生根；建立新生代农民工能够有序参与的政治保障机制。

四是提高农民工融入城市的生活期望。虽然改革开放以来，每个社会阶层经济收入的绝对值都有所提高，但由于社会生活成本分担的不合理，人们生活条件改善的幅度有着很大的差别，确切地说，底层农民工的收入增加幅度较小。如果在融入城市的过程中，我们的社会制度不能有效提高底层农民工的生活期望，使贫富差距拉大，那么和谐社区或者和谐城市构建就将成为一句空话。

五是提高农民工自身素质。政府要加大投入力度，对新生代农民工加强专业技能的培养，使他们积极参加各类技能培训，以适应现代化的社会生产的需要；新生代农民工要加强文化知识、法律知识、城市文明规范等方面的学习，深入地了解城市，自觉增强对市民群体的归属感；

农民工也要克服乡土文化中封闭、内向、散漫等消极思想和心理的影响，彻底转变观念，增强自信，以更为积极主动的主人翁姿态，尽最大的可能参与到城市社区的各项活动中，以城市社区的繁荣发展为荣，增强城市主人翁意识，从而尽快实现由农民到新市民的转变。

三　响应十八大号召稳步推进新型城镇化

十八大报告提出，“坚持走中国特色新型工业化、信息化、城镇化、农业现代化道路，推动信息化和工业化深度融合、工业化和城镇化良性互动、城镇化和农业现代化相互协调，促进工业化、信息化、城镇化、农业现代化同步发展”。新型城镇化主要有四个方面内涵：一是工业化、农业现代化协调发展的城镇化；二是人口、经济、资源和环境相协调的城镇化；三是大、中、小城市与小城镇协调发展的城镇化；四是人口积聚、“市民化”和公共服务协调发展的城镇化。

首先，要以农村劳动力流动人口迁移到城镇就业并逐步实现定居为核心，稳步推进城镇化。要分类引导劳动人口实现城镇化。对于临时进城的短期务工人员，应让其自由选择，继续实行可工可农、城乡可以双向流动的基本政策；促进在城市已经有了稳定的职业和居住场所的进城劳务人员顺利落户；对因为征地而丧失了基本生活保障的农村人口可以无条件地转为城市人口。大城市特别是特大城市则要从改善产业结构入手，通过进行土地用途的管制和土地供应总量的控制等手段，间接地调控土地的价格和房地产的价格，要逐步发展为用市场经济的办法控制劳动流动人口过快增长的态势。

其次，要逐步形成合理的城镇化的城市空间发展格局，以城市群体作为社会经济发展的主体演进形态逐步推进城镇化进程。改变当前按行政区域划分而不是按经济区域划分推进城镇化进程的做法，根据不同经济区域的功能特性，统筹安排综合考虑整体经济的布局、劳动力就业的岗位、居民劳动人口居住、可持续资源环境，并通过城市科学规划等有效措施指引，逐步发展成为高效、可协调、可持续的城镇化的城市空间发展格局。在城镇开发密度已经较高而社会资源环境的综合承载能力有所减低的城镇区域，要逐步整合现有的城市经济群；在社会资源环境综合承载能力较强、经济企业集聚和劳动人口条件较好的城镇区域，再培育和发展若干新兴的周边城市群；在社会资源环境的综合承载能力相对较弱、大规模集聚经济和劳动力人口条件都还不够好的可持续生态环境比较脆弱的区域，实行有步骤地推进城镇化的方针，重点发展好目前现有城市、县城和相对更有条件的建制镇。

最后，要以加强城市规划的建设管理并健全经济体制为主要内容推进城镇化。城市规划和经济建设要从该区域的水资源等自然资源条件出发，特别缺水的城市要加强对城市洁净水源地和城市供水设施的保护，适度控制城市规模，严禁盲目发展高耗水的产业和建设高耗水的景观。必须统筹考虑各项城市基础设施和城市公共服务的建设，逐步提高城市基础设施建设和社会公共服务能力。必须大力稳步推进旧城改造工作，大力保障拆迁户的合法权益。不断完善行政片区的划分和设置及管理模式，分步骤改善行政区划的体制。不断深化改革就业管理制度，建立一个良好的用工体系和制度，并打破城乡限制，建立城乡统一的劳动力就业市场。逐步对原有户籍制度进行改革，要逐步建立起城乡统一的户口管理制度，以合法的固定住所为基本落户条件逐渐调整户口迁移政策，促进农村劳动力人口理性化向城镇流动。改革和完善财政税收体制，形成财政税收随着人口的增长而增长的体制，不断完善财政转移支付制度，促进城乡公共服务的均等化发展。推进城市综合管理水平，不断强化城市规划实施的监管力度。

四　开辟多渠道的劳动力转移路径

加快农村经济结构调整和经济增长，大力发展农村经济，促使农村

剩余劳动力合理流动。

将城市的公共基础设施建设向农村逐步延伸；发展新型农业，促进农业产业结构的完善和调整；优化乡镇企业产业结构，不断增强乡镇企业对农村剩余及回流劳动力的吸纳能力；不断扩大国际劳务输出规模，用农村劳动力资源换国外的土地和能源等稀缺资源，并鼓励农民工回流返乡创业，充实和发展县域经济。

农村剩余劳动力是否可以合理流动，主要取决于社会经济发展所能够提供的就业机会。因此，只有努力扩大就业需求，才能为农村富余劳动力的合理转移创造基础条件。当前来说必须加快城乡经济一体化发展的步伐，努力发展农村的产业经济，特别是加快农村第二产业和第三产业的发展，不断开发农业发展的深度，拓展农业发展的广度，创造更多的就业机会，以吸收更多的农村剩余劳动力。必须进一步深化城镇的经济体制改革，加快城市乡村一体化的经济发展，努力扩大城市的就业需求，促进农村剩余劳动力向城市转移。一般来说，扩大就业需求，除了依靠农村自身经济发展之外，在很大程度上还必须依靠农村经济结构的调整，积极在农村发展各种类型的劳动密集型产业和服务业，大力发展村乡县域私营和个体经济，促进农村剩余劳动力实现多渠道多途径顺利转移。

对返乡农民工，不仅应该提供免费的就业政策咨询、岗位信息、职业介绍和职业指导等一条龙服务，还应该对他们的社会保障和公共服务等方面给予高度关注。在当前农民工就业压力加大的情况下，各级各部门要采取各种有效措施，千方百计为农民工解决生计问题。参加职业培训有补贴，只有掌握了一技之长，才能更容易找到“饭碗”。完善就业专项补助资金培训补贴办法，对返乡农民工创业，按有关规定减免相关税费；农民工自谋职业、自主创业，符合相关条件的，可申请就业小额担保贷款；鼓励返乡农民工在农村开展规模以上种养业，并按照返乡农民工创业的标准给予补贴。

第四节　建设完善的教育体系，努力建设人力资源强国

全面提高人的素质，是转变经济发展方式、实现可持续发展的关键。要把教育摆在优先发展的战略地位，把改革创新作为教育发展的强大动力，要以体制机制改革为重点，鼓励地方和学校大胆探索和实验，加快重要领域和关键环节的改革步伐，树立先进教育理念，把教书和育人很好地统一起来，创新办学体制、培养体制、教育管理体制，改革质量评价和考试招生制度，改革教学内容、方法、手段，建设现代学校制度，构建中国特色社会主义现代教育体系。要把均衡发展促进公平作为国家基本教育政策，把提高质量作为教育改革发展的核心任务。

一　加强改进正规学校教育

良好的学校教育是学习者终身学习和建立学习型社会的基础。为此，需要把握如下三个方面的问题。第一，以终身学习理念为指导，进一步推进教育思想、教育内容和方法的改革，使学校从单纯传授知识转向为学习者终身学习打好扎实的基础。学校和教师不仅要帮助学生掌握文化科学知识，同时更要着眼于学生个性的全面发展，指导学生学习，培养其学习兴趣和自主学习的能力。第二，改革教育教学制度，扩大学习者对多种教育机会的选择。终身学习理念的提出，其价值在于，教育不再是培育少数精英，而在于为各类群体提供平等的、能最大限度开发自身潜能的机会和途径。要切实改变各类学校特别是普通学校和职业学校相互间缺乏沟通和衔接的状况，构建人们可以通过多种途径学习成才的“立交桥”。要逐步实行弹性学制，建立能够满足学习者多种需要、开放和灵活的学校教育体系和制度。第三，增强学校教育体系的开放

性、灵活性，充分发挥各类学校特别是高等学校在建立终身教育体系中的重要作用。

终身学习理念的根本启示在于，人们从学校教育中获得的只是一生中所需知识的一小部分，大部分知识及各种能力都要在社会实践中通过不断学习才能获得。多数杰出人才能够取得成就，也是学校教育与继续教育相互补充、不断学习与工作实践相互交替的结果。

二 加快创新人才的培养

创新型人才是新知识的创造者、新技术的发明者和新学科的创建者，是经济社会发展的第一资源，是加快经济转型的主力军，要以创新人才抢占科技竞争战略制高点，加快经济转型。必须优化人才环境，改善人才服务，搭建科技创新平台，以最快的速度吸纳精英，以最好的政策激活科技人员科技创新的积极性和主动性，使行业科技创新人才与创新团队能够用较短的时间、较低的成本实现重点领域关键技术的突破，带动生产力的大幅跃升。要深化分配制度改革，保护知识产权，鼓励技术等生产要素参与分配，充分体现科技人员的劳动价值。

一是设立创业风险投资引导基金，完善创新创业投融资机制，深化金融体制的改革与创新，推进诚信教育，推动社会信用体制的建设，规范市场秩序。二是加强大学生、研究生等高层次人才的创新教育，培养其创新意识和能力。高校不仅要培养学生的就业能力，更要培养学生的创业能力，推进大学创业孵化园的建设，通过实施房租补贴、税费减免等一系列扶持政策，有效发挥孵化园对大学生创业的孵化器作用，帮助更多的大学生自主创业。三要建设重大公共创新平台，要促进产学研相结合，跨单位整合科技资源，承担公共科技创新服务，成立集研究开发、成果转化与产业化功能为一体的科技创新组织，包括公共科技基础条件平台、行业创新平台和区域创新平台等。四要引进科技创新载体，吸引世界各地的顶尖人才。五要加强政策引导，积极优化创业环境。引导和鼓励用人单位采取多种形式，提高待遇，改善条件，为创新型科技人才解除后顾之忧。充分发挥相关学会、协会的作用，积极组织开展学术、技术及其他形式的研讨交流活动，为高层次创新型科技人才提供学术交流平台。加强与高层次创新型科技人才的交流与沟通，为培育高层次创新型科技人才提供专业化、特色化、个性化的服务。

要坚持加快发展社会服务、坚持人才优先、以人为本、完善创新机制、利用高端科技引领、整体综合开发的指导方针，不断进行人才资源的能力建设，实行人才投资优先，推动社会劳动人才结构战略性调整，完善创新人才的工作体系，实行更加开明的人才战略，加快人才工作法制建设。坚持从我国社会经济发展的战略目标出发，高度尊重科技人才的职业成长和高科技人才的老中青队伍建设的发展规律，高度重视科学技术和社会经济发展所需要的人才的培养策略，努力培养世界水平的科学家和科技领军专家，重视培养一线的创新人才和中青年科技人才，为实现社会经济转型提供源源不断的人才支持和智力保障。

具体来说，一是要奉行人才战略投资优先，完善政府、社会、单位和个人的多元化人才投入机制，不断加大人才培养的投入力度，提高人才的投资收益。二是重视人才资源的能力建设，注重人才的思想道德水平建设，革新人才培养的现有模式，突出培养创新精神和创新能力，尽可能地提升各类人才资源的整体精神素质。三是逐步推动人才资源结构的战略性优化调整，充分发扬市场经济配置人才资源的基础性调节作用，完善社会经济宏观调控政策，促进人才资源结构与经济社会协调发展。四是努力造就一支高水平、高素质的人才队伍，大力培养经济社会发展的重点领域所急需、紧缺的专门技术人才和管理人才，统筹做好党政人才队伍、企业经营管理人才队伍、专业技术人才队伍、高技术水平人才队伍建设，以及农村的实用劳动人才以及社会各行各业的从业人才等人才队伍培养，造就数以亿计的各类基础人才、数以千万计的专业人才和一大批拔尖创新领军人才。五是完善人才的发展机制，改善人才管理的现有体制，培养开发创新人才，利用评价发现手段、选拔任用手段、流动配置手段、激励保障机制，充分营造充满活力、富有效率、更加开放的人才发展的制度环境。六是不断吸引海外的高层次人才回国效力，对急需的紧缺专门人才要不计成本快速引进，同时要坚持自主培养人才与引进海外人才两种方式并举，积极利用国（境）外优质教育培训资源进行人才培养。七是加强有关人才培养的各项法制工作建设，建立健全和人才培养相适应的法律法规，依法对人才队伍进行管理，保护高科技人才的合法权益。八是加强和改进党对人才培养工作的领导地位，完善党管人才的整体格局，革新党管人才的方式方法，为人才的培养发展提供坚强的后盾。

三　努力建设学习型社会

党的十八大提出“完善终身教育体系，建设学习型社会”。这是继党的十六大和十七大提出建设全民学习、终身学习的学习型社会，《国家中长期教育改革和发展规划纲要（2010～2020年）》确定到2020年“基本形成学习型社会”后，我国又一次突出强调的国家重大战略决策，是我国实现全面建成小康社会和中华民族伟大复兴宏伟目标的根本保障。认真学习科学发展观和贯彻党的十八大关于完善终身教育体系、建设学习型社会的要求，对我国教育和经济社会发展具有重大的战略意义。

要努力建设学习型机关、学习型组织、学习型社区，不断提高广大干部和国民的整体素质，形成规模宏大、结构合理、素质较高的人才队伍，从而把我国庞大的人口数字，转化为无比的人力资源优势，使经济和社会发展切实转到依靠科技进步和提高劳动者素质的轨道上来。

要树立终身教育的理念，全面推进素质教育。必须建立终身教育体系，普遍提高社会劳动者的自身人力资本和综合素质，这也是社会发展的必然趋势。我国进入一个社会经济发展以高科技知识为引导、以科技创新为内生动力的新时代，劳动者自我发展、自我完善、自我提高、自我实现的期望变得越来越强烈，学习已经成为人们生存和发展的一种基本态势，并且从儿童、青少年扩展到成人的终身教育学习。因此，广大教育工作者直至全体公民应该树立一种终身教育的理念，培养终身学习、处处学习的习惯，并要有主动学习的强烈意愿，熟悉和掌握各种学习渠道和资源信息，既要重视文凭以内的学习，又要重视文凭以外的学习，不断加强自身的人力资本积累和综合素质建设，跟上时代的发展，成为时代的弄潮儿。

要进一步调整教育投资结构，加强各级各类教育及教育过程所有环节的衔接互补，推进相互间的转换和协调发展。建设终身教育体系，虽然世界各国终身教育体系的发展不平衡，但世界各国都具有相同的特点，即都是在原有的一次性教育系统的基础上构建了一个新的终身教育系统。要建设好我国的终身教育系统，就要从我国的教育实际情况出发，重视基础教育，优化现有教育结构，不断整合各类教育资源，使全社会的正规教育和非正规教育、学历教育和非学历教育相互衔接、互为依托，而不能相互分割，互相排斥。

特别是要使各种形式的教育资源能互相流动，自由融合，逐步形成一个各类教育资源相互链接、紧密配合的全社会的教育网络大系统，实现家庭的网络化、社会的中心化、学校的联动化和社会的学习化这样一个“大教育”的格局。每一个社会成员能够在这个系统里随时寻求各种学习帮助，可以满足不同文化层次、不同年龄段、不同工作岗位、不同经济时期的各类从业人员的各类需求。

第五节　建立与完善人力资本投资的激励和约束机制

目前农村剩余劳动力转移存在一些问题，其中城乡就业难是当前重要的社会问题。2009 年大学生毕业人数达 610 万，比上年增加 51 万，就业压力大，加之城市下岗职工的大量存在，使就业形势更加严峻，这也加大了农村剩余劳动力向城镇转移的难度，许多在城镇就业的农民工难保其工作岗位。农村劳动力转移受阻成为近年来的普遍问题。另外，户籍制度以及农村城镇化进展缓慢，是农村剩余劳动力转移的主要障碍。农村转移人口在转入区域没有各项保障，自身文化层次也不高，大部分无法从事需求广泛的技术工作，因此，农村家庭工资性收入增长速度也不高。

人力资本对家庭收入增长的影响越来越大。人力资本投资包括教育、卫生、医疗以及职业培训等方面的费用支出，其中教育投资是人力资本投资的主要方式之一。2006 年，政府教育经费支出 9815.31 亿元，比 2000 年增长 155%，比上年增长 1396.47 亿元。全国人均受教育年限 2000 年为 7.71 年，目前已达 8.5 年，但是我国 4.9 亿名农村劳动力的平均受教育年限只有 7.3 年，受过专业技能培训的仅占 9.1%，接受过农业职业教育的不足 5%，大多数农村劳动力仍属于体力型和传统经验型农民，没有掌握现代科学的生产技术。而部分拥有一定技术的农村流动人口在转入地站稳脚跟，并获得不错的收入，实现了在原有收入水平上的收入提升。

首先，因为人力资本投资具有连续性的特点，决定了人力资本形成过程比物质资本更长，从动态发展的角度看，可能需要几十年，甚至伴随人的终生，正所谓“十年树木，百年树人”。这就意味着人力资本投资的收益不仅具有滞后性和长效性，而且还增加了不确定性。显然这种不确定性对于人力资本投资会产生抑制作用或不利影响。

其次，当前在农村，对农业经济增长的评价依然是过度强调物质资本的增加是经济增长的唯一决定因素，重物轻人、急功近利的现象十分严重。再加上受政绩和利益的驱动，不少基层领导任期有限，就把农村人力资本投资这一短期内难以见效的具有积累性的基础工作搁在一边，把短期利益摆在面前，长期利益则置之度外。

再次，农民缺乏投资的动力和能力。个人或家庭也是重要的投资主体，其是否进行投资及投资多少取决于两个因素，即投资意愿和投资能力。从投资意愿来看，中国农民素有“望子成龙”的传统思想，他们认为自己已经做了一辈子农民，不愿意在自己身上进行更多的人力资本投资。然而，他们希望自己的子女能够不再做农民，所以省吃俭用供子女上学，教育投资意愿是非常强烈的。但是，随着国家就业制度的改革和农民市场意识的增强，他们在子女教育方面的投资欲望也开始弱化。从投资能力上看，近年来农民收入增长缓慢，而教育费用又在不断攀升，许多农民叹息“即使有供子女上学接受教育培训的愿望，也力不从心”。加上近年来通过劳动力转移能获得收入的提高，在短期利益的驱动下，更多的农村居民认为接受教育不如出去打工赚钱。

最后，我国农村教育面临投入不足、经费短缺的困扰。这与我国农村经济发展水平和农民收入较低有一定的关系，也与我国政府与广大农民对教育投资的重要性认识不足有着密切的关系。

一方面，由于受传统经济因素的影响，政府有关部门将教育视为非生产性部门，认为它不能创造价值，只是一般性的消费活动，因而在安排财政预算时，将农村教育预算放在非常次要的位置，导致农村教育投资在财政预算内的比例偏低，农村教育经费增长比较缓慢，使得“教育兴国”战略只是停留在口号上；另一方面，“读书做官论”与“读书无用论”这两种错误观念目前在农村极为盛行，前者仅仅把教育作为走出农村或提高自身社会地位的手段，但是农民子弟通过读书做官的毕竟是少数，大多数人不能达到这一目标，进而认为读书无用，既花钱又浪费时间，因而许多人不再上学或退学去打工挣钱。

所以必须建立和完善人力资本投资的激励和约束机制，鼓励居民进行人力资本投资特别是教育投资。只有加大对教育投资重要性的宣传力度，从理论上加强教育投资与农村经济增长的研究，提高各级政府领导和农民对教育投资重要性的认识，全社会真正树立起尊师重教的良好社会风尚，才能促使农村经济持续增长，不断增加农民收入，也才能在我国全面建设小康社会，进而全面实现现代化。

特别在当前，在农村地区整体人力资本存量还比较低下的情况下，农民单纯依靠自身还不能真正认识到人力资本投资的重要性，也不能理性地分析人力资本投资的收益率，更不能清楚地知道人力资本投资的方向。因此需要进行宣传和示范引导，建立和完善相应的激励和约束机制，促进城乡协调发展和农村地区人力资本存量的增加。

第八章　研究结论与展望

第一节　研究结论

本书从理论和实证两个方面阐述了教育发展与居民收入增加、城乡收入差距和劳动力转移等经济社会问题之间的关系。

通过对中部六省和全国平均水平 1995 ~ 2011 年的样本数据的实证分析结果，可以得到以下几个结论。

第一，城乡居民教育投资与收入增长具有较显著的协整关系，居民教育投资的增长能促使居民收入稳步递增。

教育是人力资本形成的主要途径，通过接受教育形成教育人力资本，劳动者的知识水平、劳动技能和创新能力都会有所提高，受教育程度较高或教育投资较多的劳动者其劳动生产力也相对较高，最终使收入较快增长。

从城镇居民教育投资个人收益情况看，中部六省及全国平均水平的教育投资对人均收入增加的促进作用相差不大。就全国平均水平而言，城镇居民人均教育投资 1 元可使人均可支配收入增加 3.8 元，正好处于中部六省中间位置。教育投资与可支配收入增加量之间的长期均衡关系由大到小依次是湖北（4.31）、河南（4.22）、江西（4.08）、安徽（3.49）、山西（3.42）和湖南（3.31）。教育经济系统的稳定性程度由强到弱依次是河南（84%）、湖南（79%）、安徽（76%）、江西（64%）、山西（51%）和湖北（45%）。

从农村居民教育投资个人收益情况看，中部六省的差异较大，其中湖北省人均教育支出的收入效应最大，达到4.91元，而湖南和山西两省却不到2元，全国平均水平和城镇居民情况一样位居中部六省的中位。农村教育经济系统的稳定性程度也相差较大，中部六省由强到弱依次是安徽（97%）、河南（76%）、山西（67%）、江西（64%）、湖南（60%）和湖北（43%）。

从居民教育投资对收入增长的城乡差异看，城镇居民教育投资对收入增长的作用与乡村具有显著的差异。中部地区有三个省份城镇的作用要大于乡村的作用，随着城乡教育投资的普遍增长，城乡差距将进一步拉大。而另外三个省份则相反，随着城乡教育投资的普遍增长，城乡差距将逐步缩小。但从中部六省整体来看，城镇居民教育投资对收入增长的作用要大于乡村居民，随着城乡教育投资的普遍增长，城乡差距将会呈现逐步拉大的趋势。

第二，城乡居民教育投资差异与城乡居民收入差异呈正相关关系，缩小城乡居民教育投资差异能显著地缩小城乡居民收入差异。

从城乡居民教育投资差异与居民收入差异的角度看，城乡居民教育投资均衡对城乡居民收入均衡具有显著的影响，缩小城乡居民人均教育投资差异是缩小城乡居民贫富差距的重要途径。实证结果表明，我国城乡教育投资差异缩小1个百分点将使城乡收入差距缩小0.31个百分点，河南省为0.27个百分点，江西省为0.24个百分点，湖北省为0.22个百分点，山西省为0.15个百分点，湖南省和安徽省均为0.11个百分点。

第三，提升农村劳动者的教育人力资本能有效促进农村劳动力转移，进而促进农村居民收入增长，而且教育人力资本提升通过促进农村劳动力转移增加农村居民收入的间接作用要显著大于直接作用。

从教育人力资本城乡结构促进农村劳动力转移的角度看，中部地区就业人员教育人力资本提升对农村劳动力转移的促进作用最大的是河南省，然后依次是湖北、山西、湖南、安徽和江西。中部六省的影响力都大于全国平均水平。山西、安徽、江西、河南、湖北和湖南六省每转移1万农村劳动力，将使相应省份农村居民人均收入分别增加5.29元、2.68元、3.55元、2.59元、2.41元和1.25元。而且除山西省外，中部其他五省教育人力资本通过带动农村劳动力向城镇转移来促进农村居民增收的间接作用都要明显大于教育人力资本提升所带来的直接收入增长。

第四，城乡教育均衡发展是全面建成小康社会缩小城乡收入差距的重大举措。

教育发展能使居民收入递增，城乡居民教育投资差距的缩小能有效地缩小城乡收入差距，所以实现城乡教育均衡发展，特别是加大农村教育投资、缩小农村居民教育投资与城镇居民教育投资的差距，是全面建成小康社会、缩小城乡收入差距的有效途径和重大举措。

第二节　研究展望

居民收入及城乡收入差异所包含的内容非常多，由于数据、研究时间等方面的限制，本书只分析了城乡居民教育投资对城乡居民收入、城乡收入差异、城乡就业结构等有关方面的作用，还有地区差异、人口结构差异等方面还未涉及。

教育经济系统是一项非常复杂的系统工程，各主体变量之间存在着错综复杂的联系。本书采用的是静态和局部均衡的分析方法，未把这些主体变量纳入同一个分析框架中。

在后续研究中主要有如下两个努力方向：一是继续采用静态和局部均衡的分析方法分析教育投资差异对地区差异、人口差异等方面的作用，实证分析教育投资均衡对缩小地区差异、行业收入差异、经济转型等方面的量化关系；二是采用一般均衡或系统动力学的分析方法，把与教育投资（人力资本）有关的社会发展所包含的一些主要变量纳入同一个分析模型框架中，综合分析教育投资对均衡稳定发展的重大作用。

参考文献

[1] 北京师范大学管理学院、北京师范大学政府管理研究院:《2012中国省级地方政府效率研究报告——消除社会鸿沟》,北京师范大学出版社,2012。

[2]〔美〕贝克尔:《观察生活的经济方式》,王宏昌译,《诺贝尔经济学奖获得者讲演录》,2008。

[3] 陈钊、陆铭:《教育、人力资本和兼顾公平的增长——理论、台湾经验及启示》,《上海经济研究》2002年第1期。

[4] 蔡增正:《教育对经济增长贡献的计量分析》,《经济研究》1999年第2期。

[5] 段迎晖:《关于收入分配公平与教育公平的辩证思考》,《经济问题探索》2002年第12期。

[6] 杜鑫:《劳动力转移对中国农村居民经济福利的影响》,知识产权出版社,2010。

[7] 冯子标:《人力资本运营论》,经济科学出版社,2000。

[8] 顾明远:《教育大辞典》,上海教育出版社,1998。

[9]〔英〕哈比森:《作为国民财富的人力资源》,李金梅译,上海人民出版社,2000。

[10] 何承金等:《劳动经济学》,东北财经大学出版社,2005。

[11] 黄国华：《农村劳动力转移与城乡收入差距的因应——来自全国29个省市的经验数据》，《北京理工大学学报》（社会科学版）2010年第4期。

[12] 胡德龙：《经济转型期人力资本对经济发展的作用：理论分析和基于江西的实证》，博士学位论文，南昌大学管理科学与工程系，2007。

[13] 胡德龙：《人力资本与经济发展：理论与实证》，江西人民出版社，2008。

[14]〔美〕加里·S. 贝克尔：《人类行为的经济分析》，王业宇、陈琪译，上海人民出版社，1996。

[15]〔美〕加里·S. 贝克尔：《经济理论》，贾拥民译，华夏出版社，2011。

[16]〔美〕加里·S. 贝克尔：《人力资本》，梁小民译，北京大学出版社，1987。

[17] 江时学：《拉美国家的收入分配为什么如此不公》，《拉丁美洲研究》2005年第5期。

[18] 李宝元：《人力资本与经济发展》，北京师范大学出版社，2000。

[19] 赖德胜：《教育与收入分配》，北京师范大学出版社，2000。

[20] 刘桂山：《“北京共识”：中国经济发展模式的理论与实践》，《参考消息》2004年6月10日。

[21] 林杰：《析收入分配不平等对教育公平的影响》，《教育发展研究》1999年第6期。

[22] 李建民：《人力资本通论》，上海三联书店，1999。

[23] 李玲：《人力资本运动与中国经济增长》，中国计划出版社，2003。

[24] 林凌：《东西部差距扩大问题分析》，《经济研究》1996年第7期。

[25] 林荣日:《教育经济学》，复旦大学出版社，2001。
[26]〔德〕李斯特:《政治经济学的国民体系》，商务印书馆，1961。
[27] 雷武科:《中国农村剩余劳动力转移研究》，中国农业出版社，2008。
[28] 李祥云、范丽萍:《西方教育收益率计算方法及其政策意义述评》，《教育与经济》2001 年第 4 期。
[29] 林燕平:《中国地区国民收入差距实证研究》，北京大学出版社，2000。
[30] 李忠民:《人力资本——一个理论框架及其对中国一些问题的解》，经济科学出版社，1999。
[31] 刘泽云、萧今:《教育投资收益分析》，北京师范大学出版社，2004。
[32]〔美〕明瑟尔:《人力资本研究》，张凤林译，中国经济出版社，2001。
[33]〔英〕马尔萨斯:《人口原理》，黄立波译，商务印书馆，1996。
[34] 马青:《区域第二产业升级及其影响因素分析》，《经济视角》2012 年第 4 期。
[35] 钱小英等:《日本科技与教育发展》，人民教育出版社，2003。
[36] 秦兴方:《人力资本与收入分配机制》，经济科学出版社，2003。
[37] 孙绍荣等:《科技、教育、经济协调发展的研究》，上海科技教育出版社，2001。
[38]〔美〕舒尔茨:《人力资本投资》，商务印书馆，1990。
[39]〔美〕舒尔茨:《论人力资本投资》，北京经济学院出版社，1990。
[40]〔美〕舒尔茨:《改造传统农业》，梁小明译，商务印书馆，1987。
[41]〔美〕舒尔茨:《穷国的经济学》，吴珠华译，《世界经济译丛》1980 年第 12 期。
[42]〔美〕舒尔茨:《教育的经济价值》，曹延亭译，吉林人民出版社，

1982。
[43]〔美〕舒尔茨：《论人力资本投资》，吴珠华等译，商务印书馆，1990。
[44] 世界银行：《中国：推动公平的经济增长》，清华大学出版社，2004。
[45] 唐代盛等：《土地“撂荒”的制度分析及对策》，《财经科学》2002 年第 2 期。
[46]〔英〕威廉·配第：《政治算术》，陈冬野译，商务印书馆，1978。
[47] 汪同三、蔡跃洲：《改革开放以来收入分配对资本积累及投资结构的影响》，《中国社会科学》2006 年第 1 期。
[48] 王金营：《1978 年以来中国三次产业从业人员受教育水平估计》，《人口研究》2002 年第 3 期。
[49] 王善迈：《教育投入与产业研究》，北京师范大学出版社，1996。
[50] 王绍光、胡鞍钢：《中国：不平衡发展中的政治经济学》，中国计划出版社，1999。
[51] 魏后凯：《论我国区际收入差异的变动格局》，《经济研究》1992 年第 4 期。
[52] 魏所康：《国民教育论》，东南大学出版社，2008。
[53] 王玉昆：《教育生产成本函数》，《中小学管理》1998 年第 6 期，第 13～15 页。
[54]〔美〕西奥多·舒尔茨：《论人力资本投资》，吴珠华等译，北京经济学院出版社，1990。
[55]〔美〕西奥多·舒尔茨：《教育的经济价值》，曹延亭译，吉林人民出版社，1982。
[56]〔美〕西奥多·舒尔茨：《人的投资：人口质量经济学》，经济科学出版社，1991。
[57]〔美〕西奥多·舒尔茨：《人力资本：教育和研究的作用》，华夏

出版社，1990。
[58] 杨河清：《劳动经济学》，中国人民大学出版社，2002。
[59] 叶茂林：《教育发展与经济增长》，社会科学文献出版社，2005。
[60] 〔英〕亚当·斯密：《国民财富的性质和原因的研究》，郭大力、王亚南译，商务印书馆，1983。
[61] 杨河清：《劳动经济学》，中国人民大学出版社，2002。
[62] 杨世君、王继华：《发展农村职业教育与解决“三农”问题的研究》，黑龙江人民出版社，2009。
[63] 姚先国、陈凌：《论人力资本中的资源配置能力》，《经济科学》1997年第4期。
[64] 杨云彦：《劳动力流动、人力资本转移与区域政策》，《人口研究》1999年第5期。
[65] 杨文举：《贫困陷阱理论研究新进展》，《经济学动态》2006年第5期。
[66] 尹继东等：《中部地区农村劳动力转移问题研究》，经济科学出版社，2007。
[67] 朱必祥：《人力资本理论与方法》，中国经济出版社，2005。
[68] 郑洁、武向荣、赖德胜：《欧洲人力资本收益率：文献综述》，《比较教育研究》2003年第12期。
[69] 赵兴罗、苗慧凯：《教育发展与公平效率统一的实现》，《湖北社会科学》2005年第5期。
[70]《中国百科大辞典》，中国大百科全书出版社，1999。
[71] 朱必祥：《人力资本理论与方法》，中国经济出版社，2005。
[72] 张志宇：《当代中国社会阶层结构变迁与政治参与》，《前沿学刊》2005年第3期。
[73] 周绍森、罗序斌：《中部地区农村增收的内生动力研究》，《南昌大学学报》（人文社科版）2010年第3期。

[74] 张莹：《江西教育和谐发展的现状与对策研究》，硕士学位论文，南昌大学管理科学与工程系，2007。

[75] 赵满华：《收入差距与两极分化问题研究》，中国经济出版社，2002。

[76] 周逸先、崔玉平：《农村劳动力受教育及家庭收入的相关分析》，《中国农村经济》2001 年第 4 期。

[77] 朱舟：《人力资本投资的成本收益分析》，上海财经大学出版社，1999。

[78] 钟笑寒：《劳动力流动与工资差异》，《中国社会科学》2006 年第 1 期。

[79] 周绍森、胡德龙：《现代经济内生动力论》，经济科学出版社，2010。

[80] B. R. Chiswick, "Earnings Inequality and Economic Development," *Quarterly Journal of Economics*, 1971, pp. 85.

[81] David de Ferranti et al., *Inequality in Latin America and the Caribbean: Breaking with History?* Washington, D. C.: World Bank, 2004, pp. 57 -60.

[82] E. F. Denison, "Measurement of Labor Input: Some Questions of Definition and the Adequacy of Data," *Output, Input, and Productivity Measurement*, 1960, pp. 347 -372.

[83] E. F. Denison, Sources of Economic Growth in the United States and the Alternative before Us, *Committee for Economic Development*, 1962, pp. 223 -241.

[84] E. F. Denison, *Why Growth Rates Differ*, The Brookings Instition 1967.

[85] E. F. Denison, *Trends in American Economic Growth, 1929 - 1982*, The Brookings Institution, 1985.

[86] Eric Flamholtz, *Human Resource Accounting*, California: Dickinson Publishing Company, 1974.

[87] F. Bourguignon et al., "Fast Development with a stable Income Distribution: Taiwan, 1997 - 1994," *The review of income and wealth 2001*, Vol. 47, pp. 139 - 164.

[88] François Bourguignon et al., "Selection Bias Corrections Based on the Multinominal Logit Model : Monte Carlo Comparisons," *Journal of Economic Surveys*, 2007, Vol. 21, pp. 174 - 205.

[89] Gary S. Becker, *Human Capital: A Theoretical and Empirical Analysis*, University of Chicago Press Ltd., 1993.

[90] Gary S. Becker et al., "Human Capital, Fertility and Economic Growth," *Journal of Political Economy*, 1990, Vol. 98, pp. 12 - 102.

[91] Gary S. Becker, "Investment in Human Capital: A Theoretical Analysis," *Journal of Political Economy*, 1962, 66 (2), pp. 281 - 302.

[92] G. S. Fields, "Employment、Income Distribution and Economic Growth in Seven Small Open Economies," *Economic Journal*. 1984, p. 94.

[93] Hekimian et al., "Put People on Your Balance Sheet," *Harvard Business Review*, 1967 (1).

[94] Inter-American Development Bank, "*Economic and Social Progress in Latin America, 1998 - 1999 Report*," Washington, D. C., Johns Hopkins University Press, 2001, pp. 17 - 40.

[95] Irving Fisher, *The Nature of Capital and Income*, Martino Publishing, 2009.

[96] James J. Heckman et al, "Fifty Years of Mincer Earnings Regressions," NBER Working Paper, May 2003, 9732.

[97] Jess Benhabib, Mark M. Spiegel, "The Role of Human Capital in Economic Development Evidence from Aggregate Cross Country Data," *Journal of Monetary Economics*, 1994, Vol. 34, pp. 143 - 173.

[98] J. E. Stiglitz "The Theory of 'Screening', Education, and the Distribution of Income," *The American Economic Review*, June 1975, Vol. 65, No. 3, pp. 283 - 300.

[99] E. N. Johnson, G. C. Chow, "Rate of Return to Schooling in China," *Pacific Economic Review*, 1997, Vol. 2.

[100] John R. Harris and Michael P. Todaro, "Migration, Unemployment and Development: A Two-Sector Analysis," *American Economic Review*, 1970, Vol. 60, pp. 127 - 142.

[101] M. M. Mehta, *Human Resource Developing Planning: With Special Reference to Asia and the Far East*, The Macmillan Company of India Limited, Delhi and Bombay, 1976.

[102] J. Mincer, "Investment in Human Capital and Personal Income Distribution," *Journal of political economy*, 1958, 66 (4): 281 - 302.

[103] Michael P. Todaro, "A Model of Labor Migration and Urban Unemployment in Less Development Countries," *American Economic Review*, 1969, vol. 59, pp. 138 - 148.

[104] Mincer Jacob, "Study of Personal Income Distribution," Ph. D. diss. Columbia University, 1957.

[105] Mincer Jacob, "Schooling, Experience and Earnings," NBER Working Paper, 1974.

[106] Mincer Jacob, "Labor Market Effects of Human Capital," NCEE and NAVE Conference Paper, 1988.

[107] Mincer Jacob, "Human Capital Responses to Technological Change

in the Labor Market," NBER Working Paper, 1989.

[108] Mincer Jacob, " Economic Development, Growth of Human Capital, and the Dynamics of Wage Structure," *Journal of Economic Growth*, 1995, Vol. 1, pp. 29 - 48.

[109] Mark Blaug, Education and the Employment Problem in Developing Countries, International Labour Office, 1973.

[110] K. H. Park, "Educational Expansion and Educational Inequality on Income Distribution," *Economics of Education Review*, 1996, 15 (1), pp. 51 - 58.

[111] R. Lee Brummet et al., " Human Resource Measurement: A Challenge for Accountant," *The Accounting Review*, 1968, 43 (2).

[112] A. M. Spence, "Job Market Signaling," *The Quarterly Journal of Economics*, 1973, 87: 355 - 374.

[113] T. W. Schultz, "The value of ability to deal with disequilibria," *Journal of Economic Literature*, 1975.

[114] L. C. Thurow, *Poverty and Discrimination*, Washington: The Brookings Institute, 1970.

[115] Theodore W. Schultz, " The Economics of Being Poor, Nobel Lecture," *Journal of Political Economy*, 1980, 88 (4): 639 - 651.

[116] J. Tinbergen, "The Impact of Education on Income Distribution," *Review of Income and Wealth*, 1972, 16 (2), pp. 221 - 234.

[117] C. R. Winegarden, "Schooling and Income Distribution: Evidence from International Data," *Economica*, 1979, 46, pp. 83 - 87.

[118] Psacharopoulos, George, "Time Trend of the Returns to Education: Corss-Nation Evidence," *Economics of Education Review*, 1989, Vol. 8, No. 3: 225 - 231.

[119] Psacharopoulos, George, "Returns to Investment in Education: A

Global Update," *World Development*, 1994, Vol. 22, No. 9, pp. 1325 – 1343.

[120] Psacharopoulos, George, " Returns to Education: A Further International Update and Implications," *The Journal of Human Resources*, 1985, Vol. 20, No. 4, pp. 583 – 604.

[121] T. W. Schultz, "Investment in Human Capital," *American Economic Review*, 1961, 51 (1), pp. 1 – 17.

[122] T. W. Schultz, The Economic Value of Education, New York: Columbia University Press, 1963.

[123] A. M. Spence, "*Job Market Signaling*," *Quarterly Journal of Economics*, 1973, 87, pp. 355 – 374.

[124] J. E. Stiglitz, " The Theory of ' Screening ', Education, and Distribution of income," *American Economic Review*, 1975, 65 (3), pp. 283 – 300.

图书在版编目(CIP)数据

城乡居民教育投资与收入关系实证研究：以中国中部地区为例/刘健著. —北京：社会科学文献出版社，2015.6
ISBN 978-7-5097-7008-5

Ⅰ.①城… Ⅱ.①刘… Ⅲ.①教育投资-关系-居民收入-研究-中国 Ⅳ.①G526.7 ②F126.2

中国版本图书馆CIP数据核字（2015）第003607号

城乡居民教育投资与收入关系实证研究
——以中国中部地区为例

著　　者／刘　健

出 版 人／谢寿光
项目统筹／高　雁
责任编辑／颜林柯

出　　版／社会科学文献出版社·经济与管理出版分社（010）59367226
地址：北京市北三环中路甲29号院华龙大厦　邮编：100029
网址：www.ssap.com.cn
发　　行／市场营销中心（010）59367081　59367090
读者服务中心（010）59367028
印　　装／三河市尚艺印装有限公司

规　　格／开 本：787mm×1092mm　1/16
印 张：15.75　字 数：216千字
版　　次／2015年6月第1版　2015年6月第1次印刷
书　　号／ISBN 978-7-5097-7008-5
定　　价／65.00元